大学赤本シリーズ

452

大同大学

教学社

は　し　が　き

おかげさまで，大学入試の「赤本」は，今年で創刊 70 周年を迎えました。

これまで，入試問題や資料をご提供いただいた大学関係者各位，掲載許可をいただいた著作権者の皆様，各科目の解答や対策の執筆にあたられた先生方，そして，赤本を使用してくださったすべての読者の皆様に，厚く御礼を申し上げます。

以下に，創刊初期の「赤本」のはしがきを引用します。これからも引き続き，受験生の目標の達成や，夢の実現を応援してまいります。

本書を活用して，入試本番では持てる力を存分に発揮されることを心より願っています。

編者しるす

＊　＊　＊

学問の塔にあこがれのまなざしをもって，それぞれの志望する大学の門をたたかんとしている受験生諸君！　人間として生まれてきた私たちは，自己の欲するままに，美しく，強く，そして何よりも人間らしく生きることをねがっている。しかし，一朝一夕にして，この純粋なのぞみが達せられることはない。私たちの行く手には，絶えずさまざまな試練がまちかまえている。この試練を克服していくところに，私たちのねがう真に人間的な世界がはじめて開かれてくるのである。

人生最初の最大の試練として，諸君の眼前に大学入試がある。この大学入試は，精神的にも身体的にも，大きな苦痛を感ぜしめるであろう。あるスポーツに熟達するには，たゆみなき，はげしい練習を積み重ねることが必要であるように，私たちは，計画的・持続的な努力を払うことによって，この試練を克服し，次の一歩を踏みだすことができる。厳しい試練を経たのちに，はじめて満足すべき成果を獲得できるのである。

本書は最近の入学試験の問題に，それぞれ解答を付し，さらに問題をふかく分析することによって，その大学独特の傾向や対策をさぐろうとした。本書を一般の参考書とあわせて使用し，まとはずれのない，効果的な受験勉強をされるよう期待したい。

（昭和 35 年版「赤本」はしがきより）

挑む人の、いちばんの味方

赤本創刊70周年

1954 年に大学入試の過去問題集を刊行してから 70 年。赤本は大学に入りたいと思う受験生を応援しつづけてきました。これからも，苦しいとき落ち込むときにそばで支える存在でいたいと思います。

そして，勉強をすること，自分で道を決めること，努力が実ること，これらの喜びを読者の皆さんが感じることができるよう，伴走をつづけます。

そもそも赤本とは…

受験生のための大学入試の過去問題集！

70年の歴史を誇る赤本は，500点を超える刊行点数で全都道府県の370大学以上を網羅しており，過去問の代名詞として受験生の必須アイテムとなっています。

なぜ受験に過去問が必要なのか？

大学入試は大学によって問題形式や頻出分野が大きく異なるからです。

赤本の掲載内容

傾向と対策

これまでの出題内容から，問題の「**傾向**」を分析し，来年度の入試に向けて具体的な「**対策**」の方法を紹介しています。

問題編・解答編

- 年度ごとに問題とその解答を掲載しています。
- 「**問題編**」ではその年度の試験概要を確認したうえで，実際に出題された過去問に取り組むことができます。
- 「**解答編**」には高校・予備校の先生方による解答が載っています。

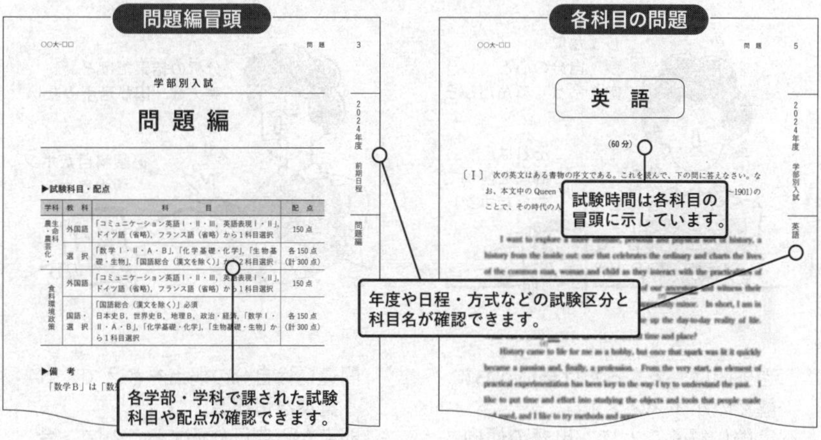

他にも，大学の基本情報や，先輩受験生の合格体験記，在学生からのメッセージなどが載っていることがあります。

掲載内容について

著作権上の理由やその他編集上の都合により問題や解答の一部を割愛している場合があります。
なお，指定校推薦入試，社会人入試，編入学試験，帰国生入試などの特別入試，英語以外の外国語科目，商業・工業科目は，原則として掲載しておりません。また試験科目は変更される場合がありますので，あらかじめご了承ください。

受験勉強は

過去問に始まり，

STEP 1

なにはともあれ

まずは解いてみる

過去問は，**できるだけ早いうちに解く**のがオススメ！
実際に解くことで，**出題の傾向，問題のレベル，今の自分の実力**がつかめます。

STEP 2

じっくり具体的に

弱点を分析する

間違いは自分の弱点を教えてくれる**貴重な情報源**。
弱点から自己分析することで，**今の自分に足りない力や苦手な分野**が見えてくるはず！

合格者があかす 赤本の使い方

傾向と対策を熟読
（Fさん／国立大合格）
大学の出題傾向を調べるために，赤本に載っている「傾向と対策」を熟読しました。

繰り返し解く
（Tさん／国立大合格）
１周目は問題のレベル確認，２周目は苦手や頻出分野の確認に，３周目は合格点を目指して，と過去問は繰り返し解くことが大切です。

過去問に終わる。

STEP 3

志望校にあわせて

苦手分野の重点対策

明日からはみんなで頑張るよ！
参考書も！ 問題集も！
よろしくね！
呼んだ？
なにを!?
どこから!?
グッ
グッ

参考書や問題集を活用して，苦手分野の**重点対策**をしていきます。**過去問を指針**に，合格へ向けた具体的な学習計画を立てましょう！

STEP 1 ▶ 2 ▶ 3

サイクルが大事！

実践を繰り返す

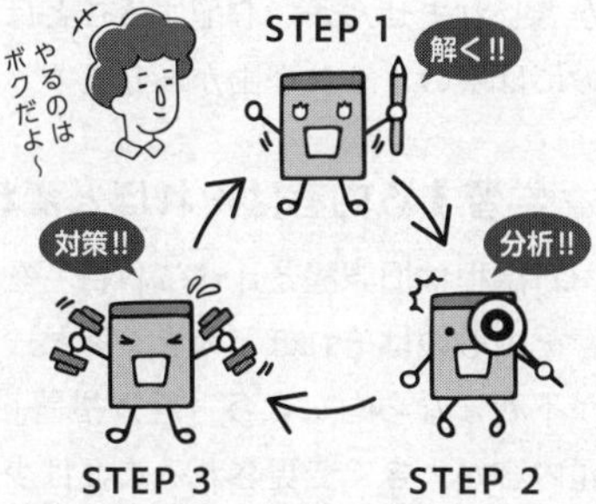
やるのはボクだよ～
STEP 1
解く!!
分析!!
対策!!
STEP 3
STEP 2

STEP 1～3を繰り返し，実力アップにつなげましょう！
出題形式に慣れることや，**時間配分を考えること**も大切です。

目標点を決める
(Yさん／私立大合格)
赤本によっては合格者最低点が載っているので，それを見て目標点を決めるのもよいです。

時間配分を確認
(Kさん／私立大学合格)
赤本は時間配分や解く順番を決めるために使いました。

添削してもらう
(Sさん／私立大学合格)
記述式の問題は先生に添削してもらうことで自分の弱点に気づけると思います。

新課程入試 Q&A

2022 年度から新しい学習指導要領（新課程）での授業が始まり，2025 年度の入試は，新課程に基づいて行われる最初の入試となります。ここでは，赤本での新課程入試の対策について，よくある疑問にお答えします。

Q1. 赤本は新課程入試の対策に使えますか？

A. もちろん使えます！

旧課程入試の過去問が新課程入試の対策に役に立つのか疑問に思う人もいるかもしれませんが，心配することはありません。旧課程入試の過去問が役立つのには次のような理由があります。

● 学習する内容はそれほど変わらない

新課程は旧課程と比べて科目名を中心とした変更はありますが，学習する内容そのものはそれほど大きく変わっていません。また，多くの大学で，既卒生が不利にならないよう「経過措置」がとられます（Q３参照）。したがって，出題内容が大きく変更されることは少ないとみられます。

● 大学ごとに出題の特徴がある

これまでに課程が変わったときも，各大学の出題の特徴は大きく変わらないことがほとんどでした。入試問題は各大学のアドミッション・ポリシーに沿って出題されており，過去問にはその特徴がよく表れています。過去問を研究してその大学に特有の傾向をつかめば，最適な対策をとることができます。

出題の特徴の例	・英作文問題の出題の有無 ・論述問題の出題（字数制限の有無や長さ） ・計算過程の記述の有無

新課程入試の対策も，赤本で過去問に取り組むところから始めましょう。

Q2. 赤本を使う上での注意点はありますか？

A. 志望大学の入試科目を確認しましょう。

過去問を解く前に，過去の出題科目（問題編冒頭の表）と 2025 年度の募集要項とを比べて，課される内容に変更がないかを確認しましょう。ポイントは以下のとおりです。科目名が変わっていても，実際は旧課程の内容とほとんど同様のものもあります。

英語・国語	科目名は変更されているが，実質的には変更なし。 ▶▶ **ただし，リスニングや古文・漢文の有無は要確認。**
地歴	科目名が変更され，「歴史総合」「地理総合」が新設。 ▶▶ **新設科目の有無に注意。ただし，「経過措置」（Q3参照）により内容は大きく変わらないことも多い。**
公民	「現代社会」が廃止され，「公共」が新設。 ▶▶ **「公共」は実質的には「現代社会」と大きく変わらない。**
数学	科目が再編され，「数学 C」が新設。 ▶▶ **「数学」全体としての内容は大きく変わらないが，出題科目と単元の変更に注意。**
理科	科目名も学習内容も大きな変更なし。

数学については，科目名だけでなく，どの単元が含まれているかも確認が必要です。例えば，出題科目が次のように変わったとします。

旧課程	「数学Ⅰ・数学Ⅱ・数学 A・数学 B（数列・ベクトル）」
新課程	「数学Ⅰ・数学Ⅱ・数学 A・**数学 B（数列）・数学 C（ベクトル）**」

この場合，新課程では「数学C」が増えていますが，単元は「ベクトル」のみのため，実質的には旧課程とほぼ同じであり，過去問をそのまま役立てることができます。

Q3. 「経過措置」とは何ですか？

A. 既卒の旧課程履修者への対応です。

多くの大学では，既卒の旧課程履修者が不利にならないように，出題において「経過措置」が実施されます。措置の有無や内容は大学によって異なるので，募集要項や大学のウェブサイトなどで確認しておきましょう。

◯旧課程履修者への経過措置の例

- 旧課程履修者にも配慮した出題を行う。
- 新・旧課程の共通の範囲から出題する。
- 新課程と旧課程の共通の内容を出題し，共通範囲のみでの出題が困難な場合は，旧課程の範囲からの問題を用意し，選択解答とする。

例えば，地歴の出題科目が次のように変わったとします。

旧課程	「日本史 B」「世界史 B」から１科目選択
新課程	「**歴史総合**，日本史探究」「**歴史総合**，世界史探究」から１科目選択※ ※旧課程履修者に不利益が生じることのないように配慮する。

「歴史総合」は新課程で新設された科目で，旧課程履修者には見慣れないものですが，上記のような経過措置がとられた場合，新課程入試でも旧課程と同様の学習内容で受験することができます。

要チェックだホン

新課程の情報は WEB もチェック！
より詳しい解説が赤本ウェブサイトで見られます。
https://akahon.net/shinkatei/

科目名が変更される教科・科目

	旧課程	新課程
国語	国語総合 国語表現 現代文A 現代文B 古典A 古典B	現代の国語 言語文化 論理国語 文学国語 国語表現 古典探究
地歴	日本史A 日本史B 世界史A 世界史B 地理A 地理B	歴史総合 日本史探究 世界史探究 地理総合 地理探究
公民	現代社会 倫理 政治・経済	公共 倫理 政治・経済
数学	数学Ⅰ 数学Ⅱ 数学Ⅲ 数学A 数学B 数学活用	数学Ⅰ 数学Ⅱ 数学Ⅲ 数学A 数学B 数学C
外国語	コミュニケーション英語基礎 コミュニケーション英語Ⅰ コミュニケーション英語Ⅱ コミュニケーション英語Ⅲ 英語表現Ⅰ 英語表現Ⅱ 英語会話	英語コミュニケーションⅠ 英語コミュニケーションⅡ 英語コミュニケーションⅢ 論理・表現Ⅰ 論理・表現Ⅱ 論理・表現Ⅲ
情報	社会と情報 情報の科学	情報Ⅰ 情報Ⅱ

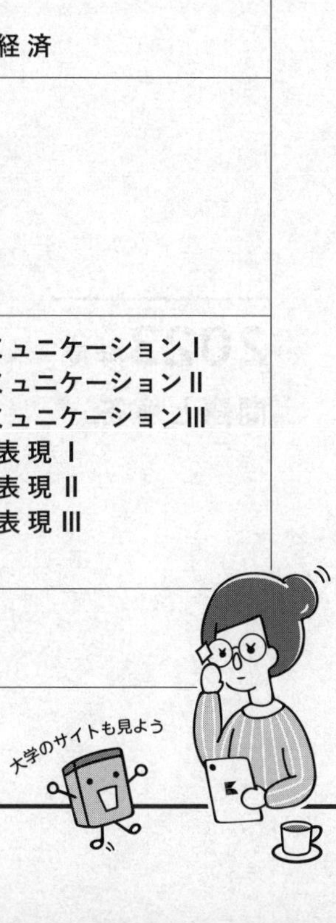

目 次

掲載内容についてのお断り

- 一般推薦入試，前期入試B方式，中期入試は掲載していません。
- 著作権の都合上，下記の内容を省略しています。
  2024年度：特別奨学生・M方式入試「英語」大問2

UNIVERSITY GUIDE

大学情報

基本情報

学部・学科の構成

大　学

●工学部

機械工学科

機械システム工学科

電気電子工学科

●建築学部

建築学科（建築専攻，インテリアデザイン専攻，かおりデザイン専攻，都市空間インフラ専攻）

●情報学部

情報システム学科

情報デザイン学科

総合情報学科

大学院

工学研究科 / 情報学研究科

大学所在地

大同大学

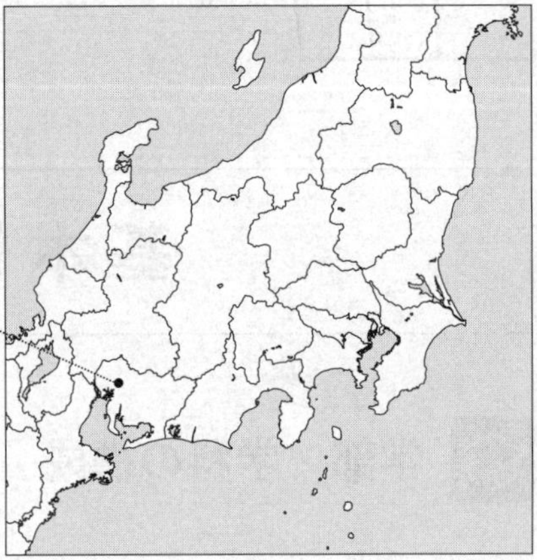

〒457-8530　名古屋市南区滝春町 10 番地 3

2024 年度入試データ

入試状況（志願者数・競争率など）

○競争率は受験者数÷合格者数で算出。

○学科・専攻名の後の（理）・（文）は理系型受験・文系型受験を表す。

一般選抜

●特別奨学生・M方式入試

学部	学科	専攻	募集人員	志願者数	受験者数	合格者数	競争率
工	機械工		12	147	145	96	1.5
	機械システム工		8	43	42	57	—
	電気電子工		7	79	76	80	—
建築	建築	建築(理)	8	64	64	23	2.8
		建築(文)		18	17	2	8.5
		インテリアデザイン(理)	3	16	15	2	7.5
		インテリアデザイン(文)		6	6	1	6.0
		かおりデザイン(理)	2	11	11	8	1.4
		かおりデザイン(文)		5	5	6	—
		都市空間インフラ(理)	6	22	21	23	—
		都市空間インフラ(文)		2	2	3	—
情報	情報システム		11	119	115	45	2.6
	情報デザイン(理)		9	33	32	14	2.3
	情報デザイン(文)			23	22	11	2.0
	総合情報(理)		5	7	7	11	—
	総合情報(文)			5	5	7	—
合計			71	600	585	389	—

（備考）合格者数は，併願による第 2 志望または第 3 志望合格を含んでいる。

●前期入試Ａ方式

学部・学科・専攻			募集人員	志願者数	受験者数	合格者数	競争率
工	機械工		19	195	191	165	1.2
	機械システム工		14	112	112	75	1.5
	電気電子工		14	112	107	114	—
建築	建築	建築（理）	13	102	101	40	2.5
		建築（文）		27	27	11	2.5
		インテリアデザイン（理）	5	17	17	6	2.8
		インテリアデザイン（文）		8	8	1	8.0
		かおりデザイン（理）	3	14	14	9	1.6
		かおりデザイン（文）		5	5	5	1.0
		都市空間インフラ（理）	8	24	23	33	—
		都市空間インフラ（文）		3	3	7	—
情報	情報システム		22	305	298	124	2.4
	情報デザイン（理）		14	47	47	22	2.1
	情報デザイン（文）			22	21	10	2.1
	総合情報（理）		7	12	12	14	—
	総合情報（文）			11	11	9	1.2
合計			119	1,016	997	645	—

（備考）

- 合格者数は，併願による第２志望または第３志望合格を含んでいる。
- 募集人員は前期Ａ方式と前期Ｂ方式の合計。

●前期入試Ｂ方式

学部・学科・専攻			募集人員	志願者数	受験者数	合格者数	競争率
工	機械工		19	98	96	69	1.4
	機械システム工		14	59	59	50	1.2
	電気電子工		14	63	61	64	—
建築	建築	建築（理）	13	60	59	24	2.5
		建築（文）		22	22	8	2.8
		インテリアデザイン（理）	5	12	12	5	2.4
		インテリアデザイン（文）		9	8	2	4.0
		かおりデザイン（理）	3	6	6	7	—
		かおりデザイン（文）		7	7	7	1.0
		都市空間インフラ（理）	8	9	9	11	—
		都市空間インフラ（文）		5	5	10	—
情報	情報システム		22	171	166	70	2.4
	情報デザイン（理）		14	35	35	15	2.3
	情報デザイン（文）			31	31	17	1.8
	総合情報（理）		7	7	7	10	—
	総合情報（文）			19	19	15	1.3
合計			119	613	602	384	—

（備考）

- 合格者数は，併願による第２志望または第３志望合格を含んでいる。
- 募集人員は前期Ａ方式と前期Ｂ方式の合計。

●中期入試

学部・学科・専攻			募集人員	志願者数	受験者数	合格者数	競争率
工	機械工		9	32	23	33	—
	機械システム工		9	31	24	18	1.3
	電気電子工		6	29	22	30	—
建築	建築	建築（理）	3	21	16	3	5.3
		建築（文）		4	4	1	4.0
		インテリアデザイン（理）	2	2	1	2	—
		インテリアデザイン（文）		3	3	2	1.5
		かおりデザイン（理）	2	1	1	4	—
		かおりデザイン（文）		2	2	4	—
		都市空間インフラ（理）	3	8	6	11	—
		都市空間インフラ（文）		0	0	1	—
情報	情報システム		5	59	48	7	6.9
	情報デザイン（理）		5	14	12	7	1.7
	情報デザイン（文）			6	5	3	1.7
	総合情報（理）		3	2	1	7	—
	総合情報（文）			1	1	2	—
合計			47	215	169	135	—

（備考）合格者数は，併願による第 2 志望または第 3 志望合格を含んでいる。

●共通テストプラス入試（A方式，B方式）

学部・学科・専攻			募集人員	志願者数	受験者数	合格者数	競争率
工	機械工		14	227	223	186	1.2
	機械システム工		11	139	139	124	1.1
	電気電子工		13	144	141	180	—
建築	建築	建築（理）	12	129	128	67	1.9
		建築（文）		39	39	24	1.6
		インテリアデザイン（理）	5	28	28	13	2.2
		インテリアデザイン（文）		16	15	8	1.9
		かおりデザイン（理）	2	18	18	19	—
		かおりデザイン（文）		12	12	11	1.1
		都市空間インフラ（理）	7	27	26	46	—
		都市空間インフラ（文）		8	8	13	—
情報	情報システム		16	397	390	188	2.1
	情報デザイン（理）		15	77	77	50	1.5
	情報デザイン（文）			45	44	23	1.9
	総合情報（理）		7	13	13	29	—
	総合情報（文）			22	22	21	1.0
合計			102	1,341	1,323	1,002	—

（備考）合格者数は，併願による第 2 志望または第 3 志望合格を含んでいる。

●大学入学共通テスト利用前期入試C方式

学部・学科・専攻			募集人員	志願者数	受験者数	合格者数	競争率
工	機械工		11	70	70	60	1.2
	機械システム工		8	62	62	50	1.2
	電気電子工		7	63	63	59	1.1
建築	建築	建築（理）	5	33	33	21	1.6
		建築（文）		15	15	9	1.7
		インテリアデザイン（理）	3	11	11	7	1.6
		インテリアデザイン（文）		8	8	3	2.7
		かおりデザイン（理）	1	5	5	4	1.3
		かおりデザイン（文）		2	2	1	2.0
		都市空間インフラ（理）	3	17	17	13	1.3
		都市空間インフラ（文）		10	10	7	1.4
情報	情報システム		6	88	88	51	1.7
	情報デザイン（理）		6	32	32	21	1.5
	情報デザイン（文）			10	10	5	2.0
	総合情報（理）		3	15	15	13	1.2
	総合情報（文）			9	9	7	1.3
合計			53	450	450	331	―

（備考）募集人員は共通テスト利用前期C方式と共通テスト利用前期D方式の合計。

●大学入学共通テスト利用前期入試D方式

学部・学科・専攻			募集人員	志願者数	受験者数	合格者数	競争率
工	機械工		11	56	56	46	1.2
	機械システム工		8	46	46	34	1.4
	電気電子工		7	44	44	39	1.1
建築	建築	建築（理）	5	26	26	19	1.4
		建築（文）		19	19	8	2.4
		インテリアデザイン（理）	3	11	11	5	2.2
		インテリアデザイン（文）		12	12	3	4.0
		かおりデザイン（理）	1	6	6	3	2.0
		かおりデザイン（文）		4	4	3	1.3
		都市空間インフラ（理）	3	8	8	4	2.0
		都市空間インフラ（文）		9	9	8	1.1
情報	情報システム		6	56	56	34	1.6
	情報デザイン（理）		6	34	34	24	1.4
	情報デザイン（文）			20	20	10	2.0
	総合情報（理）		3	12	12	10	1.2
	総合情報（文）			6	6	5	1.2
合計			53	369	369	255	―

（備考）募集人員は共通テスト利用前期C方式と共通テスト利用前期D方式の合計。

●大学入学共通テスト利用後期入試

学部・学科・専攻			募集人員	志願者数	受験者数	合格者数	競争率
工	機械工		2	17	17	11	1.5
	機械システム工		2	18	18	12	1.5
	電気電子工		1	20	20	13	1.5
建築	建築	建築（理）	1	6	6	3	2.0
		建築（文）		3	3	0	—
		インテリアデザイン（理）	1	4	4	1	4.0
		インテリアデザイン（文）		0	0	0	—
		かおりデザイン（理）	1	3	3	1	3.0
		かおりデザイン（文）		0	0	0	—
		都市空間インフラ（理）	1	5	5	1	5.0
		都市空間インフラ（文）		2	2	2	1.0
情報	情報システム		2	20	20	3	6.7
	情報デザイン（理）		2	10	10	8	1.3
	情報デザイン（文）			1	1	1	1.0
	総合情報（理）		2	9	9	6	1.5
	総合情報（文）			0	0	0	—
合計			15	118	118	62	—

●大学入学共通テスト利用ファイナル入試

学部・学科・専攻			募集人員	志願者数	受験者数	合格者数	競争率
工	機械工		2	21	21	16	1.3
	機械システム工		2	21	21	5	4.2
	電気電子工		1	24	24	12	2.0
建築	建築	建築（理）	1	6	6	1	6.0
		建築（文）		6	6	1	6.0
		インテリアデザイン（理）	1	5	5	0	—
		インテリアデザイン（文）		6	6	1	6.0
		かおりデザイン（理）	1	2	2	1	2.0
		かおりデザイン（文）		3	3	3	1.0
		都市空間インフラ（理）	1	3	3	1	3.0
		都市空間インフラ（文）		3	3	2	1.5
情報	情報システム		2	22	22	2	11.0
	情報デザイン（理）		2	9	9	1	9.0
	情報デザイン（文）			9	9	1	9.0
	総合情報（理）		2	10	10	8	1.3
	総合情報（文）			5	5	3	1.7
合計			15	155	155	58	—

学校推薦型選抜

●一般推薦入試

学部・学科・専攻			募集人員	志願者数	受験者数	合格者数	競争率
工	機械工		14	29	28	31	—
	機械システム工		12	23	23	21	1.1
	電気電子工		8	15	15	17	—
建築	建築	建築	5	29	28	6	4.7
		インテリアデザイン	2	8	8	2	4.0
		かおりデザイン	2	2	2	2	1.0
		都市空間インフラ	5	6	6	7	—
情報	情報システム		10	53	51	17	3.0
	情報デザイン		8	16	16	8	2.0
	総合情報		3	3	3	8	—
合計			69	184	180	119	—

（備考）合格者数は，併願による第２志望合格を含んでいる。

総合型選抜

学部・学科・専攻			募集人員	志願者数	受験者数	合格者数	競争率
工	機械工		13	17	17	16	1.1
	機械システム工		17	17	17	18	—
	電気電子工		11	12	12	12	1.0
建築	建築	建築	9	13	13	9	1.4
		インテリアデザイン	7	7	7	8	—
		かおりデザイン	6	9	9	9	1.0
		都市空間インフラ	10	11	11	11	1.0
情報	情報システム		13	23	23	15	1.5
	情報デザイン		21	33	33	28	1.2
	総合情報		16	15	15	16	—
合計			123	157	157	142	—

（備考）

- 総合型選抜入試・女子特別総合型選抜入試・専門高校総合型選抜入試の合計数。
- 合格者数は，併願による第 2 志望合格を含んでいる。

募集要項（出願書類）の入手方法

インターネット出願が導入されています。募集要項は，大学ホームページで確認およびダウンロードしてください。なお，テレメールからも請求できます。

問い合わせ先

大同大学　入試・広報室

〒457-8530　名古屋市南区滝春町10番地3

TEL　0120-461-115（フリーダイヤル）

FAX　052-612-0125

E-mail　nyushi@daido-it.ac.jp

URL　https://www.daido-it.ac.jp/

大同大学のテレメールによる資料請求方法

スマートフォンから　QRコードからアクセスしガイダンスに従ってご請求ください。

パソコンから　教学社 赤本ウェブサイト(akahon.net)から請求できます。

TREND & STEPS

傾向と対策

科目ごとに問題の「傾向」を分析し，具体的にどのような「対策」をすればよいか紹介しています。まずは出題内容をまとめた分析表を見て，試験の概要を把握しましょう。

注　意

「傾向と対策」で示している，出題科目・出題範囲・試験時間等については，2024 年度までに実施された入試の内容に基づいています。2025 年度入試の選抜方法については，各大学が発表する学生募集要項を必ずご確認ください。

掲載日程・方式・学部

2024 年度入試では下記の通り変更が行われた。

- 改組が行われ，工学部建築学科が建築学部として新設された。
- 受験型の名称が下記の通り変更となった。
  Ⅰ型受験→理系型受験
  Ⅱ型受験→文系型受験
- 前期 A 方式文系型受験では選択教科の「化学」がなくなり，英語・数学・化学・国語から 3 教科選択が「英語・数学・国語の 3 教科必須」となった。
- 解答形式の OCR 方式（解答用紙を直接コンピュータ処理する）がマークシート方式となった。

英　語

年度	区分	番号	項　目	内　容
2024	M方式●	〔1〕	読　　解	英文和訳，空所補充，内容説明，語句整序，内容真偽
		〔2〕	会 話 文	空所補充
		〔3〕	文法・語彙	語句整序（不足する語）
		〔4〕	文法・語彙	空所補充
		〔5〕	文法・語彙	同意表現
	前期◑	〔1〕	読　　解	内容説明，空所補充，語句整序，内容真偽
		〔2〕	会 話 文	空所補充
		〔3〕	文法・語彙	語句整序（不足する語）
		〔4〕	読　　解	英文和訳，内容説明
		〔5〕	英 作 文	空所補充
		〔6〕	英 作 文	和文英訳
2023	M方式●	〔1〕	読　　解	段落挿入箇所，内容説明，語句整序，内容真偽
		〔2〕	会 話 文	空所補充
		〔3〕	文法・語彙	語句整序（不足する語）
		〔4〕	文法・語彙	空所補充
		〔5〕	文法・語彙	同意表現
	前期◑	〔1〕	読　　解	内容説明，語句整序，空所補充，内容真偽
		〔2〕	会 話 文	空所補充
		〔3〕	文法・語彙	語句整序（不足する語）
		〔4〕	読　　解	内容説明，英文和訳
		〔5〕	英 作 文	空所補充
		〔6〕	英 作 文	和文英訳

(注)

2024 年度：

●印は全問マークシート方式，◑印は一部マークシート方式採用であることを表す。
理系型受験・文系型受験で同一問題。

2023 年度：

●印は全問 OCR 方式（解答用紙を直接コンピュータ処理する），◑印は一部 OCR 方式採用であることを表す。

Ⅰ型受験・Ⅱ型受験で同一問題。

傾向 基本的だが正確な文法力と丁寧な思考力が問われる

01 出題形式は？

M方式，前期ともに2つの受験型に分かれているが，問題は共通となっている。

〈M方式〉 大問5題の出題で，試験時間は60分。解答形式は全問マークシート方式／OCR方式である。

〈前期〉 大問6題の出題で，試験時間は60分。解答形式は〔1〕〔2〕〔3〕がマークシート方式／OCR方式による選択式で，〔4〕が英文和訳・内容説明，〔5〕〔6〕が和文英訳を中心とした記述式である。

02 出題内容はどうか？

M方式・前期ともに，〔1〕の英文読解問題は長文の内容理解を問う問題が中心である。〔2〕の会話文は英会話の本でよく見られる，日常場面での会話である。〔3〕の語句整序は，与えられた語句を並べ替えた際に不足する語を選択肢から選ぶというもの。重要な熟語や慣用表現，語法・文法の知識が問われている。

M方式では，〔4〕〔5〕は文法，熟語の問題である。どちらも重要かつ基礎的な内容が重視されており，基本的な文法の理解，頻出する熟語の習得が試されている。前期では〔4〕に英文読解問題，〔5〕に英文の空所に適語を記入する形式の和文英訳問題，〔6〕に短文の和文英訳問題が出題されている。

03 難易度は？

読解問題は，文章自体は，少し易しかった2023年度と比べると2024年度は難しかったが，例年と同じレベルに戻ったと言える。難解な内容というわけではなく，設問も奇をてらったものはなく良質である。語句整序も含めて文法・語彙，英作文は基本事項を問うている。会話文問題は場面を思い浮かべられれば解答を見つけられるだろう。

対策

01 読解問題対策

読解問題を解くコツは，センテンスを節や句などを意識して読むことである。細部にこだわるのではなく，全体として何を言おうとしているのかを考えて読む意識をもつことが大切。また，設問の選択肢が日本語の場合は，本文を読む前に設問を読んでおくと英文の内容が把握しやすい。たとえば『発展 30 日完成 英語長文を読むためのパラグラフ・リーディング』（日栄社）などで練習することがおすすめ。なお，内容真偽・内容説明の問題には，文法・構文の知識を生かすことが求められているものがあることに十分注意してほしい。単語集は今使っているものを継続して使うのが効率的だが，『改訂第 2 版キクタン【Basic】4000 語レベル』（アルク）などもおすすめである。

02 語句整序・和文英訳対策

基本構文を繰り返し学習して習得することが肝要である。時制，比較，準動詞，仮定法，関係詞，SVOC の分野（の基本的な構文）がよく出題されている。例文集を音読して，日本語をすぐに英語で言えるように，また，書けるように練習を繰り返そう。選択肢から答えを選ぶ方式の問題集よりも『発展 30 日完成 英語構文（高校初級・中級用）』（日栄社）のような書き込みながら学習を進める問題集がおすすめである。

03 会話文対策

文脈から判断したり，文法的に判断できるので，構文の学習をしっかりとしておくこと。

数　学

年度	区　分		番号	項　目	内　容
2024	M方式●	理系型	〔1〕	小問3問	(1)数と式　(2)図形と計量　(3)場合の数
			〔2〕	小問2問	(1)三角関数　(2)対数
			〔3〕	小問2問	(1)等比数列の和　(2)法線ベクトルと四面体の体積
			〔4〕	微・積分法	(A)曲線と直線で囲まれる部分の面積 (B)分数関数の極値と接線
		文系型	〔1〕	小問2問	(1)数と式　(2)図形と計量
			〔2〕	小問2問	(1)データの分析　(2)整数の性質
			〔3〕	小問2問	(1)場合の数　(2)確率
	前期◑	理系型	〔1〕	小問3問	(1)数と式　(2)データの分析　(3)図形と計量
			〔2〕	小問2問	(1)図形と方程式　(2)対数方程式の整数解
			〔3〕	ベクトル	三角形の面積比
			〔4〕	微・積分法	(A)3次関数のグラフと直線で囲まれる部分の面積 (B)曲線と接線等で囲まれる部分の面積
		文系型	〔1〕	小問3問	(1)数と式　(2)データの分析　(3)2次関数
			〔2〕	小問2問	(1)場合の数　(2)確率
			〔3〕	図形と計量	内接円の半径
2023	M方式●	Ⅰ型	〔1〕	小問3問	(1)数と式　(2)2次不等式　(3)確率
			〔2〕	小問2問	(1)三角関数　(2)対数
			〔3〕	小問2問	(1)等差数列・等比数列の和　(2)交点の位置ベクトル
			〔4〕	微・積分法	(A)曲線と接線で囲まれる部分の面積 (B)曲線と x 軸で囲まれる部分の面積
		Ⅱ型	〔1〕	小問2問	(1)数と式　(2)2次不等式
			〔2〕	小問2問	(1)図形と計量　(2)平面図形
			〔3〕	小問2問	(1)集合　(2)確率

前期◑	Ⅰ型	〔1〕	小問3問	(1)数と式　(2)図形と計量　(3)確率
		〔2〕	小問2問	(1)対数の計算　(2)ベクトルの内積
		〔3〕	三角関数	三角関数の合成，最大・最小
		〔4〕	微・積分法	(A)3次関数のグラフと直線で囲まれる部分の面積 (B)グラフの概形，面積
	Ⅱ型	〔1〕	小問3問	(1)数と式　(2)2次関数　(3)図形と計量
		〔2〕	小問2問	(1)場合の数　(2)確率
		〔3〕	整数	方程式の整数解

(注)

2024年度：

●印は全問マークシート方式，◑印は一部マークシート方式採用であることを表す。

M方式・前期の理系型受験〔4〕は(A)・(B)の一方を選択解答。

2023年度：

●印は全問OCR方式（解答用紙を直接コンピュータ処理する），◑印は一部OCR方式採用であることを表す。

M方式・前期のⅠ型受験〔4〕は(A)・(B)の一方を選択解答。

出題範囲の変更

2025年度入試より，数学は新教育課程での実施となります。詳細については，大学から発表される募集要項等で必ずご確認ください（以下は本書編集時点の情報）。

	2024年度（旧教育課程）	2025年度（新教育課程）
理系型受験	数学Ⅰ・Ⅱ・Ⅲ・A・B（数列，ベクトル）	数学Ⅰ・Ⅱ・Ⅲ・A（図形の性質，場合の数と確率）・B（数列）・C（ベクトル，平面上の曲線と複素数平面）
文系型受験	数学Ⅰ・A	数学Ⅰ・A（図形の性質，場合の数と確率）

傾向　小問は全領域から出題　理系型／I型受験は微・積分法が頻出

01　出題形式は？

〈**M方式**〉　理系型／I型受験は大問4題。〔1〕〔2〕〔3〕は2，3問の小問からなり，〔4〕は2問から1問を選んで解答する。解答は全問マークシート方式／OCR方式である。試験時間は90分。文系型／II型受験は大問3題。すべて小問2問からなり，例年理系型／I型受験との共通問題がある。理系型／I型受験と同じく全問マークシート方式／OCR方式で，試験時間は60分。

〈**前期**〉　理系型／I型受験は大問4題。〔1〕〔2〕は2，3問の小問からなり，解答はマークシート方式／OCR方式である。〔3〕〔4〕は記述式で，〔4〕は2問から1問を選んで解答する。解答用紙は記述式1題について，B5判1枚である。試験時間は90分。文系型／II型受験は大問3題。〔1〕〔2〕は2，3問の小問からなり，解答はマークシート方式／OCR方式で，例年理系型／I型受験との共通問題がある。〔3〕は記述式で，解答用紙はB5判1枚。試験時間は60分。

02　出題内容はどうか？

理系型／I型受験は各分野から満遍なく出題されているが，〔4〕は微・積分法からの出題が多くみられる。文系型／II型受験も出題範囲内から満遍なく出題されており，データの分析からの出題もある。

03　難易度は？

標準的な問題で，解答方針の立てにくい問題はほとんどない。地道に計算していけば正解にたどりつけるものが大半で，いずれも基本的な内容が問われている。問題の分量は試験時間に対して適当な量だが，全問を解くには計算を確実に手際よくこなす必要があるだろう。

対策

01 基礎力の養成

まず，出題範囲全般について教科書の例題や章末問題などで典型問題を中心にしっかりと学習しておくこと。重要な公式は活用だけでなく，導出もできるようにしておくとよいだろう。また，計算についても，正確かつ迅速にできるように練習を積んでおこう。

02 頻出項目の演習

次に，標準レベルの問題集や参考書などで重点的に演習を積むこと。そして，なぜそのような考え方をするのかといった概念的なことも整理しておくこと。特に理系型／Ｉ型受験者は，頻出の微・積分法をはじめ，図形と方程式，指数・対数関数，数列，ベクトル，三角関数，図形と計量など，文系型／Ⅱ型受験者は，２次関数，図形と計量，確率，必要条件と十分条件，整数，データの分析などをしっかり演習しよう。

結果のみを記入するマークシート方式／OCR 方式では計算ミスは許されない。日頃から問題を解くにあたっては，見通しを立てるだけでよしとするのではなく，最後までしっかりと手を動かして正確な計算力を身につけるよう心がけよう。また，迅速に解答が得られる方法があるかも研究しておくとよい。

過去問と類似の出題がしばしばみられるので，過去問をしっかり解いておこう。

03 記述力を高める

前期では記述式の出題があり，途中の式および説明などを書くよう指示されている。増減表やグラフをかくことも大切である。過去には証明問題も出題されているので，教科書レベルの証明問題を，Ｂ５判の解答用紙にきちんとまとめられるよう練習しておこう。

物　理

年度	区分	番号	項　目	内　容
2024	M方式●	〔1〕	電　磁　気	コンデンサー，気体の状態方程式
		〔2〕	熱　力　学	熱量保存則
		〔3〕	力　　　学	単振動
	前期◑	〔1〕	電　磁　気	ホイートストンブリッジ回路
		〔2〕	波　　　動	ヤングの干渉実験
		〔3〕	力　　　学	電場内における物体の等加速度運動　✓描図
2023	M方式●	〔1〕	電　磁　気	電球を含む直流回路
		〔2〕	原　　　子	ボーアの水素原子モデル
		〔3〕	力　　　学	水平面上の直方体の傾く限界
	前期◑	〔1〕	電　磁　気	電磁場中での荷電粒子の運動
		〔2〕	波　　　動	正弦波の式と反射
		〔3〕	力学，電磁気	電場中と斜面上での小物体の運動　✓描図

（注）
2024年度：●印は全問マークシート方式，◑印は一部マークシート方式採用であることを表す。
2023年度：●印は全問OCR方式（解答用紙を直接コンピュータ処理する），◑印は一部OCR方式採用であることを表す。

傾向　基礎～標準的な内容の理解度を問う問題

01　出題形式は？

〈M方式〉　試験時間60分で大問3題の出題。3題とも文中の空所にあてはまる語句・数式・数値・図を解答群から選び，その番号を記入するマークシート方式／OCR方式である。

〈前期〉　試験時間60分で大問3題の出題。〔1〕〔2〕は文中の空所にあてはまる語句・数式・数値を解答群から選び，その番号を記入するマークシート方式／OCR方式である。〔3〕のみ記述式で，簡単な計算過程の記述が求められる問題や描図問題も出題される。

02 出題内容はどうか？

出題範囲はM方式・前期とも「物理基礎・物理」である。

大問3題のうち，2題は力学と電磁気からの出題で，残り1題は熱力学・波動・原子のいずれかが出題されている。

03 難易度は？

ひとつの大問にさまざまな難易度の小問が含まれている。定義や公式をあてはめるだけのものから，前問の結果を用いて次々と計算を続けて行うものまであり，後半ほど複雑になる。全体を通して文章量は多いが，丁寧に誘導されているので，求められている解答を素早く的確に判断することが重要である。基礎～標準レベルの問題ではあるが，試験時間内に全問を解くためには，大問1題あたり20分以内で問題文を読み，解き終えるスピードと，十分な計算力が必要である。

対策

01 基本事項の徹底を

基本的な内容の理解度を問う問題が中心なので，授業を通じてしっかりと基本法則を理解しておくことが大切である。公式の導出過程や考え方・意味などを整理しながら理解しておくことが必要であろう。教科書の練習問題や章末問題，教科書傍用問題集で基礎を固めておこう。

02 図やグラフを描く

力のベクトル図や v-t グラフ，音波の反射など，物理現象を図やグラフを描いて理解する練習をしておこう。文章量が多いので，どのような物理現象を扱っているのかイメージできるよう，教科書の図やグラフをノートに写しながら理解するように努めること。

03 長文問題に慣れる

問題の内容は基本的・標準的であるが，それぞれの大問は長文であるので，長文問題に慣れておく必要がある。そのためには，過去問を解くだけでなく，入試問題集で長文問題に挑み，問題の流れを見失わずに試験時間内に最後まで解答できるようトレーニングしておくことが大切である。

化　学

年度	区分	番号	項　目	内　容
2024	M方式●	〔1〕	総　合	小問集合（分子の沸点，原子の酸化数，イオンの電子配置，硫黄の化合物，物質の状態，金属イオン，化学平衡，カルボニル化合物，芳香族化合物，タンパク質）
		〔2〕	理論・無機	計算小問集合（物質量，化学反応式の量的関係，気体の法則，溶液の濃度，化学平衡，質量）　✓計算
	前期◑	〔1〕	総　合	小問集合（原子の電子配置，水溶液の性質，金属の性質，分子量，多重結合，油脂）
		〔2〕	理論・有機	計算小問集合（単位格子，酸と塩基，アルケンの分子量，化学反応式の量的関係）　✓計算
		〔3〕	変化・無機	硫黄の性質と反応性
		〔4〕	状　態	気体の状態方程式，ドルトンの法則　✓計算
		〔5〕	有　機	低級カルボン酸
2023	M方式●	〔1〕	総　合	小問集合（イオンの価数，有機化合物の水溶液の液性，電子式，ハロゲン単体の酸化力，周期表と元素の性質，硫化物の沈殿，官能基，アミノ酸の性質，金属の結晶格子，結合の極性，合成繊維，タンパク質の分類）
		〔2〕	理　論	計算小問集合（物質量，固体の溶解度，ヘスの法則，化学反応式の量的関係，溶液の濃度，水溶液の pH）　✓計算
	前期◑	〔1〕	総　合	小問集合（単原子イオンの電子配置，分子の極性，分子，ルシャトリエの原理，官能基，合金，糖類の分類）
		〔2〕	状　態	計算小問集合（気体の法則，溶液の濃度，凝固点降下，固体の溶解度）　✓計算
		〔3〕	無　機	アンモニアの実験室的製法　✓論述
		〔4〕	構　造	金属の結晶構造　✓計算
		〔5〕	有　機	有機化合物の反応　✓計算

（注）

2024 年度：●印は全問マークシート方式，◑印は一部マークシート方式採用であることを表す。

2023 年度：

●印は全問 OCR 方式（解答用紙を直接コンピュータ処理する），◑印は一部 OCR 方式採用であることを表す。

前期はⅠ型受験・Ⅱ型受験とも同一問題。

傾向　教科書に準拠した出題内容，計算問題を重視

01　出題形式は？

〈M方式〉　試験時間60分で，大問2題。すべてマークシート方式／OCR方式である。〔1〕〔2〕とも小問集合形式であり，〔2〕はすべて計算問題である。各大問の小問数は前期より多い。

〈前期〉　試験時間60分で，大問5題。〔1〕〔2〕は小問集合形式で，マークシート方式／OCR方式である。〔2〕はすべて計算問題である。〔3〕～〔5〕は記述式である。計算問題は計算過程が要求されることもある。

02　出題内容はどうか？

出題範囲はM方式・前期とも「化学基礎・化学」である。

理論分野では，化学の基本事項をもとにして，物質量，気体の法則，溶液の濃度，分子量，溶解度などの計算，さらに熱化学，pH，中和滴定，化学平衡がよく出題されている。

無機分野では，元素の周期表をもとにして，単体や化合物の性質が毎年出題されている。また，気体の発生や沈殿の生成などの化学反応式を示し，それにもとづく計算や，前期では論述問題が出題されることもある。

有機分野では，脂肪族化合物および芳香族化合物をテーマにして，分子式の決定，異性体の構造式，化合物の性質，検出反応などが出題されている。また，糖類，アミノ酸，合成高分子などについても幅広く出題されている。

03　難易度は？

M方式・前期とも問題は基礎的・標準的な内容で，分量も適切だと思われる。計算問題に重点がおかれ，前問の結果を次問に利用する問題が含まれている。解答のみを選択する方式では計算ミスが致命傷となる恐れがあるので，計算力を十分つけておきたい。

対策

01 基本事項の徹底を

基本的な内容の理解度を問う問題が中心であるから，教科書や問題集の例題と練習問題の演習を徹底しよう。まずは，教科書の基本的事項の確認を行い，次に，問題集を用いて基礎～標準レベルの計算問題演習に取り組もう。おすすめは『リード Light ノート 化学』（数研出版）などである。

02 理論分野

まずは物質量や濃度の正確な計算を徹底したい。結晶格子に関する計算，熱化学，気体の状態方程式，溶解度，中和滴定，pH，酸化還元滴定，化学平衡などへの応用問題は，問題集を用いた演習が必要である。

03 無機分野

元素の周期表と関連づけて，単体と化合物の性質を覚えていこう。化学反応式を重視し，主要なものは暗記するべきである。また，論述対策として，重要語句・性質と観察結果を関連づけて説明できるようにしておきたい。

04 有機分野

脂肪族化合物の系統図をもとにして，化合物の名称や性質，反応名，反応特性などを覚える。芳香族化合物も同様に，系統図を作って覚えるとよい。また，主要な有機化合物については，元素分析や異性体を含めた構造決定をできるようにしておくこと。代表的な高分子化合物の名称，構造式も覚えておきたい。

05 過去問演習で実力を伸ばそう

基本的な問題が解けるようになったら，時間配分を意識して過去問演習を行おう。出題形式に特徴があり，毎年類似した問題が出題されているため，知識の定着を図るだけでなく，出題傾向の把握や合格への目標設定においても得られるものは大きい。

国語

年度	区分	番号	種類	類別	内容	出典
2024	M方式●	〔1〕	現代文	評論	書き取り，空所補充，内容説明，内容真偽	「いつもの言葉を哲学する」 古田徹也
		〔2〕	現代文	評論	空所補充，内容説明，内容真偽	「科学哲学への招待」 野家啓一
		〔3〕	国語常識		外来語，語意，慣用句，四字熟語	
	前期◑	〔1〕	現代文	評論	書き取り，空所補充，内容説明，内容真偽	「争わない社会」 佐藤仁
		〔2〕	現代文	評論	書き取り，四字熟語，内容説明（40字他），内容真偽	「ナチュラリスト」 福岡伸一
		〔3〕	現代文	評論	書き取り，空所補充，欠文挿入箇所，語意，内容説明，内容真偽	「記憶のデザイン」 山本貴光
2023	M方式●	〔1〕	現代文	評論	書き取り，空所補充，内容説明，内容真偽	「エビデンスの社会学」 松村一志
		〔2〕	現代文	評論	空所補充，内容説明，内容真偽	「地図の想像力」 若林幹夫
		〔3〕	国語常識		外来語，語意，慣用句，四字熟語	
	前期◑	〔1〕	現代文	評論	書き取り，欠文挿入箇所，内容説明，空所補充，内容真偽	「くらしのアナキズム」 松村圭一郎
		〔2〕	現代文	評論	書き取り，内容説明（50字），空所補充，内容真偽	「なぜ科学を学ぶのか」 池内了
		〔3〕	現代文	評論	書き取り，欠文挿入箇所，空所補充，箇所指摘，内容真偽	「社会思想としてのクラシック音楽」 猪木武徳

（注）

2024年度：

●印は全問マークシート方式，◑印は一部マークシート方式採用であることを表す。

理系型受験・文系型受験で同一問題。

2023年度：

●印は全問OCR方式（解答用紙を直接コンピュータ処理する），◑印は一部OCR方式採用であることを表す。

Ⅰ型受験・Ⅱ型受験で同一問題。

傾向　評論の読解がポイント　漢字力・語彙力をつけよう

01 出題形式は？

〈**M方式**〉　現代文2題，国語常識1題の計3題で，試験時間は60分。解答形式は全問マークシート方式／OCR方式となっている。

〈**前期**〉　現代文3題で，試験時間は60分。解答形式はマークシート方式／OCR方式と記述式の併用となっている。

02 出題内容はどうか？

現代文は評論がメインで出題されているが，随筆が出題される年度もある。設問は内容説明が中心で，その他は書き取り，空所補充，欠文挿入箇所，内容真偽などである。内容説明や内容真偽の選択肢には，長いものや，本文とよく照らし合わせないと判断を誤るものがある。誤りの選択肢を選ぶという設問もあるので注意が必要である。また，前期の記述式の問題では字数制限つきの内容説明も出題されている。

国語常識では，四字熟語，慣用句，外来語，語意など語句の知識が出題されている。

03 難易度は？

出題文の内容は標準的である。内容説明などの選択肢にはやや紛らわしいものもあり，全体を丁寧に読解する必要はあるが，60分という試験時間を考慮に入れても標準的なレベルである。時間配分としては，国語常識の大問は10分以内，現代文の大問は1題20分以内で解くことを目安とし，残った時間を見直しにあてるとよいだろう。

対策

01 現代文

日頃から新聞や新書などをよく読み，現代社会においてどのような事柄が問題となっているか，関心をもつようにしておきたい。実戦的な対策としては，『マーク式基礎問題集 現代文』（河合出版）などの問題集で多くの評論にあたること。問題演習の際には，選択肢のどの部分がどう間違っているのかを細かく検討したい。文章中に根拠を見つけることによって，確実に正答を得られるようにしよう。また，前期で出題されている字数制限つきの問題の対策も必要である。内容説明の問題演習の際，選択式の設問であっても，選択肢を見る前に50字程度で答えてみるのが有効である。選択式の問題を解く力にも結びつくだろう。

02 漢字力・語彙力の養成

書き取りについては1つの間違いが命取りになることもある。過去問に挑戦して慣れることが必要である。問題集なども利用して繰り返し学習しておこう。語彙の問題にも対応できるよう，普段の学習の中で知らない四字熟語・ことわざ・慣用句・外来語などが出てきたら，辞書などですぐに確認する習慣をつけよう。これらは意味とともに漢字も覚えておくこと。また，学術用語なども正しい意味を覚えておこう。

2024年度

問題と解答

特別奨学生・M方式入試

問　題　編

▶試験科目・配点

区分	教　科	科　　目	配　点
理系型受験	数　学	数学Ⅰ・Ⅱ・Ⅲ・A・B（数列，ベクトル）	150点
	選　択	「コミュニケーション英語Ⅰ・Ⅱ，英語表現Ⅰ」，理科（「物理基礎・物理」「化学基礎・化学」から1科目），「国語総合（近代以降の文章），現代文B」より2教科選択	各100点
文系型受験	外国語	コミュニケーション英語Ⅰ・Ⅱ，英語表現Ⅰ	＊
	数　学	数学Ⅰ・A	
	国　語	国語総合（近代以降の文章），現代文B	

▶備　考

理系型受験：機械工，機械システム工，電気電子工，建築（理系型），情報システム，情報デザイン（理系型），総合情報（理系型）

文系型受験：建築（文系型），情報デザイン（文系型），総合情報（文系型）

＊文系型受験は最高得点の1教科を150点満点に換算し，その他2教科を各100点満点の計350点満点で合否を判定。

英　語

（60分）

［Ⅰ］次の英文を読んで、設問に答えなさい。

The key to learning is feedback. It is nearly impossible to learn anything without it.

Even with good feedback, it can take a while to learn. But without it, you don't stand a chance; you'll go on making the same mistakes forever.

In a simple scenario, it's easy to gather feedback. When you're learning to drive a car, it's pretty obvious what happens when you take a sharp mountain curve at 80 miles an hour. (Hello, ravine!) (1)<u>But the more complex a problem is, the harder it is to capture good feedback.</u> You can gather a lot of facts, and that may be helpful, but in order to reliably measure (2)(　　　　) you need to get beneath the facts. You may have to purposefully go out and create feedback through an experiment.

Not long ago, we met with some executives from a large multinational retailer. They were spending hundreds of millions of dollars a year on U.S. advertising – primarily TV commercials and print circulars in Sunday newspapers – but they weren't sure how effective it was. So far, they had come to one concrete conclusion: TV ads were about four times more effective, dollar for dollar, than print ads.

We asked how they knew (3)<u>this</u>. They whipped out some beautiful, full-color PowerPoint charts that tracked the relationship between TV ads and product sales. Sure enough, there was a mighty sales spike every time their TV ads ran. Valuable feedback, right? Umm ... let's make sure.

How often, we asked, did those ads air? The executives explained that because TV ads are so much more expensive than print ads, they were concentrated on just three days: Black Friday, Christmas, and Father's Day. In other words, the company spent millions of dollars to en-

tice people to go shopping at precisely the same time that millions of people were about to go shopping anyway.

So how could they know the TV ads *caused* the sales spike? They couldn't! The causal relationship might just as easily move in the opposite direction, with (4)(TV ads / causing / sales spike / to buy / the company / the expected). It's possible the company would have sold just as much merchandise without spending a single dollar on TV commercials. The feedback in this case was practically worthless.

Now we asked about the print ads. How often did they run? One executive told us, with obvious pride, that the company had bought newspaper inserts every single Sunday for the past twenty years in 250 markets across the United States.

So how could they tell whether *these* ads were effective? They couldn't. With no variation whatsoever, it was impossible to know.

What if, we said, the company ran an experiment to find out? In science, the randomized control trial has been the gold standard of learning for hundreds of years – but why should scientists have all the fun? We described an experiment the company might run. They could select 40 major markets across the country and randomly divide them into two groups. In the first group, the company would keep buying newspaper ads every Sunday. In the second group, they'd go totally dark – not a single ad. After three months, it would be easy to compare merchandise sales in the two groups to see how much the print ads mattered.

"Are you crazy?" one marketing executive said. "(5)We can't possibly go dark in 20 markets. Our CEO would kill us."

"Yeah," said someone else, "it'd be like (6)that kid in Pittsburgh."

What kid in Pittsburgh?

They told us about a summer intern who was supposed to call in the Sunday ad buys for the Pittsburgh newspapers. For whatever reason, he botched his assignment and failed to make the calls. So for the entire summer, the company ran no newspaper ads in a large chunk of Pittsburgh. "Yeah," one executive said, "we almost got fired for that one."

So what happened, we asked, to the company's Pittsburgh sales that

summer?

They looked at us, then at each other – and sheepishly admitted it never (7)(　　　　) **them to check the data. When they went back and ran the numbers, they found something shocking: the ad blackout hadn't affected Pittsburgh sales at all!**

Now *that*, we said, is valuable feedback.

出典：Steven D. Levitt and Stephen J. Dubner, *Think Like a Freak: How to Think Smarter About Almost Everything* (Penguin Books, 2014), pp. 34-38.（一部改変）

注）

stand a chance 見込みがある　**ravine** 渓谷　**retailer** 小売商人

circulars ちらし　**whipped out** さっととり出した　**spike** 急上昇　**entice** 誘う

inserts 折り込み広告　**the randomized control trial** ランダム化比較試験

the gold standard 判定基準　**botched** 台無しにした　**a large chunk** かなりの部分

sheepishly おどおどして　**ran the numbers** 計算した

設問

1．下線部(1)の和訳として最も適切なものを選択肢の中からひとつ選び、その番号をマークしなさい。解答番号は［　1　］。

① しかし、より複雑なことが問題であり、より難しくなるのは良いフィードバックをえることである。

② しかし、複雑な問題が多く存在すればするほど、良いフィードバックを獲得するのがそれだけ困難になる。

③ しかし、問題がより複雑になったので、妥当なフィードバックを獲得するのがより困難になった。

④ しかし、より多くの問題が複雑になってきているため、より難しいのは良いフィードバックを獲得することである。

⑤ しかし、問題が複雑であればあるほど、それだけいっそう妥当なフィードバックをえるのは難しい。

2．下線部(2)の空所に入れる表現として最も適切なものを①－⑤の中からひとつ選び、その番号をマークしなさい。解答番号は［　2　］。

① **cause and effect**　② **mend or end**　③ **demand and supply**

④ **from start to finish**　⑤ **question and answer**

3．下線部(3)の具体的な内容として最も適切なものを選択肢の中からひとつ選び、その番号をマークしなさい。解答番号は［ 3 ］。

① 印刷の広告の費用に何ドルかかるのかということ。

② ここまでで、ひとつの具体的な結論にたどりついたということ。

③ 出費を考えると、テレビの広告は印刷の広告よりも約4倍は効果的だったということ。

④ テレビの広告と製品の売り上げの関係性を跡づけるパワー・ポイントの図があるということ。

⑤ 広告が製品の売り上げに対してどれだけ効果的なのかということ。

4．下線部(4)を正しく並べ替えた時に、3番目と6番目にくる語の組み合わせとして最も適切なものを選択肢の中からひとつ選び、その番号をマークしなさい。解答番号は［ 4 ］。

① 3番目：**causing**　／　6番目：**to buy**

② 3番目：**to buy**　／　6番目：**TV ads**

③ 3番目：**sales spike**　／　6番目：**to buy**

④ 3番目：**causing**　／　6番目：**TV ads**

⑤ 3番目：**sales spike**　／　6番目：**the company**

5．下線部(5)の和訳として最も適切なものを選択肢の中からひとつ選び、その番号をマークしなさい。解答番号は［ 5 ］。

① 私たちは20の売買市場には暗くなってからだと行けない。

② 私たちは20の売買市場では完全に不必要になる可能性がある。

③ 私たちは20の売買市場では先行きが見通せなくなる。

④ 私たちが20の売買市場で期待できる見込みがなくなる。

⑤ 私たちが20の売買市場で停止することなどできるはずがない。

6．下線部(6)の人物に関する記述として最も適切なものを選択肢の中からひとつ選び、その番号をマークしなさい。解答番号は［ 6 ］。

① 彼は一年間正社員として新聞社で働いていた。

② 彼は新聞社で広告に関する仕事を請け負っていた。

③ 彼は職務上のミスを犯して、解雇された。

④ 彼は上司に烈火のごとく怒られた。

⑤ 彼はピッツバーグの新聞社で新聞を買っていた。

7．下線部(7)の空所に入れる表現として最も適切なものを①－⑤の中からひとつ選び、その番号をマークしなさい。解答番号は 7 。

① **seemed to**　② **happened to**　③ **occurred to**
④ **remembered to**　⑤ **tried to**

8．本文の内容と一致するものを選択肢の中からひとつ選び、その番号をマークしなさい。解答番号は 8 。

① 妥当なフィードバックを欠いていたとしても、同じミスを永遠と繰り返すなどということは、そうそう起こりえない。
② 妥当なフィードバックとは、実際に自分で経験してみることによってしか得られない。
③ テレビに広告が打たれているときにはいつでも売り上げの急上昇があったという事実は、テレビの広告の有効性を証明していると言える。
④ テレビの広告であろうと、新聞の広告であろうと、会社の重役たちは、実際に検証をしてみることもせずに、その有効性を信じてしまいがちである。
⑤ 価値あるフィードバックの方法を見つけ出すことは、それほど容易ではないものの、どのような場合にも確実に存在する。

［Ⅱ］次の対話文を読んで、設問に答えなさい。

著作権の都合上，省略。

出典：William L. Clark,『最新改訂版　アメリカ口語教本——初級用』（研究社，2006），pp. 104-105.（一部改変）

設問

1．下線部(1)に入れる表現として最も適切なものを選択肢の中からひとつ選び、その番号をマークしなさい。解答番号は［9］。

① **Pardon me?**　② **With pleasure.**　③ **Sure!**
④ **Would you excuse me?**　⑤ **That's a good one.**

2．下線部(2)に入れる表現として最も適切なものを選択肢の中からひとつ選び、その番号をマークしなさい。解答番号は［10］。

① **What's up?**　② **What is it to you?**　③ **What's it like?**
④ **How's it going?**　⑤ **How so?**

3．下線部(3)に入れる語句として最も適切なものを選択肢の中からひとつ選び、その番号をマークしなさい。解答番号は［11］。

① **interested**　② **interesting**　③ **interested in**
④ **with interest**　⑤ **interestingly**

4．下線部(4)に入れる語句として最も適切なものを選択肢の中からひとつ選び、その番号をマークしなさい。解答番号は［12］。

① **what**　② **the cowboy**　③ **those**
④ **the one**　⑤ **that student**

5．下線部(5)に入れる表現として最も適切なものを選択肢の中からひとつ選び、その番号をマークしなさい。解答番号は［13］。

① **You'll soon come to like them.**
② **They usually come good again.**
③ **I hope they'll get well soon.**
④ **Teaching me a lesson will prove of little use.**
⑤ **They're getting pretty difficult.**

［Ⅲ］日本文の意味になるように（　　）の語句を並べ替えると、不足するものがある。不足する語句として最も適切なものを選択肢の中からひとつ選び、その番号をマークしなさい。文頭に来る語も小文字で示してある。

1．その会社は従業員全員にスマートフォンとタブレット与えた。解答番号は 14 。

(smart / tablets / with / phones / all / the / employees / of / company / and / the).

① **raised** ② **selected** ③ **provided** ④ **gives** ⑤ **supply**

2．その新しいソフトウェアは学校のプロジェクトや課題のために使われるべきである。解答番号は 15 。

(should / assignments / school / be / software / the / projects / new / for / or).

① **reflected** ② **influenced** ③ **utilized** ④ **affected** ⑤ **gained**

3．彼女は真の政治家として尊敬されている。解答番号は 16 。

(a / up / as / she / real / is / to / politician).

① **respecting** ② **looked** ③ **admire** ④ **regarded** ⑤ **approval**

4．トムはとても成長したので彼の服はどれも彼に合わない。解答番号は 17 。

Tom has grown (so / none / clothes / much / of / his / that / him).

① **fit** ② **get** ③ **put** ④ **make** ⑤ **take**

5．彼女はこの１０年間頭痛に苦しめられている。解答番号は 18 。

(years / for / suffered / she / ten / headaches / has).

① **from** ② **having** ③ **during** ④ **because** ⑤ **on**

6．トムがそのニュースにどう反応するか分からない。解答番号は [19] 。

(**news / there's / react / Tom / will / no / how / the / to**).

① **tell**　② **tells**　③ **a tell**　④ **telling**　⑤ **told**

7．そろそろ彼は自分の将来について考え始めてもよいころだ。解答番号は [20] 。

(**thinking / future / time / he / it's / about / his**).

① **to start**　② **will start**　③ **starts**　④ **starting**　⑤ **started**

［Ⅳ］次のぞれぞれの英文の空所に入れる語句として最も適切なものを選択肢の中からひとつ選び、その番号をマークしなさい。

1．あなたは明日までにこの課題を仕上げなければならない。解答番号は [21] 。

You should complete this assignment (　　　) tomorrow.

① **for**　② **by**　③ **during**　④ **until**　⑤ **on**

2．母は駅に着いたらすぐに私に電話してくるでしょう。解答番号は [22] 。

My mother will call me as soon as she (　　　) at the station.

① **arrive**　② **will arrive**　③ **reaches**　④ **arrives**　⑤ **is reaching**

3．その映画は私には理解できなかった。解答番号は [23] 。

The movie was (　　　) my understanding.

① **beyond**　② **losing**　③ **rejecting**　④ **without**　⑤ **over**

4．お金は、それだけでは、あまり重要ではない。解答番号は [24] 。

Money, as (　　　), does not matter much.

① **if**　② **it**　③ **much**　④ **for**　⑤ **such**

5．彼はその事件を見なかったと言った。解答番号は［25］。

He denied (　　) the incident.

① **to have seen**　② **seeing**　③ **having seen**
④ **him saw**　⑤ **to see**

［V］それぞれの文における下線部の語の意味として最も適切なものを選択肢の中からひとつ選び、その番号をマークしなさい。

1．**He became internationally <u>famous</u> for his songs.**　解答番号は［26］。

① **known about by many people**
② **well known for being bad or evil**
③ **connected with ordinary people in society in general**
④ **shared by a large number of people**
⑤ **extremely good**

2．**We will <u>celebrate</u> our 20th wedding anniversary in Japan.**
解答番号は［27］。

① **to pay no attention to something**
② **to be useful to somebody in achieving or satisfying something**
③ **to speak angrily to somebody because they have done something wrong**
④ **to tell somebody that you are pleased about their success or achievements**
⑤ **to show that a day or an event is important by doing something special on it**

3．**The <u>pollution</u> did severe damage to the environment.**　解答番号は［28］。

① **hot weather; the hot conditions in a building, etc**
② **materials that are no longer needed and are thrown away**
③ **the process of making air, water, soil, etc. dirty; the state of being dirty**
④ **a substance that causes death or harm if it is swallowed or absorbed into the body**

⑤ **a thing that is used for transporting people or goods from one place to another, such as a car or truck**

4．**We accepted the criticism with quiet <u>dignity</u>.** 解答番号は［ 29 ］。

① **careful and thorough work or effort**

② **a calm and serious manner that deserves respect**

③ **dislike of or opposition to a plan, an idea, etc; refusal to obey**

④ **the state of sharing the same opinion or feeling**

⑤ **the feeling of respect that you have for yourself**

5．**She refused to <u>tolerate</u> being called a liar.** 解答番号は［ 30 ］。

① **to stop something from being done or used especially by law**

② **to order somebody not to do something; to order that something must not be done**

③ **to let somebody or something do something; to let something happen or be done**

④ **to allow somebody to do something that you do not agree with or like**

⑤ **to make somebody or something part of something**

6．**The governor announced a new plan to <u>reduce</u> crime.** 解答番号は［ 31 ］。

① **to treat somebody in a cruel and unfair way**

② **to limit something or make it happen in a particular way**

③ **to make something less or smaller in size, quantity, price, etc**

④ **to become or to make something greater in amount, number, value, etc**

⑤ **to form an opinion about somebody or something, based on the information you have**

数　学

◀理系型受験▶

(90分)

［1］次の「ア」から「ホ」までの $\boxed{}$ にあてはまる 0 から 9 までの数字を, 解答用紙Aにマークせよ。ただし, 根号内の平方因数は根号外にくくり出し, 分数は既約分数で表すこと。

(1) $x=\dfrac{3}{\sqrt{5}+\sqrt{2}},\ y=\dfrac{3}{\sqrt{5}-\sqrt{2}}$ のとき,

$x+y=\boxed{\text{ア}}\sqrt{\boxed{\text{イ}}},\ x^2+y^2=\boxed{\text{ウ}}\boxed{\text{エ}},$

$x^5+x^3y^2+x^2y^3+y^5=\boxed{\text{オ}}\boxed{\text{カ}}\boxed{\text{キ}}\sqrt{\boxed{\text{ク}}}$ である。

(2) AB = 3, BC = 6, CA = 5 である △ABC において, 辺 BC を 1 : 2 に内分する点を D, 辺 CA を 2 : 3 に内分する点を E, 線分 AD と線分 BE の交点を F とすると, $\cos B=\dfrac{\boxed{\text{ケ}}}{\boxed{\text{コ}}}$, $\mathrm{AD}=\dfrac{\sqrt{\boxed{\text{サ}}\boxed{\text{シ}}}}{\boxed{\text{ス}}}$, $\mathrm{AF}=\dfrac{\boxed{\text{セ}}\sqrt{\boxed{\text{ソ}}\boxed{\text{タ}}}}{\boxed{\text{チ}}\boxed{\text{ツ}}}$

である。また, △ABC の面積を S, 四角形 CEFD の面積を T とすると,

$\dfrac{T}{S}=\dfrac{\boxed{\text{テ}}\boxed{\text{ト}}}{\boxed{\text{ナ}}\boxed{\text{ニ}}\boxed{\text{ヌ}}}$ である。

(3) x 座標, y 座標が共に 0, 1, 2 のいずれかであるような座標平面上の 9 個の点から異なる 3 点を選ぶ選び方は $\boxed{\text{ネ}}\boxed{\text{ノ}}$ 通りあり, それらのうち選んだ 3 点が三角形の頂点になるのは $\boxed{\text{ハ}}\boxed{\text{ヒ}}$ 通りある。また, x 座標, y 座標が共に

$0, 1, 2, 3$ のいずれかであるような座標平面上の16個の点から異なる3点を選ぶ選び方のうち，選んだ3点が三角形の頂点になるのは $\boxed{\text{フ}}\boxed{\text{ヘ}}\boxed{\text{ホ}}$ 通りある。

［2］次の「ア」から「ヌ」までの $\boxed{}$ にあてはまる 0 から 9 までの数字を，解答用紙Aにマークせよ。ただし，根号内の平方因数は根号外にくくり出し，分数は既約分数で表すこと。

（1）$0 < \alpha < \dfrac{\pi}{2}$，$\cos\alpha = \dfrac{1}{4}$ のとき，

$$\tan\alpha = \sqrt{\boxed{\text{ア}}\boxed{\text{イ}}},\quad \tan 2\alpha = -\frac{\sqrt{\boxed{\text{ウ}}\boxed{\text{エ}}}}{\boxed{\text{オ}}},$$

$$\tan\frac{\alpha}{2} = \frac{\sqrt{\boxed{\text{カ}}\boxed{\text{キ}}}}{\boxed{\text{ク}}},\quad \tan\frac{3\alpha}{2} = -\frac{\boxed{\text{ケ}}\sqrt{\boxed{\text{コ}}\boxed{\text{サ}}}}{\boxed{\text{シ}}}$$ である。

（2）不等式 $9 \cdot 3^{2x} - 10 \cdot 3^{x} + 1 \leqq 0$ の解は $-\boxed{\text{ス}} \leqq x \leqq \boxed{\text{セ}}$ である。

$-2 \leqq x \leqq 1$ のとき，$9 \cdot 3^{2x} - 10 \cdot 3^{x} + 1$ は $x = \boxed{\text{ソ}}$ で最大値 $\boxed{\text{タ}}\boxed{\text{チ}}$ をとり，$x = \log_3 \boxed{\text{ツ}} - \boxed{\text{テ}}$ で最小値 $-\dfrac{\boxed{\text{ト}}\boxed{\text{ナ}}}{\boxed{\text{ニ}}}$ をとる。

また，$a - 1 < \log_3 \boxed{\text{ツ}} - \boxed{\text{テ}} \leqq a$ を満たす整数 a の値は $a = \boxed{\text{ヌ}}$ である。

［3］次の「ア」から「ツ」までの $\boxed{}$ にあてはまる 0 から 9 までの数字を, 解答用紙Aにマークせよ。ただし, 根号内の平方因数は根号外にくくり出し, 分数は既約分数で表すこと。

(1) 公比が正の数である等比数列 $\{a_n\}$ の第 5 項が $\dfrac{80}{3}$, 第 11 項が $\dfrac{5120}{3}$ であるとき, 数列 $\{a_n\}$ の一般項は $a_n = \dfrac{\boxed{\text{ア}}}{\boxed{\text{イ}}} \cdot \boxed{\text{ウ}}^{\,n-1}$ である。このとき,

$$\sum_{k=1}^{12} a_k = \boxed{\text{エ}}\boxed{\text{オ}}\boxed{\text{カ}}\boxed{\text{キ}},\quad \sum_{k=1}^{n} k a_k = \frac{\boxed{\text{ク}}}{\boxed{\text{ケ}}}\left\{\left(n - \boxed{\text{コ}}\right)\cdot \boxed{\text{サ}}^{\,n} + \boxed{\text{シ}}\right\}$$

である。

(2) 座標空間の 4 点 O(0, 0, 0), A(2, 3, 4), B(−3, 1, 5), C(2, −5, 6) に対して, △OAB を含む平面を α とし, 点 C から平面 α に下ろした垂線と平面 α との交点を H とする。ベクトル $\vec{n} = (s, t, 1)$ が平面 α と垂直であるとき, $s = \boxed{\text{ス}}$, $t = -\boxed{\text{セ}}$ である。また, $\mathrm{CH} = \boxed{\text{ソ}}\sqrt{\boxed{\text{タ}}}$ であり, 四面体 OABC の体積は $\boxed{\text{チ}}\boxed{\text{ツ}}$ である。

［4］次の「ア」から「ネ」までの $\boxed{}$ にあてはまる 0 から 9 までの数字を，解答用紙Aにマークせよ。ただし，根号内の平方因数は根号外にくくり出し，分数は既約分数で表すこと。

次の (A) または (B) のいずれか一方を選んで解答せよ。

(A)　$f(x)=x^3-2x^2-7x+6$ とする。$f(x)$ の極大値は $\boxed{\text{ア}}\boxed{\text{イ}}$，極小値は $-\dfrac{\boxed{\text{ウ}}\boxed{\text{エ}}\boxed{\text{オ}}}{\boxed{\text{カ}}\boxed{\text{キ}}}$ であり，方程式 $f(x)=a$ を満たす実数 x の個数が 2 個となるような正の定数 a の値は $a=\boxed{\text{ク}}\boxed{\text{ケ}}$ である。曲線 $y=f(x)$ 上の点 $(2, f(2))$ における接線の方程式は $y=-\boxed{\text{コ}}\,x-\boxed{\text{サ}}$ である。曲線 $y=f(x)$ と直線 $y=x+6$ で囲まれた部分の面積は $\dfrac{\boxed{\text{シ}}\boxed{\text{ス}}\boxed{\text{セ}}}{\boxed{\text{ソ}}}$ である。

(B)　$f(x)=\dfrac{x^2+x+1}{x}$ とする。$f(x)$ の極大値は $-\boxed{\text{タ}}$，極小値は $\boxed{\text{チ}}$ であり，方程式 $f(x)=a$ が実数解をもたないような実数の定数 a の値の範囲は $-\boxed{\text{ツ}}<a<\boxed{\text{テ}}$ である。また，原点から曲線 $y=f(x)$ に引いた接線 ℓ の方程式は $y=\dfrac{\boxed{\text{ト}}}{\boxed{\text{ナ}}}x$ であり，曲線 $y=f(x)$，接線 ℓ および直線 $x=-1$ で囲まれた部分の面積は $\log\boxed{\text{ニ}}-\dfrac{\boxed{\text{ヌ}}}{\boxed{\text{ネ}}}$ である。

◀文系型受験▶

（60分）

［1］次の「ア」から「ヌ」までの $\boxed{}$ にあてはまる 0 から 9 までの数字を，解答用紙Aにマークせよ。ただし，根号内の平方因数は根号外にくくり出し，分数は既約分数で表すこと。

（1）$x = \dfrac{3}{\sqrt{5}+\sqrt{2}}$，$y = \dfrac{3}{\sqrt{5}-\sqrt{2}}$ のとき，

$x + y = \boxed{\text{ア}}\sqrt{\boxed{\text{イ}}}$，$x^2 + y^2 = \boxed{\text{ウ}}\boxed{\text{エ}}$，

$x^5 + x^3y^2 + x^2y^3 + y^5 = \boxed{\text{オ}}\boxed{\text{カ}}\boxed{\text{キ}}\sqrt{\boxed{\text{ク}}}$ である。

（2）$AB = 3$，$BC = 6$，$CA = 5$ である $\triangle ABC$ において，辺 BC を $1:2$ に内分する点を D，辺 CA を $2:3$ に内分する点を E，線分 AD と線分 BE の交点を F とすると，$\cos B = \dfrac{\boxed{\text{ケ}}}{\boxed{\text{コ}}}$，$AD = \dfrac{\sqrt{\boxed{\text{サ}}\boxed{\text{シ}}}}{\boxed{\text{ス}}}$，$AF = \dfrac{\boxed{\text{セ}}\sqrt{\boxed{\text{ソ}}\boxed{\text{タ}}}}{\boxed{\text{チ}}\boxed{\text{ツ}}}$

である。また，$\triangle ABC$ の面積を S，四角形 CEFD の面積を T とすると，

$\dfrac{T}{S} = \dfrac{\boxed{\text{テ}}\boxed{\text{ト}}}{\boxed{\text{ナ}}\boxed{\text{ニ}}\boxed{\text{ヌ}}}$ である。

[2] 次の「ア」から「タ」までの [　] にあてはまる 0 から 9 までの数字を，解答用紙Aにマークせよ。ただし，根号内の平方因数は根号外にくくり出し，分数は既約分数で表すこと。

(1) 次の表は，生徒8人に20点満点の英語のテストを行ったときの結果である。

生徒	A	B	C	D	E	F	G	H
英語の得点（点）	15	14	12	12	18	20	12	9

このとき，英語の得点の平均値は [ア][イ] 点，分散は [ウ][エ].[オ][カ] である。また，10点満点の数学のテストを行ったときの生徒10人のⅠ組の得点の平均値は6点，分散は4.2であり，生徒10人のⅡ組の得点の平均値は8点，分散は2である。このとき，Ⅰ組とⅡ組を合わせた得点の平均値は [キ] 点，分散は [ク].[ケ] である。

(2) 144の正の約数の個数は [コ][サ] 個であり，144のすべての正の約数の和は [シ][ス][セ] である。また，$xy-12x-12y=0$ を満たす正の整数の組 (x, y) の個数は [ソ][タ] 個である。

［3］次の「ア」から「タ」までの $\boxed{}$ にあてはまる 0 から 9 までの数字を，解答用紙Aにマークせよ。ただし，根号内の平方因数は根号外にくくり出し，分数は既約分数で表すこと。

（1）x 座標，y 座標が共に $0, 1, 2$ のいずれかであるような座標平面上の 9 個の点から異なる 3 点を選ぶ選び方は $\boxed{\text{ア}}\boxed{\text{イ}}$ 通りあり，それらのうち選んだ 3 点が三角形の頂点になるのは $\boxed{\text{ウ}}\boxed{\text{エ}}$ 通りある。また，x 座標，y 座標が共に $0, 1, 2, 3$ のいずれかであるような座標平面上の 16 個の点から異なる 3 点を選ぶ選び方のうち，選んだ 3 点が三角形の頂点になるのは $\boxed{\text{オ}}\boxed{\text{カ}}\boxed{\text{キ}}$ 通りある。

（2）$1, 2, 3, 4, 5$ の数が書かれたカードが，それぞれ 2 枚ずつ合計 10 枚ある。この 10 枚のカードから同時に 3 枚取り出し，それらのカードに書かれた数の最大値を X，最小値を Y とする。このとき，取り出した 3 枚のうち 2 枚のカードに書かれた数が 5 である確率は $\dfrac{\boxed{\text{ク}}}{\boxed{\text{ケ}}\boxed{\text{コ}}}$，$X = 5$ となる確率は $\dfrac{\boxed{\text{サ}}}{\boxed{\text{シ}}\boxed{\text{ス}}}$，$X - Y = 4$ となる確率は $\dfrac{\boxed{\text{セ}}}{\boxed{\text{ソ}}\boxed{\text{タ}}}$ である。

物　理

(60分)

［Ｉ］次の問いの □ の中の答えを，それぞれの解答群の中から1つずつ選べ。解答群の中の番号は，同じものを何度使ってもよい。

(1) 図1のように，極板 a，b と，その間の誘電率 ε の誘電体で構成される平行板コンデンサーを考える。極板 a と b の面積は A，極板間の距離は L である。両極板は電圧の大きさが V の電源につながれており，電源の電極の向きは図1のとおりである。このコンデンサーの電気容量 $C=$ [ア]，蓄えられる電気量 $Q=$ [イ]，極板間の電場（電界）の大きさ $E=$ [ウ] である。

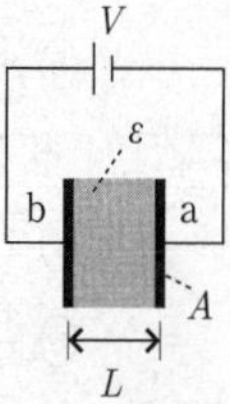

図1

極板間の電場は，極板 a だけで作る電場と極板 b だけで作る電場の合成である。それぞれの極板には，プラスあるいはマイナスの電荷が一様に分布する。極板 a だけで作る電場の電気力線の形と向きの様子は [エ] となり，極板 b だけで作る電気力線の形と向きの様子は [オ] となる。この二つの電場は同じ強さ $E_0=$ [カ] E である。また，極板 a には極板 b だけで作る電場による電気力が働き，極板 b には極板 a だけで作る電場による電気力が働く。この電気力の大きさ $F=$ [キ] である。

(2) 図2のように，滑らかに動くピストン a が付いたシリンダー内に n モルの単原子分子の理想気体 G を封入する。シリンダーの側面は不導体だが，シリンダーの底 b とピストン a は面積 A の電極であり，電圧の大きさが V の電源につながれている。始めはスイッチ S を開き，a と b の電気量は 0 とする（a と b の間の電気力はゼロ）。この状態で a と b の間の距離は L_0 である。そして，スイッチ S を閉じて十分時間が経過し，ピストン a が底 b から距離 L で静止した。ただし，気体 G は誘電率が ε で一定の誘電体でもあり，スイッチ S を閉じても通常の理想気体の状態方程式に従う。気体定数は R である。

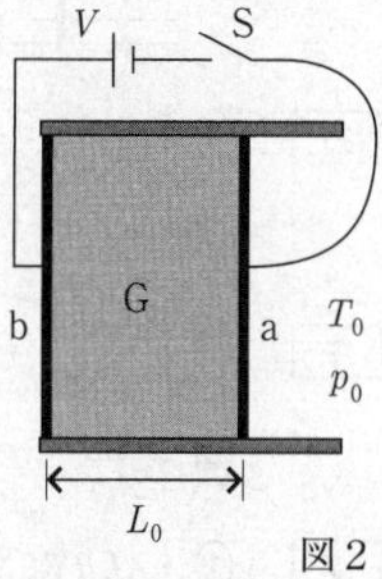

図2

以下，スイッチ S を閉じると，ピストン a，気体 G，底 b の三つで，問(1)の平行板コンデンサーと同等とみなせる場合を考える。また，シリンダー周辺の大気の圧力は p_0，絶対温度は T_0 で一定であり，気体 G の絶対温度は常に T_0 に保たれるとする。

スイッチ S を閉じた状態で，気体 G の圧力 $p=$ [ク] であり，ピストン a と底 b の間に働く電気力の大きさは問(1)の F と同じである。また，a に働く力のうち，G の体積を増やそうとする向きの力の和の大きさ $f_{out}=$ [ケ] であり，G の体積を減らそうとする向きの力の和の大きさ $f_{in}=$ [コ] である。a が静止していることから f_{out} と f_{in} がつり合うので，そのつり合い式を式変形し，距離 L を求める式として整理すると，以下の二次方程式を得る。ただし，この式変形では，始めのスイッチ S を開いた状態での気体 G の状態方程式と，問(1)で求めた C，Q，E，F などを必要に応じて利用する。

$$L^2 + \boxed{\text{サ}}\,L + \boxed{\text{シ}}\,V^2 = 0$$

求める L は，この二次方程式の解のうち $V=0$ で $L=L_0$ となる解であり，次のようになる。

$$L = \frac{1}{2}\left(L_0 + \sqrt{L_0^2 + \boxed{\text{ス}}\,V^2}\right)$$

これより，ピストン a の静止状態が実現するには，電源電圧の大きさが $V \leqq \boxed{\text{セ}}$ という条件を満たせばよいことが分かる。

解答群

$\boxed{\text{ア}}$

① εLA　② $\dfrac{1}{\varepsilon LA}$　③ $\dfrac{\varepsilon L}{A}$　④ $\dfrac{A}{\varepsilon L}$

⑤ $\dfrac{\varepsilon A}{L}$　⑥ $\dfrac{L}{\varepsilon A}$　⑦ $\dfrac{LA}{\varepsilon}$　⑧ $\dfrac{\varepsilon}{LA}$

$\boxed{\text{イ}}$，$\boxed{\text{ウ}}$

① CV　② $\dfrac{C}{V}$　③ $\dfrac{V}{C}$　④ LC　⑤ $\dfrac{L}{C}$

⑥ $\dfrac{C}{L}$　⑦ VL　⑧ $\dfrac{V}{L}$　⑨ $\dfrac{L}{V}$

$\boxed{\text{エ}}$，$\boxed{\text{オ}}$

①
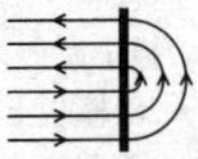
②
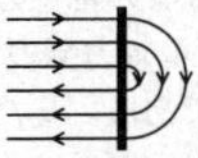
③
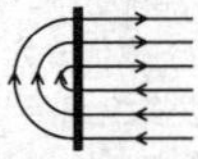
④
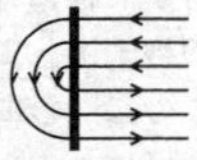

⑤
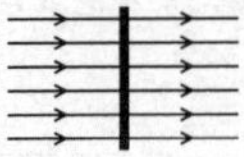
⑥
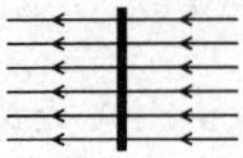
⑦
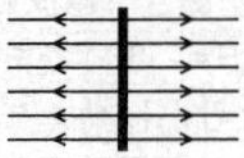
⑧
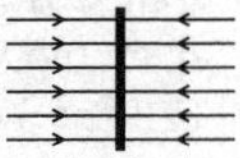

$\boxed{\text{カ}}$

① 1　② 2　③ $\dfrac{1}{2}$　④ 2π　⑤ $\dfrac{1}{2\pi}$

⑥ ε　⑦ 2ε　⑧ $\dfrac{\varepsilon}{2}$　⑨ $2\pi\varepsilon$　⓪ $\dfrac{\varepsilon}{2\pi}$

$\boxed{\text{キ}}$

① CV^2　② $\dfrac{CV^2}{2}$　③ $\dfrac{V^2}{C}$　④ $\dfrac{V^2}{2C}$　⑤ $\dfrac{CV^2}{L}$

⑥ $\dfrac{CV^2}{2L}$　⑦ $\dfrac{V^2}{CL}$　⑧ $\dfrac{V^2}{2CL}$　⑨ CV^2L　⓪ $\dfrac{CV^2L}{2}$

$\boxed{\text{ク}}$

① $nALRT_0$　② $\dfrac{nRT_0}{AL}$　③ $\dfrac{nAT_0}{LR}$　④ $\dfrac{nAL}{RT_0}$　⑤ $\dfrac{nLR}{T_0A}$

⑥ $\dfrac{nT_0}{ALR}$　⑦ $\dfrac{nR}{ALT_0}$　⑧ $\dfrac{nL}{ART_0}$　⑨ $\dfrac{nA}{LRT_0}$　⓪ $\dfrac{n}{ALRT_0}$

$\boxed{\text{ケ}}$，$\boxed{\text{コ}}$

① p_0A　② pA　③ p_0AL　④ pAL　⑤ F

⑥ p_0A+F　⑦ $pA+F$　⑧ p_0AL+F　⑨ $pAL+F$　⓪ 0

$\boxed{\text{サ}}$，$\boxed{\text{シ}}$，$\boxed{\text{ス}}$

① 1　② (-1)　③ L_0　④ $(-L_0)$　⑤ $\dfrac{\varepsilon}{p_0}$

⑥ $\left(-\dfrac{\varepsilon}{p_0}\right)$　⑦ $\dfrac{\varepsilon}{2p_0}$　⑧ $\left(-\dfrac{\varepsilon}{2p_0}\right)$　⑨ $\dfrac{2\varepsilon}{p_0}$　⓪ $\left(-\dfrac{2\varepsilon}{p_0}\right)$

[セ]　① L_0　② $\sqrt{L_0}$　③ $\dfrac{L_0}{2}$　④ $\dfrac{\sqrt{L_0}}{2}$　⑤ $L_0\sqrt{\dfrac{p_0}{\varepsilon}}$

⑥ $L_0\sqrt{\dfrac{2p_0}{\varepsilon}}$　⑦ $L_0\sqrt{\dfrac{p_0}{2\varepsilon}}$　⑧ $2L_0\sqrt{\dfrac{p_0}{2\varepsilon}}$　⑨ $2L_0\sqrt{\dfrac{p_0}{\varepsilon}}$　⓪ $\dfrac{L_0}{2}\sqrt{\dfrac{p_0}{\varepsilon}}$

[Ⅱ] 次の問いの [　　] の中の答えを，それぞれの解答群の中から1つずつ選べ。解答群の中の番号は，同じものを何度使ってもよい。解答群の答えが数値の場合は，最も近いものを選べ。

図1および図2に示すように，1気圧（1.0×10^5 Pa）の大気中に置かれた断熱材でできた容器に，体積 V，セルシウス温度（セ氏温度）t_0 の水が入っている。ただし，0℃ $< t_0 <$ 100℃である。以下で，水が入った容器に石や氷を入れたのちに温度がどう変化するかを考える。水や石が受け取った熱量の符号は，熱を吸収した場合を正，熱を放出した場合を負とする。水の密度を $\rho = 1.0\times10^3$ kg/m^3，比熱を $c_w = 4.2\times10^3$ J/(kg·K)，氷の融解熱を $q_i = 3.3\times10^5$ J/kg とする。容器の容積は十分に大きく，石や氷を入れても水は容器からあふれない。容器内にある物質と，容器または大気との間の熱の移動，および大気への水の蒸発は無視できる。

まず図1に示す水が入った容器の中に，セ氏温度 t_H（$t_0 < t_H <$ 100℃）に熱した質量 m_s の石を入れる。十分時間が経過した後，容器内の水と石はともにセ氏温度 t_1 になった。石の材質は均一で比熱は c_s である。

(1) 容器内の水の質量は $M =$ [ソ]，熱容量は $C_0 =$ [タ] である。
(2) 石の熱容量は，$C_s =$ [チ] である。
(3) 容器に石を入れてから温度が t_1 になるまでの間に，水が受け取った熱量は $Q_{w1} =$ [ツ] であり，石が受け取った熱量は $Q_{s1} =$ [テ] である。
(4) 熱量保存の法則より，[ト] の関係が成り立ち，$t_1 =$ [ナ] となる。
(5) また，$t_0 = 41$℃，$V = 6.4\times10^{-2}$ m^3，$t_H = 98$℃，$c_s = 8.0\times10^2$ J/(kg·K) の場合，t_1 を 42 ℃にするために必要な石の質量は [ニ] kg である。

次に図2に示す体積 V，セ氏温度 t_0 の水が入った容器の中に，質量 m_i の0℃の氷を入れる。十分に時間が経過した後，氷は全て融解して，容器内の水はセ氏温度 t_2 になった。

(6) 質量 m_i の0℃の氷が全て融解し，0℃の水となるために必要な熱量は $Q_{i\to w} =$ [ヌ] である。また，融解後の質量 m_i の水が，温度が t_2 になるまでの間に受け取った熱量は $Q_{i2} =$ [ネ] である。
(7) 容器に氷を入れてから温度が t_2 になるまでの間に，体積 V の水が受け取った熱量は $Q_{w2} =$ [ノ] である。
(8) 熱量保存の法則より，$t_2 =$ [ハ] となる。
(9) また，$t_0 = 41$℃，$V = 6.4\times10^{-2}$ m^3 の場合，t_2 を 40℃にするために必要な0℃の氷の

質量は [ヒ] kg である。

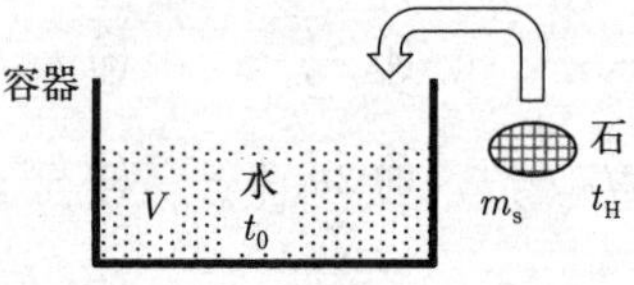

図1

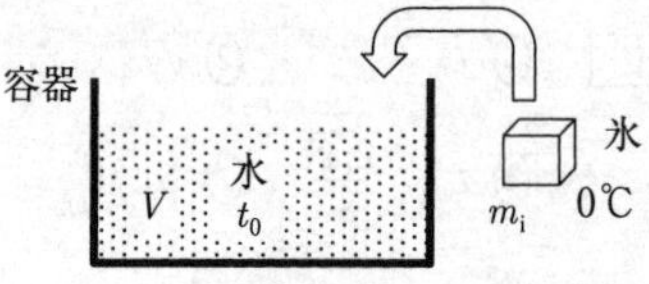

図2

解答群

[ソ]

① ρ　② V　③ ρV　④ $\frac{\rho}{V}$

⑤ $\frac{V}{\rho}$　⑥ $\rho + V$　⑦ $\frac{1}{2}\rho V^2$　⑧ $\frac{\rho}{V^2}$

[タ], [チ]

① M　② c_w　③ $\frac{c_w}{M}$　④ $\frac{M}{c_w}$　⑤ Mc_w

⑥ m_s　⑦ c_s　⑧ $\frac{c_s}{m_s}$　⑨ $\frac{m_s}{c_s}$　⓪ $m_s c_s$

[ツ], [テ]

① $Mc_w(t_1 - t_0)$　② $-Mc_w(t_1 - t_0)$　③ $M(t_1 - t_0)$　④ $-M(t_1 - t_0)$

⑤ $m_s c_s(t_H - t_1)$　⑥ $-m_s c_s(t_H - t_1)$　⑦ $m_s(t_H - t_1)$　⑧ $-m_s(t_H - t_1)$

[ト]

① $Q_{w1} - Q_{s1} = 0$　② $Q_{w1} + Q_{s1} = 0$　③ $MQ_{w1} - m_s Q_{s1} = 0$

④ $MQ_{w1} + m_s Q_{s1} = 0$　⑤ $m_s Q_{w1} + MQ_{s1} = 0$　⑥ $Q_{w1} - Q_{s1} < 0$

⑦ $Q_{w1} + Q_{s1} > 0$　⑧ $Q_{w1} + Q_{s1} < 0$

[ナ]

① $\frac{\rho V c_w + m_s c_s}{\rho V c_w t_0 + m_s c_s t_H}$　② $\frac{\rho V c_w - m_s c_s}{\rho V c_w t_0 + m_s c_s t_H}$　③ $\frac{\rho V c_w + m_s c_s}{\rho V c_w t_0 - m_s c_s t_H}$

④ $\frac{\rho V c_w - m_s c_s}{\rho V c_w t_0 - m_s c_s t_H}$　⑤ $\frac{\rho V c_w t_0 + m_s c_s t_H}{\rho V c_w + m_s c_s}$　⑥ $\frac{\rho V c_w t_0 - m_s c_s t_H}{\rho V c_w + m_s c_s}$

⑦ $\frac{\rho V c_w t_0 + m_s c_s t_H}{\rho V c_w - m_s c_s}$　⑧ $\frac{\rho V c_w t_0 - m_s c_s t_H}{\rho V c_w - m_s c_s}$

[ニ], [ヒ]

① 0.12　② 2　③ 0.36　④ 4　⑤ 0.54

⑥ 6　⑦ 0.73　⑧ 8　⑨ 0.97　⓪ 0

[ヌ]

① q_i　② $\frac{m_i}{q_i}$　③ $\frac{q_i}{m_i}$　④ $m_i q_i$

⑤ $\frac{1}{2} m_i q_i^2$　⑥ $\frac{m_i}{q_i^2}$　⑦ $\frac{m_i^2}{q_i}$　⑧ $\sqrt{m_i q_i}$

［ネ］，［ノ］

① $m_{\mathrm{i}}c_{\mathrm{w}}t_2$　② $-m_{\mathrm{i}}c_{\mathrm{w}}t_2$　③ $m_{\mathrm{i}}c_{\mathrm{w}}(t_0-t_2)$　④ $-m_{\mathrm{i}}c_{\mathrm{w}}(t_0-t_2)$

⑤ $\rho Vc_{\mathrm{w}}t_2$　⑥ $-\rho Vc_{\mathrm{w}}t_2$　⑦ $\rho Vc_{\mathrm{w}}(t_0-t_2)$　⑧ $-\rho Vc_{\mathrm{w}}(t_0-t_2)$

［ハ］

① $\dfrac{\rho Vc_{\mathrm{w}}t_0+m_{\mathrm{i}}q_{\mathrm{i}}}{\rho Vc_{\mathrm{w}}}$　② $\dfrac{\rho Vc_{\mathrm{w}}t_0-m_{\mathrm{i}}q_{\mathrm{i}}}{\rho Vc_{\mathrm{w}}}$　③ $\dfrac{\rho Vc_{\mathrm{w}}t_0+m_{\mathrm{i}}q_{\mathrm{i}}}{m_{\mathrm{i}}c_{\mathrm{w}}}$　④ $\dfrac{\rho Vc_{\mathrm{w}}t_0-m_{\mathrm{i}}q_{\mathrm{i}}}{m_{\mathrm{i}}c_{\mathrm{w}}}$

⑤ $\dfrac{\rho Vc_{\mathrm{w}}t_0+m_{\mathrm{i}}q_{\mathrm{i}}}{(\rho V+m_{\mathrm{i}})c_{\mathrm{w}}}$　⑥ $\dfrac{\rho Vc_{\mathrm{w}}t_0+m_{\mathrm{i}}q_{\mathrm{i}}}{(\rho V-m_{\mathrm{i}})c_{\mathrm{w}}}$　⑦ $\dfrac{\rho Vc_{\mathrm{w}}t_0-m_{\mathrm{i}}q_{\mathrm{i}}}{(\rho V+m_{\mathrm{i}})c_{\mathrm{w}}}$　⑧ $\dfrac{\rho Vc_{\mathrm{w}}t_0-m_{\mathrm{i}}q_{\mathrm{i}}}{(\rho V-m_{\mathrm{i}})c_{\mathrm{w}}}$

［Ⅲ］次の問いの［　　］の中の答えを，それぞれの解答群の中から1つずつ選べ。解答群の中の番号は，同じものを何度使ってもよい。

図に示すように，質量 m の物体を滑らかで水平な床面上に置き，物体と壁をばね定数 k の軽いばねでつなぐ。床面と接する物体表面の点をPとする。ばねが伸びる向きに x 軸をとり，ばねが自然長であるときの点Pの位置を原点とする。床面は $x=d$ $(d>0)$ で途切れており，物体は点Pの x 座標が d より大きくなると床面から落下する。重力加速度の大きさを g とする。ばねや物体の空気抵抗は無視できるとする。

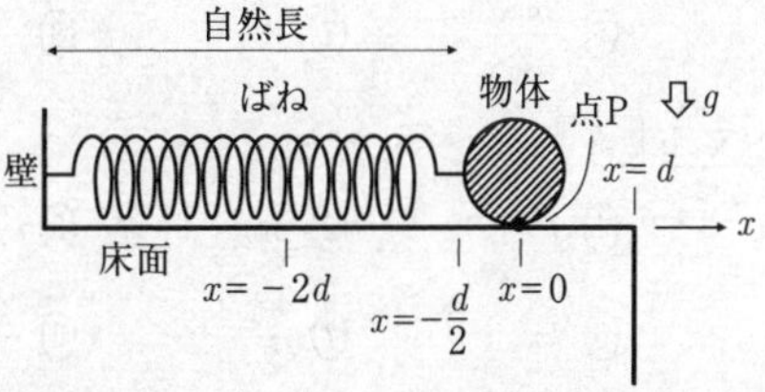

(1) 物体を，点Pが $x=-\dfrac{d}{2}$ の位置になるまでばねを押し縮めたところで，静止させる。この静止した状態において，弾性力による位置エネルギー U_0 は［フ］，物体がばねから受ける力の x 成分は［ヘ］，物体に働く垂直抗力の大きさは［ホ］である。

(2) 次に，問(1)の状態から物体を静かに放すと，物体は周期 T の単振動を開始した。運動開始時の時刻を $t=0$，時刻 t $(t\geqq 0)$ における点Pの位置を x，物体の速さを v とする。時刻 t における物体の運動エネルギー K_1 は［マ］，弾性力による位置エネルギー U_1 は［ミ］である。力学的エネルギーは保存されるので［ム］が成立する。したがって，点Pが原点を通過する瞬間の速さは［メ］となる。また，点Pが初めて原点を通過する時刻は［モ］$\times T$ である。

(3) 次に，物体を一旦静止させてから，点Pが $x=-2d$ の位置になるまでばねを押し縮めたところで，物体を静止させる。その後，物体を静かに放すと，角振動数 ω，周期 T の単振動を開始した。運動開始時の時刻を $t=0$ とする。この場合，点Pが初めて原点を通過する時刻は［ヤ］$\times T$，点Pが $x=d$ に到達する時刻 t_d は［ユ］$\times T$ である。$t>t_d$ になると物体は床面から落下する。そこで，時刻 $t=0$ に位置 $x=-2d$ にいる人が x 軸の正の向きに速さ v_h の等速直線運動で移動し，位置 $x=d$ に物体より先に到着することで物体の落下を防ぐことにする。そのために満たすべき条件は，$v_h>$

[ヨ] $\times \dfrac{\omega d}{\pi}$ である。

(4)　物体の質量を $4m$ へと変更し，それ以外は問(3)と同様の手順で物体を運動させる。この場合，物体の運動は周期 [ラ] $\times \dfrac{\pi}{\omega}$ の単振動となるため，物体が落下する時刻は [リ] $\times \dfrac{\pi}{\omega}$ になる。したがって，時刻 $t=0$ に位置 $x=a$ にいる人が x 軸の正の向きに速さ [ヨ] $\times \dfrac{\omega d}{\pi}$ の等速直線運動で移動し，位置 $x=d$ に物体より先に到着するために満たすべき条件は，[ル] である。

解答群

[フ]，[ヘ]

① $-\dfrac{kd}{2}$　② $\dfrac{kd}{2}$　③ $-kd$　④ kd　⑤ $-\dfrac{kd^2}{8}$

⑥ $\dfrac{kd^2}{8}$　⑦ $-\dfrac{kd^2}{2}$　⑧ $\dfrac{kd^2}{2}$　⑨ k　⓪ 0

[ホ]　① g　② mg　③ mkg　④ $\dfrac{g}{2}$　⑤ $\dfrac{mg}{2}$

⑥ $\dfrac{mkg}{2}$　⑦ $\dfrac{g^2}{2}$　⑧ $\dfrac{mg^2}{2}$　⑨ $\dfrac{mkg^2}{2}$　⓪ 0

[マ]，[ミ]

① v^2　② mv^2　③ $\dfrac{v^2}{2}$　④ $\dfrac{mv^2}{2}$　⑤ x^2

⑥ kx^2　⑦ $\dfrac{x^2}{2}$　⑧ $\dfrac{kx^2}{2}$　⑨ $\dfrac{mkv^2}{2}$　⓪ 0

[ム]　① $K_1+U_1=0$　② $K_1-U_1=0$　③ $K_1+U_1+U_0=0$

④ $K_1-U_1-U_0=0$　⑤ $K_1+U_1-U_0=0$　⑥ $K_1-U_1+U_0=0$

⑦ $U_1+U_0=0$　⑧ $U_1-U_0=0$　⑨ $K_1=U_1=U_0$

[メ]　① $\dfrac{kd}{m}$　② $\dfrac{kd^2}{8m}$　③ $\dfrac{kd^2}{4m}$　④ $\sqrt{\dfrac{kd}{m}}$　⑤ $\dfrac{d}{2}\sqrt{\dfrac{k}{m}}$

⑥ $\dfrac{m}{kd}$　⑦ $\dfrac{8m}{kd^2}$　⑧ $\dfrac{4m}{kd^2}$　⑨ $\sqrt{\dfrac{m}{kd}}$　⓪ $\dfrac{d}{2}\sqrt{\dfrac{m}{k}}$

[モ]，[ヤ]，[ユ]

① 1　② 2　③ 3　④ 4　⑤ $\dfrac{1}{2}$

⑥ $\dfrac{1}{3}$　⑦ $\dfrac{1}{4}$　⑧ $\dfrac{2}{3}$　⑨ $\dfrac{3}{4}$　⓪ 0

[ヨ]，[ラ]，[リ]

① $\dfrac{1}{3}$　② $\dfrac{1}{4}$　③ 3　④ 4　⑤ $\dfrac{3}{8}$

⑥ $\frac{2}{9}$　⑦ $\frac{8}{3}$　⑧ $\frac{9}{2}$　⑨ $\frac{3}{4}$　⓪ $\frac{4}{3}$

ル　① $a < -2d$　② $a < -3d$　③ $a < -4d$　④ $a < -5d$　⑤ $a < -6d$

⑥ $a > -5d$　⑦ $a > -6d$　⑧ $a > -7d$　⑨ $a > -8d$　⓪ $a < 0$

化　学

（60 分）

原　子　量

H：1.0　　C：12.0　　O：16.0　　Cl：35.5

Cu：63.5　　Br：80.0　　Ag：108

［Ⅰ］ 問(1)～(10)に答えよ。解答は解答用紙 A の解答欄にマークせよ。解答は①～⑤のうちから二つ選べ。ただし，当てはまる答が一つしかない場合は，その数字と⓪をマークせよ。なお，各問において，解答欄にマークする数字の順序は問わない。

(1) 沸点の高低が正しく表現されているのはどれか。 ア イ

① He > Ar　② Br_2 > Cl_2　③ CH_4 > SiH_4

④ H_2O > H_2S　⑤ HCl > HF

(2) 下線部の原子の酸化数が＋２のものはどれか。 ウ エ

① $H_2\underline{O}$　② $\underline{Mn}O_2$　③ $\underline{N}O$　④ $\underline{N}H_3$　⑤ $\underline{Cu}Cl_2$

(3) 電子配置が等しいイオンの組み合わせはどれか。 オ カ

① Li^+ と Na^+　② Na^+ と F^-　③ Al^{3+} と Cl^-

④ Na^+ と Ca^{2+}　⑤ Cl^- と Br^-

(4) H_2S と SO_2 の両方にあてはまる特徴はどれか。 キ ク

① 硫黄原子の酸化数が＋２である。

② 腐卵臭をもつ。

③ 還元性を示す。

④ 水に溶け弱酸性を示す。

⑤ 銅と濃硫酸の加熱で生成する。

(5) 20 ℃, 1.0×10^5 Pa の条件で，単体が固体である元素はどれか。 ケ コ

① Ne　② S　③ Br　④ Hg　⑤ I

(6) 金属イオンの反応によってできる次の沈殿のうち，白色沈殿となるものはどれか。

サ シ

① $Cu(OH)_2$　② ZnS　③ AgI　④ AgCl　⑤ $Fe(OH)_2$

(7) アンモニアの合成反応 $N_2 + 3H_2 \rightleftarrows 2NH_3$ が平衡状態にあるとき，下記の変化を与えた。このうち，平衡の移動が左向きに起きる変化はどれか。なお，ここではアンモニアが生成する方向の反応が，発熱反応である。 ス セ

① 触媒を加える。

② 窒素の濃度を増加させる。

③ 温度を上げる。

④ アンモニアを取り除く。

⑤ 圧力を低くする。

(8) カルボニル化合物はどれか。 ソ タ

① アセトアルデヒド　② エタノール　③ グリセリン

④ アセトン　⑤ ジメチルエーテル

(9) 炭素と水素のみからなる芳香族化合物はどれか。 チ ツ

① ナフタレン　② 無水フタル酸　③ アニリン

④ フェノール　⑤ キシレン

(10) タンパク質について，正しい記述はどれか。 テ ト

① 球状タンパク質は親水基を内側に向けているため，水に溶けにくい。

② 繊維状タンパク質は，束状のポリペプチド鎖でできており水に溶けにくい。

③ α-ヘリックスはタンパク質の三次構造の代表例である。

④ タンパク質の変性は，加熱などにより水素結合が切れて，高次構造が保たれなくなることで起きる。

⑤ ビウレット反応は酸性の水溶液中で起きるタンパク質の呈色反応である。

［Ⅱ］ 問(1)～(10)に答えよ。解答は①～⑦のうちから最も近い値を選び，解答用紙Aの解答欄にマークせよ。なお，気体定数 8.31×10^3 Pa・L/（K・mol），0 ℃ = 273 K とする。また，ここでの気体は理想気体とする。

(1) 31.8 g の酸化銅 CuO の物質量は何 mol か。 ［ ナ ］ mol

① 0.25　② 0.30　③ 0.35　④ 0.40
⑤ 0.45　⑥ 0.60　⑦ 0.80

(2) 問(1)と同じ質量の酸化銅が，塩酸と完全に反応した場合に，生じる塩化銅 $CuCl_2$ の質量は何 g か。 ［ ニ ］ g

① 25.4　② 26.9　③ 39.6　④ 40.3
⑤ 47.0　⑥ 53.8　⑦ 80.7

(3) 27 ℃において，酸素 1.0 mol と窒素 2.0 mol を，容積 22.4 L の容器に入れた。容器内の圧力は何 Pa か。 ［ ヌ ］ Pa

① 1.7×10^5　② 3.3×10^5　③ 6.7×10^5　④ 8.2×10^5
⑤ 1.2×10^6　⑥ 1.5×10^6　⑦ 1.7×10^6

(4) 問(3)の容器を −123 ℃まで冷却した。このときの容器内の圧力は何 Pa となるか。

［ ネ ］ Pa

① 1.7×10^5　② 3.3×10^5　③ 6.7×10^5　④ 8.2×10^5
⑤ 1.2×10^6　⑥ 1.5×10^6　⑦ 1.7×10^6

(5) 0.10 mol/L の硝酸銀水溶液 100 mL に，0.20 mol/L の塩酸 100 mL を加えた。このとき生じた塩化銀 $AgCl$ の質量は何 g か。 ［ ノ ］ g

① 0.40　② 0.70　③ 1.1　④ 1.4　⑤ 1.6　⑥ 1.8　⑦ 2.8

(6) 問(5)の反応後の混合溶液中の塩化物イオンのモル濃度は何 mol/L か。なお，塩酸は完全に電離し，生じた塩化銀はすべて沈殿したとする。また，混合溶液の体積を 200 mL とする。 ［ ハ ］ mol/L

① 0.013　② 0.025　③ 0.050　④ 0.080　⑤ 0.10　⑥ 0.13　⑦ 0.25

(7) 容積 10 L の容器に，H_2 1.5 mol と I_2 1.5 mol を入れて加熱し，一定温度に保ったところ，HI が 2.4 mol 生成して反応が平衡状態（$H_2 + I_2 \rightleftarrows 2HI$）に達した。この温度における平衡定数を求めよ。 ［ ヒ ］

① 24　② 34　③ 44　④ 54　⑤ 64　⑥ 74　⑦ 84

(8)　空にした問(7)と同じ容器に, H_2 4.5 mol と I_2 6.0 mol を入れた。問(7)と同一温度に保ったとき，平衡状態において容器内に存在する HI の物質量は何 mol か。 [フ] mol

① 4.0　② 6.0　③ 6.8　④ 7.2　⑤ 7.6　⑥ 8.0　⑦ 8.4

(9)　質量パーセント濃度が 1.6％の臭素水 100 mL がある。この臭素水に溶けている臭素 Br_2 の物質量は何 mol か。臭素水の密度は 1.0 g/cm^3 とする。 [ヘ] mol

① 0.0010　② 0.0020　③ 0.010　④ 0.020　⑤ 0.040　⑥ 0.10　⑦ 0.20

(10)　問(9)の溶液にエチレンを通して，すべての臭素が付加反応した。この付加反応で生成した物質の質量は何 g か。 [ホ] g

① 0.094　② 0.19　③ 0.22　④ 0.44　⑤ 0.94　⑥ 1.3　⑦ 1.9

C 山□水明 35

D 同□異曲 36

① 公
② 工
③ 硬
④ 巧
⑤ 紫
⑥ 死
⑦ 姿
⑧ 止

①角逐《かくちく》　②陥穽《かんせい》　③追従《ついしょう》　④糊塗《こと》　⑤従容《しょうよう》　⑥辟易《へきえき》　⑦凌駕《りょうが》　⑧吝嗇《りんしょく》

問三　次のA～Dと近い意味をもつ言葉を、後の①～⑧の中からそれぞれ一つずつ選べ。ただし、同じものを二度以上用いてはならない。解答番号は 29 ～ 32 。

A　蟷螂《とうろう》の斧《おの》　29

B　ミイラ取りがミイラになる　30

C　弱り目に祟《たた》り目　31

D　李下《りか》に冠を正さず　32

①　無用の心配をする　②　人を説得しようとして逆に説得される　③　疑惑を招くような行為は慎む

④　弱い者に味方する　⑤　不運の上に不運が重なる　⑥　はかない抵抗を試みる

⑦　用心の上にも用心する　⑧　意地を通す

問四　次のA～Dの空欄に入れるのに最も適当な漢字を、後の①～⑧の中からそれぞれ一つずつ選べ。ただし、同じものを二度以上用いてはならない。解答番号は 33 ～ 36 。

A　□言令色　33

B　明鏡□水　34

〔三〕 次の問い（問一～四）に答えよ。

問一 次のA～Cのカタカナ語の意味として最も適当なものを、後の①～⑥の中からそれぞれ一つずつ選べ。ただし、同じものを二度以上用いてはならない。解答番号は 22 ～ 24 。

A カタストロフィ 22

B カタルシス 23

C コンテクスト 24

① 構想　② 照応　③ 浄化　④ 破局　⑤ 文脈　⑥ 模倣

問二 次のA～Dの意味にあたる言葉を、後の①～⑧の中からそれぞれ一つずつ選べ。ただし、同じものを二度以上用いてはならない。解答番号は 25 ～ 28 。

A うわべだけを取り繕うこと 25

B 互いに争うこと 26

C ゆったりと落ち着いていること 27

D こびへつらうこと 28

問六　本文の内容に合致するものを、次の①～⑤の中から一つ選べ。解答番号は 21 。

① 日本は西欧から科学を輸入するにあたって、その成果だけを取り入れ、科学を自ら発展させる努力をしてこなかったために、今日でも科学的創造力に欠ける点がある。

② 十七世紀のヨーロッパにまだ「科学者」に相当する言葉がなかったのは、哲学と比べて科学はまだ評価に値する成果をあげることができていなかったからである。

③ 日本がサイエンスの訳語として「科学」という言葉を選択したところには、日本が科学を実用的な知識として捉え、基礎的な研究を相対的に軽視してきたことが示唆されている。

④ 十九世紀になると「自然哲学者」という言葉が時代遅れに感じられるようになったのは、十七世紀とは異なり哲学よりも科学が重視されるようになったからである。

⑤ 十九世紀半ばになるまで科学者が職業人と見なされなかったのは、科学が世界観や自然観としてあり、技術と結びついた実用的な知識にはなっていなかったからである。

たので、その研究を担う人々を呼ぶ名前が必要になったため。

② 音楽家や画家が芸術家と呼ばれていたので、物理学者や数学者を同じように一括して呼ぶ名前が望まれたのと、科学の担い手が経験のない素人から専門家に代わったので、彼らを呼ぶ名前が必要になったため。

③ 音楽家や画家が芸術家と呼ばれていたので、物理学者や数学者を同じように一括して呼ぶ名前が望まれたのと、科学研究を職業とする専門家集団が出現したので、彼らを呼ぶ名前が必要になったため。

④ 科学が個別諸科学へと分化したので、さまざまな分野の研究者を一括して呼ぶ名前が必要になったのと、科学研究が哲学から独立したので、その研究を担う人々を呼ぶ名前が必要になったため。

⑤ 科学が個別諸科学へと分化したので、さまざまな分野の研究者を一括して呼ぶ名前が必要になったのと、科学研究を職業とする専門家たちが出現したので、彼らを呼ぶ名前が必要になったため。

問五　傍線部④「十七世紀の科学革命」とあるが、この時期の状況として**適当でないもの**を、次の①〜⑤の中から一つ選べ。解答番号は 20 。

① アインシュタイン、湯川秀樹が代表的な研究者であった。

② 知的制度として確立されたが、社会制度としては確立されていない。

③ 別に正式の職業をもっていた人たちが余技として行っていた。

④ 宗教的迷妄に対峙する、啓蒙主義的な世界観と密接に結びついていた。

⑤ 哲学の一部門であり、科学者ではなく哲学者によって推進された。

問三　傍線部②「われわれ日本人の科学理解にある種の歪《ゆが》みをもたらさざるをえなかった」とあるが、「日本人の科学理解」における「ある種の歪み」とはどういうことか。その説明として最も適当なものを、次の①～⑤の中から一つ選べ。解答番号は 18 。

① 日本人は西欧から初めて科学を輸入したのが第二次科学革命の時期であり、第一次科学革命のことは知らなかったので、科学理解が不十分なものになったこと。

② 日本人は技術と結びついた実用的な知識としての面を重視して科学を理解したために、基礎研究の面が相対的に軽視され、それを西欧に依拠することになったこと。

③ 日本人は専門分野に分化された個別的なものとして科学を理解したために、その母胎になっている自然哲学の理解がきわめておろそかになったこと。

④ 日本人は西欧の科学研究の成果だけを取り入れて理解することに汲々とするだけで、自分たちで科学研究を進め、独自の成果を上げることができなかったこと。

⑤ 日本人は西欧において社会制度として確立された科学をまるごと取り入れたために、独自の仕方で科学を理解し、それを発展させることができなかったこと。

問四　傍線部③「『科学者』という言葉の成り立ち」とあるが、「『科学者』という言葉」が成立した理由の説明として最も適当なものを、次の①～⑤の中から一つ選べ。解答番号は 19 。

① 科学の担い手が経験のない素人から専門家に代わったので、彼らを呼ぶ名前が必要になったのと、科学研究が哲学から独立し

問一　空欄 [A] ～ [D] に入れるのに最も適当なものを、次の①～⑥の中からそれぞれ一つずつ選べ。ただし、同じものを二度以上用いてはならない。解答番号は、Aは [13] 、Bは [14] 、Cは [15] 、Dは [16] 。

①　むしろ　②　つまり　③　そこで　④　しかし　⑤　いわば　⑥　たとえば

問二　傍線部①「いくつもの候補の中からなぜ『科学』という訳語が選ばれ、定着して行ったのだろうか」とあるが、筆者はその「一番大きかった」理由をどのように考えているか。その説明として最も適当なものを、次の①～⑤の中から一つ選べ。解答番号は [17] 。

①　日本が開国して西欧からサイエンスを輸入するとき、それを技術と結びついた実用的な知識として受容したのであり、「科学」という訳語はその実用的な知識と対応する言葉だから。

②　日本が開国して西欧からサイエンスを輸入するとき、それを自然哲学から切り離して専門知識として受容したのであり、「科学」という訳語はその専門知識と対応する言葉だから。

③　日本が開国して西欧から先進的知識を輸入し始めた時期は、西欧では第二次科学革命によって科学が制度化された時期であり、「科学」という訳語はその制度化に対応する言葉だから。

④　日本が開国して西欧から先進的知識を輸入し始めた時期は、西欧では科学知識がさまざまな専門分野に分化した時期であり、「科学」という訳語はその専門分化に対応する言葉だから。

⑤　日本が開国して西欧から先進的知識を輸入し始めた時期は、西欧では基礎科学の研究から個別分野の研究に移った時期であり、「科学」という訳語はその個別分野の研究に対応する言葉だから。

（物理学者）と呼んだ。われわれは科学の研究者（a cultivator of science）を一般的に記述する名前を何よりも必要としている。私は彼を科学者（scientist）と呼びたい気がする。したがって、芸術家（artist）が音楽家、画家ないしは詩人であるように、科学者とは数学者、物理学者ないしは博物学者であると言うことができるであろう。

　これを見ると、“scientist”は“artist”になぞらえて造語された言葉であることがわかる。ヒューエルがこれを書いた十九世紀半ばは、先に述べたように、科学が「自然哲学」としての統一性を失って、「個別諸科学」へと専門分化を遂げた時代であり、そのためにさまざまな分野の研究者を「一般的に記述する名前」が必要とされたのである。

　「科学者」という言葉が必要となったもう一つの理由は、科学研究を職業とする社会階層が出現したことである。それ以前の科学研究は、基本的に貴族や修道僧などの「アマチュア」によって担われていた。つまり、別に正式の職業をもっていた人たちのいわば「余技」であった。実際、酸素を発見したラヴォアジェの本職は徴税官であったし、遺伝学の祖と言われるメンデルは修道院長であった。しかし、十九世紀後半になると、科学の専門分化や産業化に促されて、高等教育機関による科学教育や民間企業における研究開発の必要性から、科学研究が専門的職業として成り立つ社会的基盤ができ上がる。それと同時に、科学者たちは専門家集団としての「専門学会」を設立し、そこで研究上の情報交換や学会誌（ジャーナル）の刊行による研究成果の公開、さらにはピアレビュー（同僚評価）によるレフェリー（査読）制度を導入して研究業績の品質管理を行うようになる。ヒューエルが“scientist”という新たな名前を作り出した背景には、こうした「職業としての科学」の成立という事態があったのである。要約すれば、十七世紀の科学革命によって「知的制度」として確立された科学は、十九世紀の第二次科学革命を通じて「社会制度」としての仕組みを整えるにいたる。その意味で、現在われわれが目にする社会システムとしての科学の誕生は、たかだか一八〇年ほど前の出来事にすぎないのである。

（野家啓一『科学哲学への招待』より）

に力点を置いて受容されたのである。そのような事情は、現在でも理学部に比べて工学部の規模が圧倒的に大きいわが国の大学制度に反映されており、また欧米から一時期（一九七〇年代）、基礎科学の分野での「日本ただ乗り論」が指摘された一因ともなっている。そのような日本人の科学理解を象徴するものこそ、サイエンスの訳語として選ばれた「科学」という言葉なのである。

十九世紀半ばの第二次科学革命は、何よりも「科学者」と呼ばれる専門職業人の登場によって特徴づけられる。[C] ③「科学者」という言葉の成り立ちについて考えてみたい。代表的な科学者といえば、ガリレオやニュートン、あるいはアインシュタインや湯川秀樹といった名前が思い浮かぶことだろう。しかし、このうちガリレオとニュートンは科学者ではなかった、と言えば驚かれるに違いない。理由は簡単で、彼らが生きた十七世紀のヨーロッパには、まだ「科学者」に相当する言葉がなかったからである。彼らは「科学者」ではなく、強いて言えば「自然哲学者」であった。そのことは、ガリレオが自分の研究領域を「哲学」と呼び、またニュートンの主著のタイトルが『自然哲学の数学的原理（プリンキピア）』であったことにも表れている。[D]、彼らが活躍したのは科学の専門分化が始まる以前の時代であり、当時の科学研究は広い意味での哲学の一部門であった。その意味では、いささか奇妙な言い方だが、④十七世紀の科学革命は科学者ではなく哲学者によって推し進められたのである。

英語の「科学者（scientist）」や「物理学者（physicist）」という言葉が作られたのは、ニュートンの没後一世紀以上も経過した十九世紀半ばのことに属する。これらの言葉を作ったのは、ケンブリッジ大学教授で科学史や科学哲学の創始者と目されるウィリアム・ヒューエルであった。現在分かっているところでは、“scientist”という言葉の最初の用例は、このヒューエルが一八三四年に書いた匿名書評の中に見ることができる。また、同じ年に開催されたイギリス科学振興協会の第四回大会では、おそらくヒューエルの示唆と思われるが、「自然哲学者」という時代遅れの呼び名に代えて、「物質世界に関する知識の研究者」を意味する「科学者」という呼称を用いることが提案されている。その理由は、ヒューエルの主著『帰納的科学の哲学』によれば、以下の通りである。

> われわれは物理学の研究者（a cultivator of physics）のために physician（医師）を使うことはできないので、私は彼を physicist

［二］　次の文章を読んで、後の問い（問一～六）に答えよ。

①いくつもの候補の中からなぜ「科学」という訳語が選ばれ、定着して行ったのだろうか。それにはさまざまな理由が考えられるが、一番大きかったのは、日本が明治維新を経て開国し、西欧から先進的知識を輸入し始めた時期に、ヨーロッパではちょうど「第二次科学革命」が進行中であったことである。この第二次科学革命は「科学の制度化」とも呼ばれているように、十七世紀に成立した近代科学が「社会制度」の中に組み込まれていった時期にあたる。具体的には、「科学者」と呼ばれる科学研究を職業とする人々が出現し、大学の中に科学の研究教育を目的とする学部や学科が設置され、さらには科学者の職能集団である学会組織が整備されていく、といった一連の出来事が「制度化」の内実にほかならない。それは同時に、科学知識がさまざまな専門分野に分化し、個別諸科学の体系が成立していく時期でもあった。それゆえ、「分科の学」や「百科の学術」を意味する「科学」という訳語は、十九世紀半ばにヨーロッパで起こったサイエンスの専門分化にまさに対応する言葉だったのである。

　このように、ヨーロッパにおいて科学が社会制度として確立され、個別諸科学がディシプリンとして体系化されつつあったちょうどその時期に、日本は西欧から科学をその研究や教育のシステムまで含めてまるごとパッケージとして移入することができた。このことは、殖産興業と富国強兵をスローガンに掲げて近代国家への道を歩み始めた明治期の日本にとっては、ある意味できわめて幸運なことであった。［A］、科学をその種子から養い育てる苦労を経ずに、その果実だけを取り入れ、存分に味わうことができたからである。［B］、その反面で、この幸運は②われわれ日本人の科学理解にある種の歪《ゆが》みをもたらさざるをえなかった。

　ヨーロッパでは、科学はもともと「自然哲学」を母胎として生まれた知識であり、天動説と地動説の対立や、キリスト教と近代科学の軋轢《あつれき》に見られるように、それは宗教的迷妄に対峙《たいじ》する啓蒙主義的な世界観と密接に結びついていた。しかし、日本では、科学は技術と結びついた実用的な知識として、つまり世界観や自然観としてよりは、むしろ個別分野の専門的知識として、その技術的応用の側面

② 批判は、相手の気持ちを傷つけないように配慮して行うべきであり、真っ向から対立しないために、互いに斜に構えて行うべきである。

③ 批判は、相手とともに問題を吟味し、解決の道を探るために行うべきであり、相手の難点を指摘するようなことは避けるべきである。

④ 批判は、相手の言葉の理解に努めた上でなら、相手が傷つくことを恐れずに行うべきであり、問題点があればしっかりと指摘すべきである。

⑤ 批判は、相手に受け入れてもらうために行うべきであり、核心を突いた言葉であっても、相手を傷つけるようであれば避けるべきである。

問七　本文の内容に合致するものを、次の①～⑤の中から一つ選べ。解答番号は 12 。

① マスメディアが「賛否の声が上がっている」という言葉を頻用するのは、批判の意味を誤解しているからである。

② 批判は揚げ足をとるような仕方ではなく、真正面から切り込むような仕方で行ったほうが効果的である。

③ 「炎上」という言葉が現在のように使われていることは、日本が同調圧力の強い社会であることが背景にある。

④ 相手の言葉を十分に尊重した上での批判であれば、感謝こそすれ気持ちを害するようなことにはならない。

⑤ 「批判」という言葉を吟味や批評の意味ではなく、攻撃や非難の意味で用いるのは、明らかな誤用である。

② いつの頃からか、「批判」という言葉が常に否定的なニュアンスを帯びるようになったこと。

③ いつの頃からか、「批判」という言葉に批評や吟味の意味があったことが忘れられてしまったこと。

④ 同調的な空気が支配する空間では、相手の主張を批判するようなことは行われなくなること。

⑤ 同調圧力が強い社会では、どんな「批判」の言葉も敵意のあるものとして機能するようになること。

問五　傍線部③「『炎上』という言葉の現在の用法」とあるが、その説明として**適当でないもの**を、次の①～⑤の中から一つ選べ。
解答番号は [10] 。

① 各種のメディアで発信された言動に対して、ネット上で非難が殺到することを指している。

② 非難の対象となる言動が正当であるか不当であるかといったことは問題にしない。

③ 非難それ自体が正当なものであるか不当なものであるかといったことも問題にしない。

④ 発信された言動の内容は度外視して、それに対する同調と攻撃の声の大きさだけを示している。

⑤ 発信された言動に対して殺到した非難の量の多さと激しさだけを問題にしている。

問六　傍線部④「批判は具体的にどう行うべきだろうか」とあるが、筆者は「批判」を「どう行うべき」だと言っているか。その説明として最も適当なものを、次の①～⑤の中から一つ選べ。解答番号は [11] 。

① 批判は、相手の言葉をよく理解しようと努めた上で行うべきであり、相手とともに問題を吟味し、理解を深めるために行うべきである。

6　X
① 顔色を読む
② 行間を読む
③ 空気を読む
④ 腹を読む
⑤ 鯖を読む

7　Y
① 自分の言葉に自信をもつこともできる
② 自分の言葉が吟味の対象になることもない
③ 自分の言葉が批判されることもなくなる
④ 自分の言葉に責任をもつ必要もなくなる
⑤ 自分の言葉が関心を持たれることもない

問三　傍線部①「その傾向」とあるが、それはどのような傾向を指しているか。その説明として最も適当なものを、次の①～⑤の中から一つ選べ。解答番号は 8 。

① 批判が批評や吟味の意味だけでなく、攻撃や非難の意味でも使われる傾向。
② 批判が批評や吟味の意味ではなく、攻撃や非難の意味で使われる傾向。
③ 批判が批評の意味だけでなく、非難の意味で使われることにも否定的になる傾向。
④ 批判が非難の意味よりも、批評の意味で使われることに否定的になる傾向。
⑤ 批判が批評の意味よりも、非難の意味で使われることに否定的になる傾向。

問四　傍線部②「以上のような背景」とあるが、それはどういうことか。その説明として最も適当なものを、次の①～⑤の中から一つ選べ。解答番号は 9 。

① 相手の主張に同調するかそれを攻撃するかの二者択一が求められ、その中間領域が存在しないこと。

(ウ) コクハツ 3

① コクメイに調べる。
② 約束のコクゲンに遅れる。
③ コクショ続きの夏。
④ 投票日をコクジする。
⑤ アンコクの世となる。

(エ) ゾウゴン 4

① アイゾウ相半ばする。
② ほめられてゾウチョウする。
③ ゾウケイが深い。
④ 図書をキゾウする。
⑤ ゾウキンをかける。

(オ) シコウ 5

① 哲学的なシサクにふける。
② 新車にシジョウする。
③ シナンの業。
④ トウシを燃やす。
⑤ 出場シカクを得る。

問二　空欄 X ・ Y に入れるのに最も適当なものを、次の各群の①～⑤の中からそれぞれ一つずつ選べ。解答番号は 6 ・ 7 。

多少傷つく部分はあるとしても、感謝する部分の方が多いだろう。(これは実際、私が学術的な論文を書いたり発表を行ったりした際に、さまざまな批判を受ける経験を重ねる中で実感していることでもある。)

また、批判を行う側にとっても、相手の言葉によく耳を傾け、それをよく理解しようと努めることは、自分には見えていないものの見方や馴染《なじ》みのない考え方に触れ、学ぶ機会になる。そしてそれは、問題に対する理解を深め、解決の道を探る大事な手掛かりになりうるのである。

批判は、相手を言い負かす攻撃の類いではない。繰り返すなら、批判は相手とともに問題を整理し、吟味し、理解を深め合うために行われるべきものだ。それゆえ、批判は、相手に真っ向から向き合うというよりも、言うなれば、お互いに少し斜めを向き、同じものを見つめ、そのものの様子や意味について語り合う、というイメージで捉える方が適当だろう。

(古田徹也『いつもの言葉を哲学する』より)

問一　傍線部(ア)~(オ)の漢字と同じ漢字を含むものを、次の各群の①~⑤の中からそれぞれ一つずつ選べ。解答番号は 1 ~ 5 。

(ア)　ヨウシャ　1

① ユウヨウな人材を確保する。
② 消費者のヨウボウにこたえる。
③ けが人を病院にシュウヨウする。
④ 食塩が水にヨウカイする。
⑤ 両親をフヨウする。

(イ)　チュウショウ　2

① チュウヨウを得た意見。
② 公的資金をチュウニュウする。
③ データをチュウシュツする。
④ チュウセイを誓う。
⑤ チュウシンより感謝する。

方が圧倒的に優勢である場合にも、「賛否の声が……」と表現しておけば、旗色を鮮明にせずに済むし、[Y]、というわけだ。

「炎上している」とか「賛否の声が上がっている」といった言葉によって物事をひとまとめにしてしまうのではなく、具体的な内容を「批判」する行為が、メディアでもそれ以外の場でも、もっと広範になされる必要がある。そして繰り返すならば、それは必ずしも否定的な行為だとは限らない。賛意を示すのであれ、あるいは難点を指摘するのであれ、人々がともに問題を整理し、吟味し、理解を深め合っている場こそ、本来の意味で「批判」が行われている、建設的な議論の場なのである。

とはいえ、非難や攻撃とは違って、批判は決して簡単な行為ではなく、私自身も日々(オ)シコウ錯誤しているというのが実情だ。どうすれば的を射た批判を展開できるのかという以前に、相手との人間関係がネックになることも多い。というのも、批判をすれば、多少なりとも相手の気分を害したり傷つけたりすることは避けられないからである。だとすれば、④批判は具体的にどう行うべきだろうか。

批判する際には言い方に気をつける、というのはシンプルだが、しかし、まずもって重要なポイントだろう。たとえ有益な内容の指摘であっても、不必要にきつい言葉や口調で語られては、感情的にとても受け入れられなくなる。

また、内容という面でまずい批判の典型は、相手の言葉尻だけを捕らえて自分の土俵（自分の専門分野、自分の経験など）に引きずり込み、その土俵上で相手を説き伏せる、というものだ。たとえば、「あなたはいま『無意識に……』と仰ったが、認知科学的には『無意識』とはこれこれこういうものであるから、『無意識』の問題として捉えるのは不適当だ」という風にして切り捨てるだけでは、相手がひどく気分を害するのも当然だ。そして何より、こうしたやりとりでは、問題に対して互いに理解を深め合うことも、別の見方を知ったり新しい見方を生み出したりすることも難しい。

逆に言えば、重要なのは相手の表現を尊重するということだ。具体的には、相手の言葉を十分なかたちで拾い上げ、それがどのような脈絡の下で発せられたのかをきちんと踏まえたうえで応答する、ということが必要だろう。批判を受ける側も、自分の言わんとすることをちゃんと聞いてもらい、それをよく理解してもらったうえで、納得できる問題点を指摘されるのであれば、苦い思いをしたり、学対話や哲学カフェは、そのような状況を避けて、まずもって皆が自分自身の考えを自由に発言できる場をつくる営みだと言える。言葉に対する批判は、その種の場があってはじめて有効なものだ。)

　まして、そうした同調の空気が支配するケースでは、相手の主張に対して明確に否定的な意見や疑問を向けることは強く憚《はばか》られるようになる。言うなれば、互いにうなずき合う同調的な言葉の空間と、その空間全体に向けられる(ア)ヨウシャのない厳しい言葉、その中間領域が存在しなくなるのだ。この種の状況がコミュニケーションの多くを占めてしまえば、「批判」の言葉はますます刺々《とげとげ》しく、敵意をもったものとしてのみ機能するようになる。「批判」が相手への攻撃として捉えられがちな現状には、②以上のような背景があるのではないだろうか。

　同調と攻撃の間の中間領域が確保されにくく、「批判」という言葉が本来含んでいた「内容の吟味」、「物事に対する批評や判断」、「良し悪しや可否をめぐる議論と評価」といったものがおろそかになりがちな現状は、③「炎上」という言葉の現在の用法にも通じているように思われる。

　「炎上」はいま、各種のメディアで発信された誰か(特に有名人や公人)の言動に対して、ネット上で非難や誹謗《ひぼう》(イ)チュウショウが殺到することを指す言葉ともなっている。問題は、当該の言動が筋の通ったものや正当なものであろうとも、逆に、筋の通らないものや不当なものであろうとも、どれも等し並みに「炎上」と呼ばれる、ということだ。ある差別を(ウ)コクハツする勇気ある発言をターゲットに、差別主義者たちが罵詈《ばり》(エ)ゾウゴンを集中させることも「炎上」と呼ばれるし、とても看過できない酷い差別発言に対して、その問題を指摘する真っ当な声が多く寄せられることも、同様に「炎上」と呼ばれる。そして、何であれ炎上してフォロワーが増えて良かった、チャンネルの登録者数やオンラインサロンの会員が増えて良かった、ということも平然と言われたりする。そこでは、火の手の大きさや、それに伴う熱量の多さが、物事の真偽や正否や善悪に取って代わってしまっている。

　マスメディアで頻繁に用いられている「賛否の声が上がっている」という類いの常套《じょうとう》句も、問題になっている事柄の内容をさしあたり度外視して、熱量の上昇のみに言及できる便利な言葉だ。どちらかの道理に明らかに分がある場合にも、また、賛否どちらかの声の

国語

（六〇分）

［一］　次の文章を読んで、後の問い（問一〜七）に答えよ。

「批判」にあたる欧語、たとえばドイツ語のKritikや英語のcriticismは、古代ギリシア語の「クリネイン（ふるいにかける、分ける、裁判する）」や、ラテン語のcernere, cret-（区別する、選《え》り分ける）に由来し、否定的な批判だけではなく、事柄を整理して批評することや評論することといった意味も保持している。

たとえば、哲学者カント（一七二四―一八〇四）の主著のタイトルである『純粋理性批判』は、理性能力のある種の限界をよく吟味して画定する、といった意味であって、「批判」ということで単純な攻撃や非難といったものを指しているわけではない。また、日本語の「批判」も元々は、批評して判断することや、物事を判定・評価すること、良し悪しや可否について論ずることなどを意味していた。

しかし、いつの頃からか、「批判」がこの国で常に否定的なニュアンスを帯びるようになったのも確かだ。この言葉をめぐる現在の状況は、①<u>その傾向</u>がさらに強まり、極端になった結果だとも解釈できる。

日本の社会は同調圧力が強く、　X　ことが推奨される風潮が強い、とはよく指摘されるところだが、確かに、批判的検討が必要な場面でも、相互的な「甘え」や「お約束」がその場のコミュニケーションを覆ってしまうケースがあまりに多い。和を少しでも乱す言葉――批判（批評、吟味）的な要素のある言葉――に皆が敏感になり、その場のノリに合わない言葉を発しづらくなるケースだ。（哲

解答編

英 語

I 解答 《学ぶには適切なフィードバックが大切である》

1—⑤ **2**—① **3**—③ **4**—④ **5**—⑤ **6**—② **7**—③ **8**—④

(注)

4. (with) the expected sales spike causing the company to buy TV ads

5. 「私たちが20の売買市場で（毎週日曜日の新聞の折り込み広告を）停止することなどできるはずがない」という訳になる。

II 解答 《日本から来た友人と文化の違いについて語る》

1—① **2**—③ **3**—② **4**—④ **5**—⑤

III 解答

1—③ **2**—③ **3**—② **4**—① **5**—① **6**—④ **7**—⑤

(注)

1. The company provided all of the employees with smart phones and tablets(.)

2. The new software should be utilized for school projects or assignments(.)

3. She is looked up to as a real politician(.)

4. (Tom has grown) so much that none of his clothes fit him(.)

5. She has suffered from headaches for ten years(.)

6. There's no telling how Tom will react to the news(.)

7. It's time he started thinking about his future(.)

Ⅳ 解答　1—②　2—④　3—①　4—⑤　5—③

Ⅴ 解答　1—①　2—⑤　3—③　4—②　5—④　6—③

数　学

◀理系型受験▶

1　解答　《数と式，図形と計量，場合の数》

(1)**ア.** 2　**イ.** 5　**ウエ.** 14　**オカキ.** 308　**ク.** 5

(2)**ケ.** 5　**コ.** 9　**サシ.** 57　**ス.** 3　**セ.** 3　**ソタ.** 57　**チツ.** 11
テト. 56　**ナニヌ.** 165

(3)**ネノ.** 84　**ハヒ.** 76　**フヘホ.** 516

2　解答　《三角関数，対数》

(1)**アイ.** 15　**ウエ.** 15　**オ.** 7　**カキ.** 15　**ク.** 5　**ケ.** 3　**コサ.** 15
シ. 5

(2)**ス.** 2　**セ.** 0　**ソ.** 1　**タチ.** 52　**ツ.** 5　**テ.** 2　**トナ.** 16
ニ. 9　**ヌ.** 0

3　解答　《等比数列の和，法線ベクトルと四面体の体積》

(1)**ア.** 5　**イ.** 3　**ウ.** 2　**エオカキ.** 6825　**ク.** 5　**ケ.** 3　**コ.** 1
サ. 2　**シ.** 1

(2)**ス.** 1　**セ.** 2　**ソ.** 3　**タ.** 6　**チツ.** 33

4　解答　《曲線と直線で囲まれる部分の面積，分数関数の極値と接線》

(A)**アイ.** 10　**ウエオ.** 230　**カキ.** 27　**クケ.** 10　**コ.** 3　**サ.** 2
シスセ. 148　**ソ.** 3

(B)**タ.** 1　**チ.** 3　**ツ.** 1　**テ.** 3　**ト.** 3　**ナ.** 4　**ニ.** 2　**ヌ.** 5
ネ. 8

◀文系型受験▶

① 解答 《数と式，図形と計量》

⑴**ア．** 2　**イ．** 5　**ウエ．** 14　**オカキ．** 308　**ク．** 5

⑵**ケ．** 5　**コ．** 9　**サシ．** 57　**ス．** 3　**セ．** 3　**ソタ．** 57　**チツ．** 11
テト． 56　**ナニヌ．** 165

② 解答 《データの分析，整数の性質》

⑴**アイ．** 14　**ウエ．** 11　**オカ．** 25　**キ．** 7　**ク．** 4　**ケ．** 1

⑵**コサ．** 15　**シスセ．** 403　**ソタ．** 15

③ 解答 《場合の数，確率》

⑴**アイ．** 84　**ウエ．** 76　**オカキ．** 516

⑵**ク．** 1　**ケコ．** 15　**サ．** 8　**シス．** 15　**セ．** 7　**ソタ．** 30

物 理

Ⅰ 解答 《コンデンサー，気体の状態方程式》

ア—⑤ イ—① ウ—⑧ エ—⑧ オ—⑦ カ—③ キ—⑥ ク—②
ケ—② コ—⑥ サ—④ シ—⑦ ス—⓪ セ—⑦

Ⅱ 解答 《熱量保存則》

ソ—③ タ—⑤ チ—⓪ ツ—① テ—⑥ ト—② ナ—⑤ ニ—⑥
ヌ—④ ネ—① ノ—⑧ ハ—⑦ ヒ—⑤

Ⅲ 解答 《単振動》

フ—⑥ ヘ—② ホ—② マ—④ ミ—⑧ ム—⑤ メ—⑤ モ—⑦
ヤ—⑦ ユ—⑥ ヨ—⑧ ラ—④ リ—⓪ ル—⑥

化　学

Ⅰ　解答　《小問集合》

(1)—②・④　(2)—③・⑤　(3)—②・⓪　(4)—③・④　(5)—②・⑤
(6)—②・④　(7)—③・⑤　(8)—①・④　(9)—①・⑤　(10)—②・④

Ⅱ　解答　《計算小問集合》

(1)—④　(2)—⑥　(3)—②　(4)—①　(5)—④　(6)—③　(7)—⑤　(8)—⑥
(9)—③　(10)—⑦

問五 ①

問六 ⑤

三 解答

問一 A―④ B―③ C―⑤

問二 A―④ B―① C―⑤ D―③

問三 A―⑥ B―② C―⑤ D―③

問四 A―④ B―⑧ C―⑤ D―②

国語

一

出典 古田徹也『いつもの言葉を哲学する』〈第二章 規格化とお約束に抗して〉（朝日新書）

解答

問一 (ア)―③ (イ)―① (ウ)―④ (エ)―⑤ (オ)―②
問二 X―③ Y―④
問三 ②
問四 ④
問五 ⑤
問六 ①
問七 ③

二

出典 野家啓一『科学哲学への招待』〈第1章 「科学」という言葉〉（ちくま学芸文庫）

解答

問一 A―⑤ B―④ C―③ D―②
問二 ④
問三 ②
問四 ⑤

前期入試A方式

問　題　編

▶試験科目・配点

区分	教　科	科　　目	配　点
理系型受験	数　学	数学Ⅰ・Ⅱ・Ⅲ・A・B（数列，ベクトル）	150点
	選　択	「コミュニケーション英語Ⅰ・Ⅱ，英語表現Ⅰ」，理科（「物理基礎・物理」「化学基礎・化学」から1科目），「国語総合（近代以降の文章），現代文B」より2教科選択	各100点
文系型受験	外国語	コミュニケーション英語Ⅰ・Ⅱ，英語表現Ⅰ	*
	数　学	数学Ⅰ・A	
	国　語	国語総合（近代以降の文章），現代文B	

▶備　考

理系型受験：機械工，機械システム工，電気電子工，建築（理系型），情報システム，情報デザイン（理系型），総合情報（理系型）

文系型受験：建築（文系型），情報デザイン（文系型），総合情報（文系型）

＊文系型受験は最高得点の1教科を150点満点に換算し，その他2教科を各100点満点の計350点満点で合否を判定。

【共通テストプラス入試A方式】

- 理系型受験：上表の数学，理科のうち，高得点の1教科1科目（150点満点）と大学入学共通テストの数学，外国語，理科，国語の4教科のうち，高得点の2教科2科目（各100点満点）で選考。
- 文系型受験：上表の外国語，国語のうち，高得点の1教科1科目（150点満点）と大学入学共通テストの数学，外国語，理科，地歴・公民，国語の5教科のうち，高得点の2教科2科目（各100点満点）で選考。

英　語

（60 分）

注意）

［Ⅰ］から［Ⅲ］では、問題文の中の［　　］内の数字は、その設問の解答を記入する番号を示している。解答用紙Aの該当する解答番号の解答欄にその設問の解答をマークすること。

例）…　その番号をマークしなさい。解答番号は［ 25 ］。
→解答番号25の解答欄にその設問の解答をマーク。

［Ⅳ］から［Ⅵ］では、解答用紙Bの該当する解答番号の解答欄にその設問の解答を記述すること。

［Ⅰ］次の英文を読んで、設問に答えよ。

It seems that there is no middle ground when it comes to cats. People either love them or hate them. These feelings are not new either. All through history, cats have been worshiped or hated. A study of ancient writings and evidence found in tombs indicates that for the past 5,000 years, cats have been kept as pets in China, Arabia, Egypt, and India. However, this isn't very long compared to dogs, which have been domesticated for 50,000 years. Still, while the period in which cats have been domesticated may be quite short, it has definitely had its high and low points.

Cats were at (1) their highest position of domesticated life in ancient Egypt. There were more cats living in Egypt during the time of the pharaohs than in any other place in the world since that time. This high number of cats was probably due to the laws protecting them. Cats were associated with the moon goddess, Bast, so the Egyptians worshiped them as holy animals. If anyone was caught killing a cat, the person could be

put to death. Families in Egypt also mourned the death of a cat and had the body of the dead cat wrapped in cloth before it was finally laid to rest. This respect for cats carried over to the Roman Empire where cats were the only animals allowed into temples. This fact was probably due to the (2)(　　　　　) of cats to keep the temples free of mice and rats.

With the coming of the Dark Ages in Europe, (3)the place of cats in society took a turn for the worse. Because they were associated so closely with the “old religions” of Egypt and the Roman Empire, Christians began to associate cats with pagan beliefs. Cats had a reputation as (4)(　　　　　) of witches. When a person was accused of being a witch, a cat would often be put on trial with the person. The cat would be tortured to try and make the person tell the truth, and usually the cat and the person would end up being burned in a bonfire or drowned. Bonfires of collected cats were not uncommon during this time.

The days of hunting witches have ended, but (5)other myths about cats still hold out. For a while, people in some places used to bury live cats under new buildings for good luck. As well, many people today continue to believe that black cats bring bad luck. If a black cat walks in front of a person, that person must take extra care in the near future to watch out for dangerous situations.

Regardless of superstition, cats remain a popular pet today. Some cat experts believe that a cat can never truly be domesticated because it may turn wild and run away at any time. (6)(　　　　　), this claim has not put people off keeping cats in their homes. A third of homes in the United States have cats, and one out of every three of these homes keeps both a dog and a cat. Especially in large cities, many people in small apartments have found that cats make much better pets than dogs.

Cats may not be worshiped as gods any more, but there are (7)(to / as / seem / who / think of / their children / their cats / people). These cat owners will do almost anything to keep their pets healthy and happy. For those cat owners who have always wondered what their pets are trying to tell them, a Japanese company may have come up with the perfect invention. In 2003, the Takara company announced the Meowlingual, a cat translation device.

The Meowlingual uses a microphone, display, and cat voice analyzer to analyze a cat's meows to determine which of 200 phrases a cat is trying to say.

出典：Casey Malarcher, "The Tiger in the Living Room," *Reading Advantage, 4* (2nd ed.; Thomson Heinie, 2004), p. 22.（一部改変）

注） **domesticated** 飼い慣らされた **holy** 神聖な **pagan belief** 異教信仰
witch 魔女、魔術崇拝の信者 **trial** 裁判 **torture** ～を拷問にかける
bonfire 大かがり火

設問

1．下線部（1）の具体的な内容として本文に述べられていないものを①－⑤の中からひとつ選び、その番号をマークしなさい。解答番号は［ 1 ］。

① ファラオ時代には世界のどこよりも猫の数が多かった。
② 猫の数を増やすための法律が制定された。
③ 猫は神聖な動物として崇拝された。
④ 猫を殺した人は死刑に処せられた。
⑤ ローマでは猫の死を嘆いて喪に服した。

2．下線部（2）の空所に入れるのに最も適切な語を①－⑤の中からひとつ選び、その番号をマークしなさい。解答番号は［ 2 ］。

① **elegance**
② **pride**
③ **justice**
④ **ability**
⑤ **fate**

3．下線部（3）が意味することとして最も適切なものを①－⑤の中からひとつ選び、その番号をマークしなさい。解答番号は［ 3 ］。

① キリスト教の普及とともに猫は一般家庭で飼われるようになった。
② キリスト教の普及とともに猫は教会でも飼われるようになった。
③ キリスト教徒によって猫は邪悪な動物と見なされるようになった。
④ キリスト教徒によって迫害されていた猫の地位が回復するようになった。
⑤ キリスト教徒によって猫はさらに神格化されるようになった。

4．下線部(4)の空所に入れるのに最も適切なものを①－⑤の中からひとつ選び、その番号をマークしなさい。解答番号は [4]。

① **helpers**
② **monitors**
③ **watchers**
④ **victims**
⑤ **opponents**

5．下線部(5)の説明として最も適切なものを①－⑤の中からひとつ選び、その番号をマークしなさい。解答番号は [5]。

① 黒猫と人の目が合うと幸運が訪れる。
② 黒猫が人の目の前を横切ると幸運が訪れる。
③ 新築の建物の地面を猫が掘ると幸運が訪れる。
④ 建物を新築した際に黒猫を飼うと幸運が訪れる。
⑤ 新築の際に生きた猫を埋めると幸運が訪れる。

6．下線部(6)の空所に入れるのに最も適切なものを①－⑤の中からひとつ選び、その番号をマークしなさい。解答番号は [6]。

① **Firstly**
② **However**
③ **Therefore**
④ **For example**
⑤ **In short**

7．下線部(7)を「飼い猫を自分の子どもとして考えているようなひとたち」という意味になるように、正しく並べ替えた時に、4番目と7番目にくる語の組み合わせとして正しいものを①－⑤の中からひとつ選び、その番号をマークしなさい。解答番号は [7]。

① 4番目 **who**　　7番目 **their cats**
② 4番目 **think of**　　7番目 **their children**
③ 4番目 **as**　　7番目 **to**
④ 4番目 **to**　　7番目 **as**
⑤ 4番目 **who**　　7番目 **as**

8．次の英文に対する答えとして最も適切なものを①－⑤の中からひとつ選び、その番号をマークしなさい。解答番号は [8]。

Which is not discussed in the passage?

① **the historical status of cats**

② **the popularity of cats today**

③ **the evolution of different breeds of cats**

④ **the relationships between cats and religions**

⑤ **the relationships between humans and cats**

［Ⅱ］次の対話文を読んで、設問に答えよ。

At a restaurant

Waiter : Good evening. Do you have $_{(1)}$(　　　　)?

Mr. Smith : Yes. The name is Smith.

Waiter : Yes, Mr. Smith. Please come this way and I'll show you to your table.

(Mr. and Mrs. Smith are seated at their table and are looking at their menus.)

Mr. Smith : Have you $_{(2)}$(　　　　) yet?

Mrs. Smith : Yes, I think so. How about you?

Mr. Smith : Yes, I'm ready.

(The waiter comes to their table.)

Waiter : Are you ready to $_{(3)}$(　　　　)?

Mrs. Smith : Yes, I'll have the chef's salad and a glass of iced tea, please.

Waiter : Very good. And you, sir?

Mr. Smith : I'll have the sirloin steak, medium rare, and a side order of garlic toast.

Waiter : All right. And $_{(4)}$(　　　　)?

Mr. Smith : I'll have a baked potato, please.

Waiter : Fine. And would you care for $_{(5)}$(　　　　)?

Mr. Smith : Yes, I'll have a cola, please.

Waiter : Certainly. I'll be right back with your drinks.

設問

1．下線部(1)に入れる語句として最も適切なものを①－⑤の中からひとつ選び、その番号をマークしなさい。解答番号は 9 。

① **a reservation** ② **an appointment** ③ **a table**
④ **a promise** ⑤ **a date**

2．下線部(2)に入れる表現として最も適切なものを①－⑤の中からひとつ選び、その番号をマークしなさい。解答番号は 10 。

① **gone out for dinner** ② **made up your mind** ③ **filled out the form**
④ **come up with a plan** ⑤ **washed your hands**

3．下線部(3)に入れる語として最も適切なものを①－⑤の中からひとつ選び、その番号をマークしなさい。解答番号は 11 。

① **drink** ② **make** ③ **leave** ④ **eat** ⑤ **order**

4．下線部(4)に入れる表現として最も適切なものを①－⑤の中からひとつ選び、その番号をマークしなさい。解答番号は 12 。

① **what kind of potatoes do you have** ② **do you have a potato**
③ **what kind of potatoes would you like** ④ **why do you like potatoes**
⑤ **do you like potatoes**

5．下線部(5)に入れる語句として最も適切なものを①－⑤の中からひとつ選び、その番号をマークしなさい。解答番号は 13 。

① **a napkin** ② **a dressing** ③ **a salad** ④ **a beverage** ⑤ **a dessert**

［Ⅲ］日本文の意味になるように(　　　)の語句を並べ替えると、不足するものがある。不足する語句として最も適切なものを①－⑤の中からひとつ選び、その番号をマークしなさい。

1．その通りは夜に歩くには危険だ。解答番号は［ 14 ］。

The street (at / along / is / walk / night / dangerous).

① **in**　② **by**　③ **to**　④ **for**　⑤ **on**

2．２０３０年の我々の生活はどうなっていると思いますか。解答番号は［ 15 ］。

What (you / our life / be / do / will / think) in the year 2030?

① **coming**　② **how**　③ **doing**　④ **way**　⑤ **like**

3．コンピュータの修理にいくらかかりましたか。解答番号は［ 16 ］。

How (it / to / the computer / cost / did / much) repaired?

① **take**　② **have**　③ **make**　④ **let**　⑤ **check**

4．日本の山はアメリカの山より美しい。解答番号は［ 17 ］。

The mountains (more / than / are / in Japan / beautiful) in America.

① **that**　② **which**　③ **mountain**　④ **much**　⑤ **those**

5．誰もがその名前をよく知っているパン屋に行きましょう。解答番号は［ 18 ］。

Let's (name / is known / the bakery / go / everyone / to / to) very well.

① **who**　② **whose**　③ **where**　④ **which**　⑤ **that**

6．私は来週開催されるイベントに参加するのを楽しみにしている。解答番号は［ 19 ］。

I am (held / the event / looking / to / attending) next week.

① **forward**　② **back**　③ **ahead**　④ **front**　⑤ **through**

7．祖父は一日中テレビを見てばかりいる。解答番号は［ 20 ］。

My grandfather (all / nothing / watch / does / television / day).

① **to**　② **much**　③ **but**　④ **long**　⑤ **for**

［Ⅳ］次の英文を読んで、設問に答えよ。

When thinking about planting trees, remember that they will usually live many years longer than the people who plant them. One gardening expert says that (1)it is important to make good choices today if you are considering planting trees for the future. Daniel Herms is an insect expert who focuses his research on how trees respond to stress. "Things are changing faster than the lifespan of trees," he said. That means that the weather and the kinds of insects that live in an area today may be different in 20 or 30 years, while many trees can live for 50 years or more. Herms said whether certain kinds of trees can survive or not depends on the traits that allow them to adapt to the changing climate.

So, how do you choose a good tree to plant? One way to do it might be to choose the "state" tree where you live. However, Herms said, some state trees no longer thrive in their own states. For example, the state trees of California are the very large redwoods and sequoias. They are two of the largest and tallest trees in the world. In the past, these trees grew to be so large along the Northern California coast because of the moisture in the air that comes from the ocean. However, now there is less moisture along the coast of California because of climate change. So in the future, (2)they may not grow well.

People are concerned about keeping trees healthy not only because they look good when they grow. Trees produce oxygen, they provide shade and cooling during hot weather, and they reduce water runoff. Runoff is water that comes during storms and that is not absorbed into the ground. Herms said that trees absorb carbon dioxide from the atmosphere, so (3)they can contribute to slowing down global warming.

出典："Plant a Tree That Will Last for Many Years"
(https://learningenglish.voanews.com).（一部改変）

注）**traits**　特性　**redwoods and sequoias**　アメリカスギとセコイア（樹木の名称）
carbon dioxide　二酸化炭素

設問

1．下線部(1)を日本語に訳しなさい。

2．下線部(2)の判断の根拠を具体的に日本語で説明しなさい。

3．下線部(3)の理由を日本語で説明しなさい。

［Ⅴ］日本文の意味を表すように英文の空所に適切な一語を入れよ。

1．母は出かけると必ず何か買い物をする。

My mother (　1　) **goes out** (　2　) **buying something.**

2．君は傘を持って行ったほうがよい。

You had (　1　) **take an umbrella** (　2　) **you.**

［Ⅵ］次の日本文を解答欄の（　　　）にあうように英訳せよ。

この写真を見れば彼女は学生時代を思い出すでしょう。

This picture will (　　　)(　　　)(　　　)(　　　)(　　　)(　　　).

数　学

◀理系型受験▶

(90分)

(注意)［3］［4］は，結果のみでなく途中の式および説明等も書くこと。

［1］次の「ア」から「フ」までの $\boxed{}$ にあてはまる 0 から 9 までの数字を，解答用紙Aにマークせよ。ただし，根号内の平方因数は根号外にくくり出し，分数は既約分数で表すこと。

(1) $x = \dfrac{1}{1+\sqrt{2}+\sqrt{3}}$, $y = \dfrac{1}{1+\sqrt{2}-\sqrt{3}}$ のとき，

$$xy = \frac{\sqrt{\boxed{\text{ア}}}}{\boxed{\text{イ}}},\ x+y = \frac{\boxed{\text{ウ}}+\sqrt{\boxed{\text{エ}}}}{\boxed{\text{オ}}},\ x^3+y^3 = \frac{\boxed{\text{カ}}+\boxed{\text{キ}}\sqrt{\boxed{\text{ク}}}}{\boxed{\text{ケ}}}$$

である。

(2) あるクラスの生徒20人の英語の試験の得点の平均値は62.9点であったが，点検の結果1人の生徒の得点が70点から76点に変更になり，英語の得点の平均値は $\boxed{\text{コ}}\boxed{\text{サ}}.\boxed{\text{シ}}$ 点となった。同じクラスの生徒19人の数学の試験の得点の平均値は58点であったが，遅れて受験した1人の得点が80点で，20人全員の数学の得点の平均値は $\boxed{\text{ス}}\boxed{\text{セ}}.\boxed{\text{ソ}}$ 点となった。同じクラスの生徒20人の国語の試験の得点の平均値は60点，分散は312であったが，点検の結果2人の生徒の得点がそれぞれ70点から80点，62点から52点に変更となり，国語の得点の分散は $\boxed{\text{タ}}\boxed{\text{チ}}\boxed{\text{ツ}}$ となった。

(3) $AB = 7$, $BC = 3$, $CA = 5$ である △ABC の内心を I とし, 直線 AI と辺 BC の交点を P とする。このとき, $\cos A = \dfrac{\boxed{テ}\boxed{ト}}{\boxed{ナ}\boxed{ニ}}$, $BP = \dfrac{\boxed{ヌ}}{\boxed{ネ}}$, $\dfrac{IP}{AI} = \dfrac{\boxed{ノ}}{\boxed{ハ}}$, △ABC の内接円の半径は $\dfrac{\sqrt{\boxed{ヒ}}}{\boxed{フ}}$ である。

［2］次の「ア」から「ツ」までの $\boxed{}$ にあてはまる 0 から 9 までの数字を, 解答用紙Aにマークせよ。ただし, 根号内の平方因数は根号外にくくり出し, 分数は既約分数で表すこと。

(1) $f(x) = 2x^2 - 4x + 3$ とする。放物線 $y = f(x)$ の頂点 A の座標は $\left(\boxed{ア}, \boxed{イ}\right)$ であり, 放物線 $y = f(x)$ と y 軸の交点 B の座標は $\left(\boxed{ウ}, \boxed{エ}\right)$ である。また, 直線 AB の方程式は $y = -\boxed{オ}\,x + \boxed{カ}$ であり, 点 C(5,3) と直線 AB との距離は $\boxed{キ}\sqrt{\boxed{ク}}$ である。さらに, $0 < a < 1$ のとき, 放物線 $y = f(x)$ 上の点 $P(a, f(a))$ に対し, △ABP の面積が最大となる a の値は $a = \dfrac{\boxed{ケ}}{\boxed{コ}}$ であり, そのときの面積は $\dfrac{\boxed{サ}}{\boxed{シ}}$ である。

(2) $\log_3 x = 1$ を満たす x は $x = \boxed{ス}$ であり,

$2\log_3 2+\log_3 y=1+\log_3(4+y)$ を満たす y は $y=\boxed{\text{セ}}\boxed{\text{ソ}}$ である。

また, $a\leqq b\leqq c$ である整数の組 (a,b,c) は

$$\log_3 a+\log_3 b+\log_3 c=1+\log_3(a+b+c)$$

を満たすとする。このとき, ab の最大値は $\boxed{\text{タ}}$, a の最大値は $\boxed{\text{チ}}$ であり,

このような組 (a,b,c) は全部で $\boxed{\text{ツ}}$ 個ある。

[3] $\triangle$ABC において, 辺 BC を $4:1$ に内分する点を D とする。定数 k に対して, 点 P は $\overrightarrow{\mathrm{PA}}-4\overrightarrow{\mathrm{PB}}-3\overrightarrow{\mathrm{PC}}=-2k\overrightarrow{\mathrm{AB}}$ を満たすとする。

(1) $\overrightarrow{\mathrm{AD}}$ を $\overrightarrow{\mathrm{AB}}$, $\overrightarrow{\mathrm{AC}}$ を用いて表せ。

(2) $\overrightarrow{\mathrm{AP}}$ を $\overrightarrow{\mathrm{AB}}$, $\overrightarrow{\mathrm{AC}}$, k を用いて表せ。

(3) 点 P が辺 BC 上にあるときの k の値を求め, そのときの $\triangle$ABC と $\triangle$ABP の面積の比を求めよ。

(4) $\overrightarrow{\mathrm{AP}}$ と $\overrightarrow{\mathrm{AD}}$ が平行になるときの k の値を求め, そのときの $\triangle$ABC と $\triangle$ABP の面積の比を求めよ。

[4] 次の (A) または (B) のいずれか一方を選択して解答せよ。解答用紙 B の選択欄 (A), (B) については, 選択した方を○で囲むこと。

(A) 定数 $a > 0$ に対して, $f(x) = x^3 - ax^2$, $g(x) = -4x$ とする。

(1) $f(x)$ の極値を求めよ。

(2) 曲線 $y = f(x)$ 上の点 $(0,0)$ における接線の方程式を求めよ。

(3) 曲線 $y = f(x)$ と直線 $y = g(x)$ が接するときの a の値を求めよ。

(4) 曲線 $y = f(x)$ と直線 $y = g(x)$ が接するとき, 曲線 $y = f(x)$ と直線 $y = g(x)$ で囲まれた部分の面積を求めよ。

(B) $f(x) = \dfrac{1}{\tan x}$, $g(x) = \dfrac{1}{\tan^2 x}$ とする。

(1) 導関数 $f'(x)$, $g'(x)$ を求めよ。

(2) 曲線 $y = g(x)$ 上の点 $\left(\dfrac{\pi}{4}, g\left(\dfrac{\pi}{4}\right)\right)$ における接線 ℓ の方程式を求めよ。

(3) 不定積分 $\displaystyle\int g(x)\,dx$ を求めよ。

(4) 曲線 $y = g(x)$ $\left(0 < x < \dfrac{\pi}{2}\right)$, 接線 ℓ および直線 $x = \dfrac{\pi}{3}$ で囲まれた部分の面積を求めよ。

◀文系型受験▶

（60 分）

（注意）［3］は，結果のみでなく途中の式および説明等も書くこと。

［1］次の「ア」から「ホ」までの $\boxed{}$ にあてはまる 0 から 9 までの数字を，解答用紙Aにマークせよ。ただし，根号内の平方因数は根号外にくくり出し，分数は既約分数で表すこと。

（1） $x=\dfrac{1}{1+\sqrt{2}+\sqrt{3}}$，$y=\dfrac{1}{1+\sqrt{2}-\sqrt{3}}$ のとき，

$$xy=\frac{\sqrt{\boxed{\text{ア}}}}{\boxed{\text{イ}}},\quad x+y=\frac{\boxed{\text{ウ}}+\sqrt{\boxed{\text{エ}}}}{\boxed{\text{オ}}},\quad x^3+y^3=\frac{\boxed{\text{カ}}+\boxed{\text{キ}}\sqrt{\boxed{\text{ク}}}}{\boxed{\text{ケ}}}$$

である。

（2） あるクラスの生徒 20 人の英語の試験の得点の平均値は 62.9 点であったが，点検の結果 1 人の生徒の得点が 70 点から 76 点に変更になり，英語の得点の平均値は $\boxed{\text{コ}}\,\boxed{\text{サ}}.\boxed{\text{シ}}$ 点となった。同じクラスの生徒 19 人の数学の試験の得点の平均値は 58 点であったが，遅れて受験した 1 人の得点が 80 点で，20 人全員の数学の得点の平均値は $\boxed{\text{ス}}\,\boxed{\text{セ}}.\boxed{\text{ソ}}$ 点となった。同じクラスの生徒 20 人の国語の試験の得点の平均値は 60 点，分散は 312 であったが，点検の結果 2 人の生徒の得点がそれぞれ 70 点から 80 点，62 点から 52 点に変更となり，国語の得点の分散は $\boxed{\text{タ}}\,\boxed{\text{チ}}\,\boxed{\text{ツ}}$ となった。

（3） a は実数の定数とし，$f(x)=-2x^2-3ax-a-1$ とする。放物線 $y=f(x)$ の頂点の座標は $\left(-\dfrac{\boxed{\text{テ}}}{\boxed{\text{ト}}}a,\ \dfrac{\boxed{\text{ナ}}}{\boxed{\text{ニ}}}a^2-a-1\right)$ であり，頂点の y 座標が最小とな

るのは $a=\dfrac{\boxed{ヌ}}{\boxed{ネ}}$ のときである。また, 方程式 $f(x)=0$ が異なる2つの正の実数解をもつときの a の値の範囲は $-\boxed{ノ}<a<\dfrac{\boxed{ハ}-\boxed{ヒ}\sqrt{\boxed{フ}\boxed{ヘ}}}{\boxed{ホ}}$ である。

［2］次の「ア」から「ツ」までの $\boxed{}$ にあてはまる 0 から 9 までの数字を, 解答用紙Aにマークせよ。ただし, 根号内の平方因数は根号外にくくり出し, 分数は既約分数で表すこと。

（1）10^{10} の正の約数の個数は $\boxed{ア}\boxed{イ}\boxed{ウ}$ 個であり, 10! の正の約数の個数は $\boxed{エ}\boxed{オ}\boxed{カ}$ 個である。また, 12! の正の約数であるが, 10! の正の約数でない整数の個数は $\boxed{キ}\boxed{ク}\boxed{ケ}$ 個である。さらに, 12^{12} の正の約数であるが, 10^{10} の正の約数でない整数の個数は $\boxed{コ}\boxed{サ}\boxed{シ}$ 個である。

（2）3人でじゃんけんをする。一度じゃんけんで負けた人は以後のじゃんけんに参加しないこととし, 残りが1人になるまでじゃんけんを繰り返し, 最後に残った1人を勝者とする。ただし, あいこの場合も1回のじゃんけんと数える。1回目のじゃんけんで勝者が決まる確率は $\dfrac{\boxed{ス}}{\boxed{セ}}$, 1回目のじゃんけんであいこになる確率は $\dfrac{\boxed{ソ}}{\boxed{タ}}$, 2回目のじゃんけんで勝者が決まる確率は $\dfrac{\boxed{チ}}{\boxed{ツ}}$ である。

［3］AB = 7, BC = 3, CA = 5 である △ABC の内心を I とし, 直線 AI と辺 BC の交点を P とする。

(1) $\cos A$ の値を求めよ。

(2) BP を求めよ。

(3) $\dfrac{\mathrm{IP}}{\mathrm{AI}}$ を求めよ。

(4) △ABC の内接円の半径を求めよ。

物　理

（60 分）

［Ⅰ］次の問いの［　　］の中の答えを，それぞれの解答群の中から1つずつ選び，解答用紙Aの解答欄にマークせよ。解答群の中の番号は同じものを何度使ってもよい。

抵抗値 R_1，R_2，R_3，R_4（R_3のみ可変抵抗）を持つ4つの抵抗器と起電力 E_0 の電池が図のように配置されている回路がある。BD間には，スイッチ S_1 と微小な電流の向きと大きさが測定できる電流計が接続されている。この電流計は検流計（ガルバノメーター）と呼ばれる。このような回路はホイートストンブリッジと呼ばれ，抵抗値の精密測定に用いられる。この回路では S_1 を閉じても，一定の条件を満たした場合に電流計に電流が流れなくなる。この条件を求めたい。

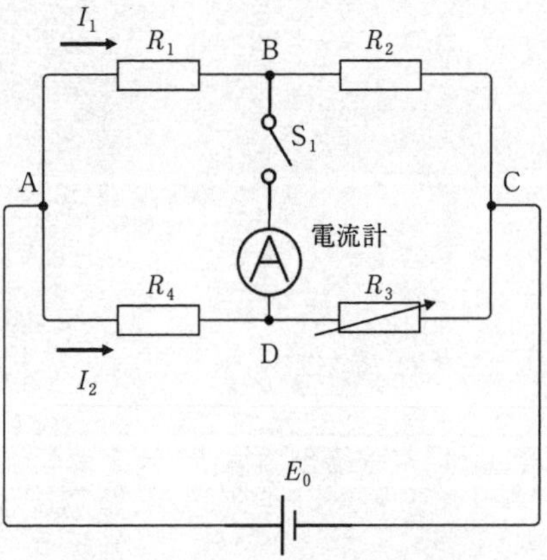

AB間に流れる電流の大きさを I_1，AD間に流れる電流の大きさを I_2 とする。S_1を閉じた状態で，電流計に電流が流れない場合，R_2の抵抗に流れる電流の大きさは［ア］，R_3の抵抗に流れる電流の大きさは［イ］となる。この回路でCの電位を基準とした場合のA，B，C，D点の電位をそれぞれ V_A，V_B，V_C，V_D とする。電流計に電流が流れない場合，電位差 $V_B - V_D$ の値は［ウ］。この場合，電位差 $V_A - V_B$ と電位差 $V_B - V_C$ には次の式が成り立つ。

$V_A - V_B =$［エ］　(1)

$V_B - V_C =$［オ］　(2)

式(1)にオームの法則を適用すると関係式［カ］が得られる。同様に式(2)にオームの法則を適用すると関係式［キ］を得る。この2つの式から抵抗値のみで整理すると，電流計に電流が流れなくなる条件として，関係式［ク］が得られる。

いま，R_3 の可変抵抗を，S_1 を閉じて電流が流れない状態から抵抗値を増やした。この場合，電流計に流れる電流は［ケ］。この回路ではDからB方向に電流が流れる条件は

[コ] である。

今度は，電池の起電力 $E_0=14\text{V}$，抵抗を $R_1=3\Omega$，$R_2=4\Omega$，$R_4=6\Omega$ として，S_1 を閉じて，R_3 の可変抵抗を調整したところ，電流計に流れる電流が0となった。この場合の R_3 の値は [サ] Ωである。またこの場合，回路に流れる電流 $I_1+I_2=$ [シ] Aである。

解答群

[ア]，[イ]

① R_1　② R_2　③ R_3　④ R_4　⑤ I_1

⑥ I_2　⑦ I_1+I_2　⑧ I_1-I_2　⑨ I_2-I_1

[ウ]　① V_A-V_B と等しい　② V_A-V_D と等しい　③ 0Vとなる

④ E_0 と等しくなる　⑤ V_B-V_C と等しい　⑥ V_D-V_C と等しい

[エ]，[オ]

① V_A-V_C　② V_A-V_D　③ V_D-V_C　④ V_C-V_A

⑤ V_D-V_A　⑥ V_C-V_D　⑦ 0　⑧ E_0

[カ]，[キ]

① $R_1I_1^2=R_4I_2^2$　② $R_1I_2^2=R_4I_1^2$　③ $R_1I_2=R_4I_1$　④ $R_1I_1=R_4I_2$

⑤ $R_2I_2=R_3I_1$　⑥ $R_2I_1=R_3I_2$　⑦ $R_2I_1^2=R_3I_2^2$　⑧ $R_2I_2^2=R_3I_1^2$

[ク]　① $R_1R_3=R_2R_4$　② $R_1R_4=R_2R_3$　③ $R_1R_2=R_3R_4$

④ $(R_1+R_2)=(R_3+R_4)$　⑤ $(R_1+R_4)=(R_2+R_3)$　⑥ $(R_1+R_3)=(R_2+R_4)$

[ケ]　① DからBの向きに流れる　② BからDの向きに流れる

③ 0のまま変化しない　④ BからDの間を振動する

[コ]　① $(R_1+R_3)>(R_2+R_4)$　② $(R_1+R_4)>(R_2+R_3)$　③ $(R_1+R_2)>(R_3+R_4)$

④ $R_1R_2>R_3R_4$　⑤ $R_1R_4>R_2R_3$　⑥ $R_1R_3>R_2R_4$

⑦ $R_1R_2<R_3R_4$　⑧ $R_1R_4<R_2R_3$　⑨ $R_1R_3<R_2R_4$

[サ]，[シ]

① 1　② 2　③ 3　④ 4　⑤ 5

⑥ 6　⑦ 7　⑧ 8　⑨ 9　⓪ 10

［Ⅱ］次の問いの □ の中の答えを，それぞれの解答群の中から１つずつ選び，解答用紙Ａの解答欄にマークせよ。解答群の中の番号は，同じものを何度使ってもよい。解答群の答えが数値の場合は，最も近いものを選べ。

空気中に図のような実験装置が置かれている。空気の屈折率を１とする。光源から出た単色光をスリット S_0 に通すと，光は回折して広がり，２つのスリット S_1，S_2 を同位相の光が通過する。この２つの光がスクリーンに達すると，干渉によってスクリーン上に明暗の縞《しま》模《も》様《よう》が現れる。単色光の波長を λ，振動数を ν，伝わる速さを c とする。これらの量の間に $c=$ [ス] が成り立ち，周期 $T=$ [セ] と表される。

スクリーン上の任意の点をＰとし，S_1P 間の距離を L_1，S_2P 間の距離を L_2 とする。この場合，光が点Ｐで強め合う条件と弱め合う条件は以下のとおりである。

強め合う条件　$|L_1-L_2|=$ [ソ]　$(m=0,\ 1,\ 2,\ \cdots)$

弱め合う条件　$|L_1-L_2|=$ [タ]　$(m=0,\ 1,\ 2,\ \cdots)$

スリット S_1 と S_2 の中点をＣとし，点Ｃからスクリーンに下ろした垂線とスクリーンとの交点をＯとする。スリット S_1，S_2 の間隔を d，CO 間の距離を L，OP 間の距離を x とする。以下では，x，d が L に比べて十分に小さい場合を考える。S_1 から直線 S_2P へ下ろした垂線と直線 S_2P との交点をＨとし，$\angle S_2S_1H$ を θ とすると，θ は十分に小さい。また，S_2H 間の距離は L_1 と L_2 の差で近似される。よって $\sin\theta=$ [チ] が成り立つ。一方，$\angle PCO$ は θ と等しいとみなせるから，$\tan\theta=$ [ツ] が成り立つ。θ が十分に小さい場合 $\sin\theta=\tan\theta$ とみなせるので，$|L_1-L_2|=$ [テ] が成り立つ。以上より，

明線の位置　$x=$ [ト]　$(m=0,\ 1,\ 2,\ \cdots)$

暗線の位置　$x=$ [ナ]　$(m=0,\ 1,\ 2,\ \cdots)$

となる。よって隣り合う暗線の間隔 Δx は $\Delta x=$ [ニ] となる。

図の実験装置で，スリット S_1，S_2 の間隔 0.80mm，スリット S_1 とスクリーンの間の距離 2.00m として，波長 λ の単色光をスリットに通すと，スクリーン上で隣り合う暗線の間隔は 1.8mm であった。このことから，$\lambda=$ [ヌ] m であるとわかる。さらに，実験装置全体を屈折率 n の液体で満たして同じ光源を使って実験を行い隣り合う暗線の間隔を測定すると，空気中で測定した場合の 0.80 倍となった。このことから，この液体の屈折率は $n=$ [ネ] であるとわかる。ここで液体中を通る単色光の波長を λ_n，振動数を ν_n，速さを c_n とすると，空気中を通る場合の波長 λ，振動数 ν，速さ c との間に [ノ]，[ハ]，[ヒ] が成り立つ。

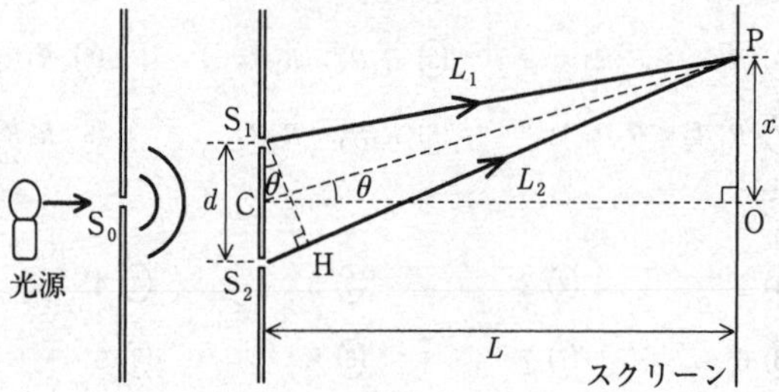

解答群

ス , セ

① $\nu\lambda$　② $\dfrac{\nu}{\lambda}$　③ $\dfrac{\lambda}{\nu}$　④ $\dfrac{1}{\nu}$　⑤ $\dfrac{1}{\lambda}$

⑥ $2\pi\nu$　⑦ $2\pi\lambda$　⑧ $\dfrac{2\pi}{\nu}$　⑨ $\dfrac{2\pi}{\lambda}$　⓪ $\dfrac{\nu}{2\pi}$

ソ , タ

① $m\nu$　② $2m\nu$　③ $\dfrac{m}{2}\nu$　④ $(m+\dfrac{1}{2})\nu$　⑤ $(2m+\dfrac{1}{2})\nu$

⑥ $m\lambda$　⑦ $2m\lambda$　⑧ $\dfrac{m}{2}\lambda$　⑨ $(m+\dfrac{1}{2})\lambda$　⓪ $(2m+\dfrac{1}{2})\lambda$

チ　① $\dfrac{L_2}{d}$　② $\dfrac{2L_2}{d}$　③ $\dfrac{L_2}{2d}$　④ $\dfrac{L_1+L_2}{d}$　⑤ $\dfrac{|L_1-L_2|}{d}$

⑥ $\dfrac{|L_1-L_2|}{2d}$　⑦ $\dfrac{d}{L_1+L_2}$　⑧ $\dfrac{d}{|L_1-L_2|}$　⑨ $\dfrac{2d}{|L_1-L_2|}$

ツ　① 1　② $\dfrac{L}{x}$　③ $\dfrac{L_1+L_2}{x}$　④ $\dfrac{|L_1-L_2|}{x}$　⑤ $\dfrac{x}{L}$

⑥ $\dfrac{x}{L_1+L_2}$　⑦ $\dfrac{x}{|L_1-L_2|}$　⑧ $\dfrac{L_1}{L_2}$　⑨ $\dfrac{L_2}{L_1}$

テ　① $\dfrac{x}{d}$　② $\dfrac{d}{x}$　③ $\dfrac{x}{L}$　④ $\dfrac{d}{Lx}$　⑤ $\dfrac{x}{Ld}$

⑥ $\dfrac{xd}{L}$　⑦ $2L$　⑧ $\dfrac{2L}{x}$　⑨ $\dfrac{2L}{xd}$　⓪ $\dfrac{2Lx}{d}$

ト , ナ

① $\dfrac{m\lambda L}{d}$　② $\dfrac{m\lambda L}{2d}$　③ $\dfrac{2m\lambda L}{d}$　④ $\dfrac{(2m+1)\lambda L}{d}$　⑤ $\dfrac{(2m+1)\lambda L}{2d}$

⑥ $\dfrac{m\lambda d}{L}$　⑦ $\dfrac{m\lambda d}{2L}$　⑧ $\dfrac{2m\lambda d}{L}$　⑨ $\dfrac{(2m+1)\lambda d}{L}$　⓪ $\dfrac{(2m+1)\lambda d}{2L}$

ニ　① $\dfrac{\nu d}{L}$　② $\dfrac{\nu L}{d}$　③ $\dfrac{Ld}{\nu}$　④ $\dfrac{\nu d}{2L}$　⑤ $\dfrac{\nu L}{2d}$

⑥ $\dfrac{\lambda d}{L}$　⑦ $\dfrac{\lambda L}{d}$　⑧ $\dfrac{Ld}{\lambda}$　⑨ $\dfrac{\lambda d}{2L}$　⓪ $\dfrac{\lambda L}{2d}$

ヌ　① 1.4×10^{-7}　② 3.6×10^{-7}　③ 4.5×10^{-7}　④ 7.2×10^{-7}　⑤ 9.0×10^{-7}

⑥ 1.4×10^{-6}　⑦ 3.6×10^{-6}　⑧ 4.5×10^{-6}　⑨ 7.2×10^{-6}　⓪ 9.0×10^{-6}

ネ　① 1.0　② 2.0　③ 0.20　④ 0.40　⑤ 0.60

⑥ 0.80　⑦ 1.25　⑧ 1.50　⑨ 1.60　⓪ 1.75

ノ　① $\lambda_n>\lambda$　② $\lambda_n=\lambda$　③ $\lambda_n<\lambda$

ハ　① $\nu_n>\nu$　② $\nu_n=\nu$　③ $\nu_n<\nu$

ヒ　① $c_n>c$　② $c_n=c$　③ $c_n<c$

［Ⅲ］滑らかで摩擦が働かない水平面(xy 平面)上で，帯電した小物体Pを運動させる。Pの電気量は $Q(Q>0)$，質量は m である。図1(この水平面を上から見た図)のように，Pを原点Oから，時刻 $t=0$ で，速さ v_0 かつ x 軸から角 θ の方向に射出する。ただし，θ は $\sin\theta = 3/5$，$\cos\theta = 4/5$ となる角であり，各問いの答えに θ の三角関数を使う場合は，これらの値を代入せよ。また，この水平面上には，y 軸の正の向きに大きさ E の一様な電場(電界)がかけられている。この電場は，Pが運動しても変化することはない。重力加速度の大きさを g とする。

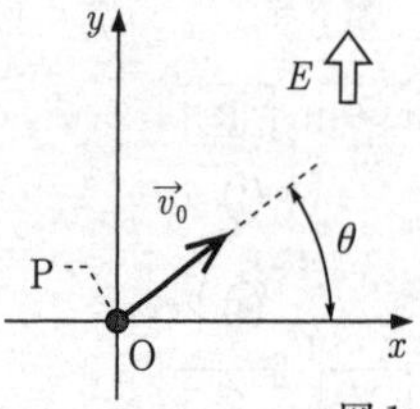

図1

(1) 小物体Pに働く電気力 $\vec{F} = (F_x, F_y)$ の x 成分 F_x と y 成分 F_y を，Q，m，E，g，v_0 の中から必要なものを使って答えよ。

(2) 時刻 $t=0$ でのPの速度 $\vec{v_0} = (v_{0x}, v_{0y})$ の x 成分 v_{0x} と y 成分 v_{0y} を，Q，m，E，g，v_0 の中から必要なものを使って答えよ。

まず，空気抵抗がない場合の小物体Pの運動を考える。

(3) 時刻 $t(t>0)$ でのPの加速度 $\vec{a}(t) = (a_x(t), a_y(t))$ の x 成分 $a_x(t)$ と y 成分 $a_y(t)$ を，t，Q，m，E，g，v_0 の中から必要なものを使って答えよ。さらに，解答用紙の図2に，$a_x(t)$ と $a_y(t)$ の時間変化を表すグラフを(線がはっきり分かるように濃く)描け。ただし，図2の縦軸の目盛 $b = QE/m$ である。

(4) 時刻 $t(t>0)$ でのPの速度 $\vec{v}(t) = (v_x(t), v_y(t))$ の x 成分 $v_x(t)$ と y 成分 $v_y(t)$ は次のように求められる。

$v_x(t) =$ [$t=0 \sim t$ の間の $a_x(t)$ のグラフと t 軸で囲まれる面積] $+ v_{0x}$

$v_y(t) =$ [$t=0 \sim t$ の間の $a_y(t)$ のグラフと t 軸で囲まれる面積] $+ v_{0y}$

$v_x(t)$ と $v_y(t)$ を，t，Q，m，E，g，v_0 の中から必要なものを使って答えよ。さらに，解答用紙の図3に，$v_x(t)$ と $v_y(t)$ の時間変化を表すグラフを(はっきり分かるように濃く)描け。ただし，図3の縦軸の目盛 $v_1 = v_0/5$，横軸の目盛 $t_1 = mv_0/(QE)$ である。

(5) 時刻 $t(t>0)$ でのPの位置 $(x(t), y(t))$ の xy 座標は次のように求められる。

$x(t) =$ [$t=0 \sim t$ の間の $v_x(t)$ のグラフと t 軸で囲まれる面積] + [$t=0$ での x 座標]

$y(t) =$ [$t=0 \sim t$ の間の $v_y(t)$ のグラフと t 軸で囲まれる面積] + [$t=0$ での y 座標]

$x(t)$ と $y(t)$ を，t，Q，m，E，g，v_0 の中から必要なものを使って答えよ。

次に，問(2)の直後に戻って，空気抵抗も働く場合の小物体Pの運動を考える。時刻 $t(t>0)$ でPに働く空気抵抗力 $\vec{R}(t)$ の大きさは速さに比例する。その比例定数の大きさ(絶対値)を c とする。

(6) 時刻 $t(t>0)$ でのPの速度 $\vec{V}(t) = (V_x(t), V_y(t))$ とする。$\vec{R}(t) = (R_x(t), R_y(t))$ の x 成分 $R_x(t)$ と y 成分 $R_y(t)$ を，c，$V_x(t)$，$V_y(t)$，Q，m，E，g，v_0 の中から必要なものを使って答えよ。

(7) 図4には，ある時刻でのPの速度 $\vec{V}$ が描いてある。黒丸はPである。この時刻でPに働く電気力 $\vec{F}$ と空気抵抗力 $\vec{R}$ の向きを表す矢印を解答用紙の図4に描け。なお，矢印の区別がつくように記号 $\vec{F}$ と $\vec{R}$ も図4に記入すること。

(8) 時刻 $t\,(t>0)$ でのPの加速度 $\vec{A}(t) = (A_x(t)\,,\,A_y(t))$ の x 成分 $A_x(t)$ と y 成分 $A_y(t)$ を，c, $V_x(t)$, $V_y(t)$, Q, m, E, g, v_0 の中から必要なものを使って答えよ。

(9) 十分時間が経過すると，Pの速度は一定になる。この一定速度 $\vec{V_1} = (V_{1x}\,,\,V_{1y})$ の x 成分 V_{1x} と y 成分 V_{1y} を，c, Q, m, E, g, v_0 の中から必要なものを使って答えよ。

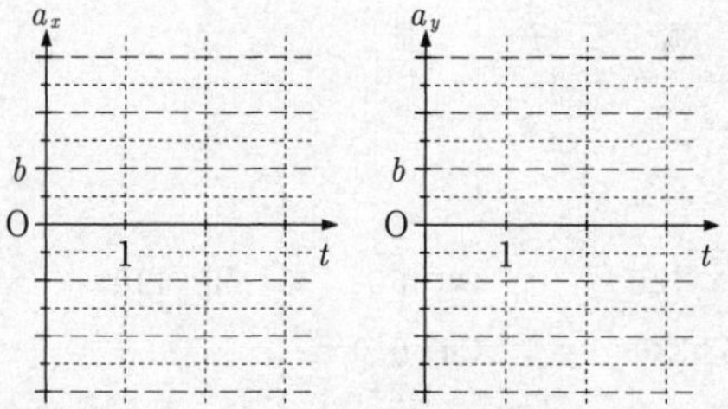

図2

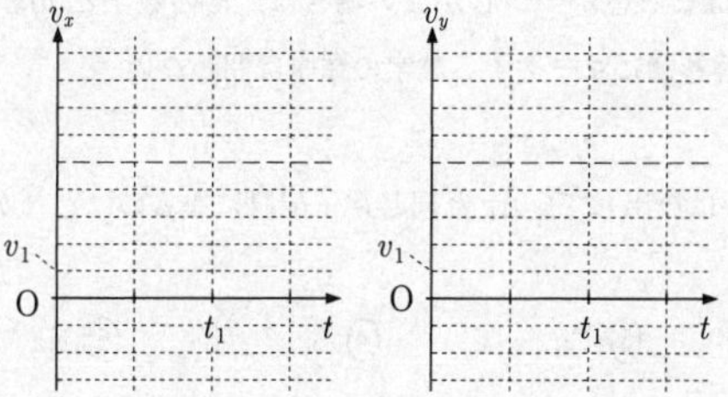

図3

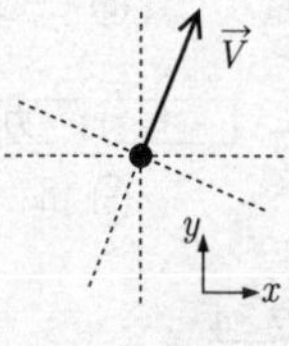

図4

〔(3)，(4)，(7)の解答欄〕それぞれ上の各図と同様。

化　学

（60 分）

原　　子　　量

H：1.0　　C：12.0　　O：16.0　　F：19.0

Na：23.0　　S：32.0　　Cu：64.0

［Ｉ］　問(1)～(6)に答えよ。解答は解答用紙Ａの解答欄にマークせよ。解答は①～⑤のうちから二つ選べ。ただし，当てはまる答が一つしかない場合は，その数字と⓪をマークせよ。なお，各問において，解答欄にマークする数字の順序は問わない。

(1)　2 個の電子を受け取るもしくは放出して，Ar と同じ電子配置になるのはどれか。

ア　イ

①　Cl　　②　O　　③　Ca　　④　S　　⑤　Na

(2)　水溶液が塩基性を示すものはどれか。　ウ　エ

①　Na_2O　　②　SO_2　　③　NaCl　　④　NH_4Cl　　⑤　CH_3COONa

(3)　塩酸にも，水酸化ナトリウム水溶液にも溶ける金属はどれか。　オ　カ

①　Cu　　②　Zn　　③　Mg　　④　Al　　⑤　Fe

(4)　分子量の大小関係として正しいものはどれか。　キ　ク

①　水 ＜ 硫化水素 ＜ フッ素

②　水 ＜ 硫化水素 ＜フッ化水素

③　フッ化水素 ＜ 水 ＜ 硫化水素

④　フッ化水素 ＜ 硫化水素 ＜水

⑤　フッ化水素 ＜ 硫化水素 ＜ フッ素

(5)　ベンゼン環以外に多重結合をもたない化合物はどれか。　ケ　コ

① 安息香酸　　② スチレン　　③ テレフタル酸

④ フェノール　　⑤ *o*-キシレン

(6) 油脂に関する次の記述のうち，誤ったものはどれか。 [サ] [シ]

① 高級脂肪酸とグリセリンからなるエステルである。

② 構成する脂肪酸の不飽和度が大きいほど融点は高い。

③ 脂肪は常温では固体で，飽和脂肪酸を多く含む。

④ 水やエーテルに溶けにくい。

⑤ 不飽和結合を多くもつ油脂に水素を付加すると硬化油が得られる。

［Ⅱ］ 問(1)～(6)に答えよ。解答は①～⑦のうちから最も近い値を選び，解答用紙 A の解答欄にマークせよ。なお，アボガドロ定数 6.0×10^{23}/mol とする。

(1) 銅 Cu の結晶の単位格子は，面心立方格子である。単位格子内の原子数はいくつか。 [ス]

① 1　② 2　③ 3　④ 4　⑤ 5　⑥ 6　⑦ 7

(2) 問(1)の Cu の密度は何 g/cm^3 か。ただし，Cu 結晶の単位格子の一辺の長さを 3.6×10^{-8} cm，$(3.6)^3 = 47$ とする。 [セ] g/cm^3

① 7.9　② 8.2　③ 8.5　④ 8.8　⑤ 9.1　⑥ 9.4　⑦ 9.7

(3) 濃度 0.50 mol/L の硫酸 400 mL 中の水素イオンの物質量は何 mol か。なお，溶液中で硫酸は完全に電離しているものとする。 [ソ] mol

① 0.20　② 0.25　③ 0.30　④ 0.35

⑤ 0.40　⑥ 0.45　⑦ 0.50

(4) 問(3)の溶液に，水酸化ナトリウム NaOH を 6.00 g 加えた。反応後の溶液中の水素イオン濃度は何 mol/L か。なお，反応後の溶液の体積は 400 mL とする。 [タ] mol/L

① 0.13　② 0.25　③ 0.30　④ 0.43

⑤ 0.53　⑥ 0.63　⑦ 1.00

(5) 炭素数が 5 のアルケンの分子量はいくらか。 [チ]

① 48　② 60　③ 64　④ 66　⑤ 68　⑥ 70　⑦ 72

(6) 問(5)のアルケン 91 g に水素を完全に付加させたとき，反応した水素分子の数はいく

つか。 [ツ]

① 7.6×10^{23}　② 7.8×10^{23}　③ 8.0×10^{23}　④ 8.3×10^{23}
⑤ 8.6×10^{23}　⑥ 9.1×10^{23}　⑦ 1.1×10^{24}

［Ⅲ］ 硫黄の性質と反応性に関して，以下の文章を読んで問(1)〜(4)に答えよ。解答は解答用紙Bのそれぞれの問の解答欄に答えよ。

硫黄Sは，鉱石の成分元素として地殻中に多く存在しており，① 斜方硫黄，単斜硫黄，ゴム状硫黄など，構造や性質の異なる単体がある。工業的には，原油から石油を精製する際に，硫黄を不純物として取り除く工程で得られている。硫黄を天然ゴムに数%加えて加熱すると，弾性，強度，耐久性などが向上し，弾性ゴムとなる。また，硫黄を天然ゴムに30〜40%加えて長時間加熱すると，黒色の硬いプラスチック状の物質が得られる．この物質を（ ② ）といい，クラリネットやサクソフォーンのマウスピースとして利用される。

硫黄を空気中で燃焼させると，二酸化硫黄 SO_2 が得られる。二酸化硫黄は反応する相手の物質によって酸化剤，還元剤のどちらとしても働く。過マンガン酸カリウム $KMnO_4$ および硫化水素 H_2S との反応は，それぞれ次の化学反応式（A）および（B）で表される。

$$2KMnO_4 + 5SO_2 + 2H_2O \rightarrow 2MnSO_4 + 2H_2SO_4 + K_2SO_4 \quad \cdots (A)$$
$$xH_2S + SO_2 \rightarrow yS + zH_2O \quad \cdots (B)$$

(1) 下線部① のような物質どうしの関係を何とよぶか答えよ。

(2) （ ② ）に当てはまる語句を答えよ。

(3) 化学反応式（B）の係数 x, y, z を答えよ。

(4) 二酸化硫黄が還元剤として働く反応が（A）と（B）のどちらであるか答えよ。また，その反応において，酸化される原子と還元される原子，および反応前後の酸化数の変化を答えよ。

［Ⅳ］ 問(1)～(3)に答えよ。解答は解答用紙Ｂのそれぞれの問の解答欄に答えよ。なお，気体定数 8.31×10^3 Pa・L/（K・mol)，0 ℃ = 273 K とする。また，ここでの気体は理想気体とする。

(1) ある物質Ａと物質Ｂの混合気体があり，物質Ａと物質Ｂの物質量の合計は 1.00 mol である。27 ℃，1.013×10^5 Pa における，この混合気体の体積は何Ｌか。有効数字3ケタで求めよ。

(2) 問(1)において，物質Ａの分圧は，全圧の 80.0% だった。物質Ａの物質量は何 mol か。

(3) また，問(1)において，混合気体全体の質量は 31.2 g だった。物質Ａの分子量が 28.0 であるとき，物質Ｂの分子量を有効数字3ケタで求めよ。

［Ｖ］ 次の（ア）～（オ）の物質について，問(1)～(5)に答えよ。解答は解答用紙Ｂのそれぞれの問の解答欄に答えよ。なお，解答に同じ記号を複数回使用してもよい。

（ア）乳酸　（イ）酢酸　（ウ）シュウ酸　（エ）ギ酸　（オ）マレイン酸

(1) 脂肪酸に分類される物質をすべて，記号で答えよ。

(2) 還元性を示す物質が1つある。その物質の記号を答えよ。

(3) 鏡像異性体を持つ物質が1つある。その物質の記号を答えよ。

(4) 物質（イ）と炭酸水素ナトリウム $NaHCO_3$ の反応の化学反応式を書け。

(5) 物質（オ）の分子式は $C_4H_4O_4$ である。この物質は，加熱すると分子内で脱水反応がおこり，酸無水物が生じる。この酸無水物の構造式を書け。

の可視化を求めない傾向がある。

⑤　検索システムがユーザーに合わせて検索結果を表示することによって、ユーザーが一定の範囲の結果しか目にしないという事態が生じることがある。

問六　筆者の考えに合致するものを、次の ①〜⑤ の中から一つ選び、解答用紙A に答えよ。解答番号は 21 。

①　コンピュータを使った情報環境では、記憶の手がかりとなるような固定した文脈が乏しく、ネットで読み書きすることが必ずしも知の形成につながらないことを自覚すべきだ。

②　スマートフォンなどの情報機器によって膨大な情報に接し、その大半をすぐ忘れ去るという、これまでにない記憶のあり方が広がりつつあるという事実に注目する必要がある。

③　手軽にネット検索ができるようになったことで、あらかじめ知識を記憶する必要はなくなったが、今後は、記憶の断片化を回避するために、体系的な知識の獲得が課題となる。

④　ウェブサイト上の情報は脈絡なく存在し変化し続けるため記憶に残ることがないが、そうした断片的な言葉や画像がかえって感覚を強く刺激する点には注意すべきである。

⑤　自分の記憶をより強固なものにするためにも、コンピュータを用いた情報環境に利点と欠点があることを理解した上で、その使い方をさまざまに工夫することが望ましい。

問四　傍線部①「しくみを理解した上で使うにしくはない」を言い換えたものとして最も適当なものを、次の①～⑤の中から一つ選び、**解答用紙Ａ** に答えよ。解答番号は 19 。

① 仕組みを理解して使う必要はまったくない
② 仕組みを理解して使うのがきわめて難しい
③ 仕組みを理解して使えるかもしれない
④ 仕組みを理解して使うのが最もよい
⑤ 仕組みを理解して使えるわけがない

問五　傍線部②「コンピュータとそのネットワークによる情報環境」とあるが、それについての本文における説明として**誤っているもの**を、次の①～⑤の中から一つ選び、**解答用紙Ａ** に答えよ。解答番号は 20 。

① ネット検索において、人は多くの場合、検索結果を他人の結果と見比べないので、他人がみな自分と同じ検索結果を目にしていると思いがちである。
② コンピュータは基本的に自動的に動くものだが、その挙動が人間には見えにくく、結果的にＳＮＳやネット検索を思い通りに利用できなくなる場合がある。
③ ネットの検索システムは、検索結果をユーザーについての記録などをもとに調整しているが、それは一見すると便利な機能のようにも見える。
④ ＳＮＳのユーザーは、表示される広告がコンピュータによって勝手に選定されていることを自覚している人ほど、その仕組み

いまのところ、私たちはこのような記憶のあり方が、自分たちになにをもたらしつつあるのかを自覚していない。ただ、事実として「あの人があんなことを言っていたな」という断片をせっせと記憶にため込み、ほどなく忘れるということを繰り返しているところだ。

（山本貴光『記憶のデザイン』による）

問一　傍線部(ア)〜(ウ)のカタカナを漢字に改め、解答用紙B に答えよ（楷書で正確に書くこと）。

問二　空欄 A 〜 C に入れるのに最も適当なものを、次の①〜⑤の中からそれぞれ一つずつ選び、解答用紙A に答えよ。ただし、同じ言葉を繰り返し用いてはならない。解答番号は、Aは 15 、Bは 16 、Cは 17 。

①　それだけに　②　あえて　③　かえって　④　さながら　⑤　そもそも

問三　次の文は、もともと本文中にあったものである。元に戻すとしたら、本文中の［ a ］〜［ f ］のどこに入れるのが最も適当か。後の①〜⑥の中から一つ選び、解答用紙A に答えよ。解答番号は 18 。

電子レンジなら、どういう仕組みでものが温まるのかを理解していなくても、食品を入れてボタンを押して、結果的に温まればそれでよい。

①［ a ］　②［ b ］　③［ c ］　④［ d ］　⑤［ e ］　⑥［ f ］

ていいという発想がそうであったように、この情報環境が私たちになにをもたらすのか、なにを可能としているのかについて誤解したまま、結果的にはそうしようと思っていなかったような状態を選ぶことにもなりかねない。［ d ］

ネットを活用するには、基礎となる知識が脳裡にあってこそ。これを見落とせば、単にものを知らず、それゆえ適切な検索も覚束《おぼつか》ない人間を生み出すことにもなりかねない。［ e ］

コンピュータが提供する自動化サーヴィスは、見方を変えれば人間にとって他律的な状況でもある。他律とは、自分の行動を他から律されることを指す。コンピュータの自動処理によって便利になる反面、ここで検討した例が示すように、自分の記憶を世話するという観点では、必ずしもありがたくない効果もある。そのからくりを弁《わきま》えた上で使い方を工夫するのが、記憶のデザインを考える上では肝心なのだ。［ f ］

例えば、一日のうちに何度もスマートフォンを手にしてＳＮＳやウェブを見て回るという営みは、私たちの記憶になにをもたらしているか。人がスマートフォンを持ち歩き、ネットで読み書きするのが(ウ)ジョウタイとなったとき、その記憶にはなにが起きるか。

そうでもしなかったら耳目にしない文章や写真や動画に接する。そのつど感覚が刺激を受けて、短期記憶に入る。しかし、だからといってそのように見聞きしたものすべてが、長期記憶に残るわけではない。大半は忘れ去られる。

ＳＮＳの投稿やウェブサイトは、それぞれが互いに脈絡なく存在している。また、本棚に並べた本が、何事もなければそのままの状態を保つのと違い、ＳＮＳやウェブは絶えず変化もしている。［ C ］、一つひとつの投稿やウェブページには、記憶の手がかりとなるような、固定していて繰り返し目にできる文脈が乏しい。目にはしたが、それはいつだったか。見覚えはあるものの、どこでだったか。と覚束なくても無理はない。私たちは日々、ネットのブラウジングやチャットなどを通じて、そんなことでもなければ耳目にすることのなかったたくさんの断片的な言葉や画像や動画に接している。そしてその大半は忘れてしまう。脳裏のどこかに記憶が残っているのかどうかも分からない。私たちは、そういう情報環境の中で生きている。

これはよしあしの問題ではない。

手に選定されてしまうフィルターバブルの例のように、［A］不便な状況を生み出す可能性もある。①しくみを理解した上で使うにしくはない。

ここではもっぱら情報技術という環境について検討している。つまり、②コンピュータとそのネットワークによる情報環境は、人やその記憶になにをもたらしうるか。これが技術のエコロジーという観点で検討したいことだった。

右に挙げた例は、コンピュータが人間を支援するものだった。［B］コンピュータ（計算機）という装置は、人間が手で行うと面倒な計算を、機械で自動的に行おうという趣旨でつくられはじめた。計算を機械にやらせて楽をしようという発想から出発している。現在、各方面で実用化が進んでいる人工知能も同様である。機械翻訳や自動運転などはその好例。

そうした事の次第からして、コンピュータを用いた情報環境では、基本的に機械が自動的になにかを行う。

ここで注意しておきたいのは、フィルターバブルや人工知能を典型として、コンピュータの挙動は目に見えにくいという点である。というのも、コンピュータがなにをどのような順で処理すべきかを命じるプログラムは、ユーザーから見えないように処理されるからだ。［ a ］

ある検索サーヴィスでネット検索をかけたら、検索結果が表示される。このとき、その裏側でどのような処理が施されているか、どんなフィルターがかけられているかは明示されない。あるいはその人工知能が、どのようなルールで動いているかは表現されず、外から見てもブラックボックスである。［ b ］

動きの仕組みやルールは分からないが、必要な処理は行う。コンピュータを用いた情報環境ではこの点に注意したい。そのエコロジー（そこにどんな関係があるか）を、人が意識しづらい状態にあるのだ。［ c ］

だが、コンピュータを使った情報環境の場合、そうもいかない。何がどこまで可能なのか、それが自分たちにどのような影響を与えているかという理解の程度に応じて、この情報環境を使いこなせる程度も変わるからだ。ネット検索できるなら、わざわざ記憶しなく

④ 自分だけの時間軸を得た人間は必然的に、既成の科学的言説のなかにある誤謬を発見し、それを鋭く指摘することになる。

⑤ 教科書的な知識を拒み、自然界の謎を自分で解明していこうとすることが、ナチュラリストになるための条件だといえる。

〔三〕　次の文章を読んで、後の問い（問一〜六）に答えよ。ただし、解答は指定された解答用紙に記入すること。

フィルターバブルは、ネット検索に関わる問題だ。ネットで検索する場合、同じ言葉で検索しても、表示される結果はユーザーによって違う場合がある。というのも、検索システムが、ユーザーの過去の現在地、検索や(ア)エツランの記録などをもとに、検索結果にフィルターをかけるためだ。

これは一見すると便利な機能のように見える。ユーザーに合わせてカスタマイズしてくれているのだから。他方で、そういう調整がなければ、目に入ったはずの検索結果が除外されてしまう恐れがある。検索システムによるフィルターが、そのユーザーを一定の範囲に閉じ込めてしまう。ユーザーはフィルターの泡《バブル》に閉じ込められてしまうというので、これをフィルターバブルという。

フィルターバブルの(イ)ヤッカイな点は、ユーザーが自分では気づきづらいところだ。なぜなら、人は多くの場合、自分の検索結果を他人の結果と見比べたりしない。その結果、誰もが自分と同じような検索結果を目にしていると思っているか、そもそもそういうことを意識さえしていないかもしれない。

これは検索に限らない。ＳＮＳなどのサーヴィスでも、同様の仕組みが使われている場合がある。例えば、表示する広告をユーザーに合わせる仕組みもこの一例だ。広告がランダムに表示されていれば、まだ興味を惹《ひ》くものに出会えるかもしれないところ、そのユーザーが行った検索や訪れたサイトなどをもとにフィルターをかけて、興味のない同じような広告が表示され続けたりする。

コンピュータを用いた技術は、物事を自動化して便利にする半面、アルゴリズムによって、知らず識らずのうちに目にするものを勝

② 顕微鏡による観察では、ミトコンドリアを立体的にとらえられないという科学者の認識が研究を推し進めた。
③ ミトコンドリアという名称は、それがどういう機能をもつものかという観点から付けられたものではなかった。
④ 細胞内呼吸という概念が作られたことで、ミトコンドリアを立体的なものとして見るという視点が生まれた。
⑤ ミトコンドリアの機能や役割が明らかになる過程において、さまざまな誤った説の提唱もあったことが推察できる。

問五　傍線部③「川を見るとその源流を辿《たど》りたくなってしまう」とあるが、これはどういうことを言っているのか。それについての説明として最も適当なものを、次の①～⑤の中から一つ選び、**解答用紙A** に答えよ。解答番号は 13 。

① 変わった名前の付けられた自然現象を見ると、その背後にある自然の摂理を明らかにしたくなってしまう、ということ。
② 科学の成果を見ると、それがどのような影響を及ぼしたのかを調べてみたくなってしまう、ということ。
③ 自然についての科学的な言説を知ると、それが作られた経緯について知りたくなってしまう、ということ。
④ 一つの事象についての知見を得ると、その事象によって作られる自然界全体について考えたくなってしまう、ということ。
⑤ 難解な科学的概念を知ると、むしろそれについて楽しく学ぶことの重要性が意識されてしまう、ということ。

問六　筆者の考えに合致するものを、次の①～⑤の中から一つ選び、**解答用紙A** に答えよ。解答番号は 14 。

① 科学史を学び、自分だけの時間軸を持つことこそが、都会的なセンスを持った人間になるための第一歩である。
② ダ・ヴィンチがナチュラリストとなったことの一因には、都会の生活を知らないことへの屈折した心情があった。
③ 教科書に載っている自然科学についての知識は、過去の科学者たちの営為の結果を言説化したものだといえる。

問一　傍線部(ア)・(イ)の漢字と同じ漢字を含むものを、次の各群の①～⑤の中からそれぞれ一つずつ選び、解答用紙A に答えよ。
解答番号は 10 ・ 11 。

(ア)　ケイショウ　10
① 教会のショウロウに上る。
② ショウドウに駆られる。
③ 損害バイショウ。
④ ショウサイな報告。
⑤ 開発をショウレイする。

(イ)　キョウグウ　11
① 寺にドキョウの声が響く。
② 大きなハンキョウを呼ぶ。
③ キョウカイ線を引く。
④ キョウシュウにかられる。
⑤ 宴会のヨキョウ。

問二　空欄 A ・ B に入れるのに最も適当な漢字二字を、解答用紙B にそれぞれ答えよ（楷書で正確に書くこと）。

問三　傍線部①「都会的なセンスを持った人こそがナチュラリストになれる」とあるが、こうした「ナチュラリスト」とは具体的にどのようなことができる人間か。本文前半（＊より前の部分）の内容に即して、四十字以内（句読点や記号なども字数に含める）で、解答用紙B に答えよ。

問四　傍線部②「ミトコンドリア」とあるが、それについての説明として**誤っているもの**を、次の①～⑤の中から一つ選び、解答用紙A に答えよ。解答番号は 12 。

① ミトコンドリアの機能を解明することと、呼吸というものを見直すこととの間には、密接な関係があったといえる。

当時はその機能については何もわかっていなかったのです。顕微鏡で細胞を見ると、中に糸くずのようなものが、もやもやと見えた。ミトコンドリアの「ミト」とは「糸」という意味です。「コンドリア」は「粒子」。糸状の粒子。③川を見るとその源流を辿《たど》りたくなってしまう。これがナチュラリストとして学ぶことの楽しさです。

さて、細胞内の微細な構造体が、糸くずのように見えた、ということは実はとても重要でした。顕微鏡で観察するプレパラートは、細胞をまるごと見ているのではなく、細胞をさらにごく薄くそぎ切りした切片です。実際の細胞にはもっと厚みがあります。糸状に見えたものは、糸ではなく、立体的に見るとむしろ、きしめんか紙テープがヘアピン状に折りたたまれたものではないか、科学者たちはそう気づきました。また時間軸が一歩進んだのです。

線ではなく面。そして面が折りたたまれていることは面積を稼いでいるということです。細胞内の限られた空間の中で、わざわざ面積を稼がなければならない理由は、その面の上で重要な活動が行われているということです。調べてみると、「きしめん」の上にはエネルギー生産に関与する酵素群が整列して並んでおり、栄養素からエネルギーを生み出す反応が進行していました。コンパクトなスペースで、できるだけたくさんの反応を起こすために、表面積を増やす構造体がパックされている。それがミトコンドリアでした。細胞内のエネルギー生産。それは細胞内呼吸と名づけられました。呼吸とは息を吐き、吸うことだけでなく、酸素を使ってエネルギーを生み出すことでもあったのです。ミトコンドリアは細胞内の呼吸の場であり、代謝の場であるという思考につながっていきました。この科学史が作られるのに百年かかったのです。

とはいえ、今から見ると、合理的な思考が点と点で連鎖しているように見えますが、科学の成り立ちにはさらに紆余《うよ》 A や B 錯誤がありました。さまざまな誤謬《ごびゅう》や空想もあったのです。でもそれは重要なことでした。結果ではなく、その時間軸、そのプロセスこそが実は豊かさなのです。

点と点をつないでできた教科書的な言説というのは、それが漂白され、抜け落ちてしまっています。ナチュラリストとして学ぶ、とはそんな漂白されたプロセスに想像力を働かせることなのです。

（福岡伸一『ナチュラリスト』による）

ただ、レオナルドの生活の場所は田舎の村でしたが、たびたび都会フィレンツェにきて見聞を広めていたようです。父の家系も都会人、友人知人もメディチ家につらなる都会の人々でした。お父さんは大都会で華やかに仕事をしているのに自分は違う。そのコンプレックスと屈折がレオナルドの底層にあることはまちがいありません。

自分をどこか遠いところにおいて、そこから世界もしくは自然を見る。そのメンタリティが、レオナルドをして驚くほど目利きの「観察者」にしたのではないかと私は推理しています。

レイチェル・カーソンの「センス・オブ・ワンダー」も、都会的な感性の中から生まれてくる気がします。結局は自然の細部をじっと見極めないと得られないものです。自然の精妙さに対する驚きや敬虔《けいけん》の念もまたその感性から生まれてくるものだと思います。

田舎に生まれたから田舎人、都会に生まれたから都会人というわけではありません。東京と地方も関係ありません。自然に目を向ける感覚と、都会的な感性の相互作用にナチュラリストの芽があるのだと思います。レオナルド・ダ・ヴィンチも、直訳すると「ヴィンチ村のレオナルド」ですから、そもそも村の外から呼びかける形のこの名前こそ、彼の都会的な側面を言い表しているのかもしれません。

＊

ナチュラリストになるために、センス・オブ・ワンダーとともにもうひとつ重要な要件として、自分だけの時間軸を持つ、ということがあると思うのです。

私は常々、科学を学ぶためには科学史を学べばよい、と言ってきました。

たとえば、細胞の中には②ミトコンドリアがあり、そのミトコンドリアは呼吸を司《つかさど》っている、という知識があります。教科書的には、細胞→ミトコンドリア→呼吸という関連を覚えておけばテストで点が取れます。でもナチュラリストの心を持っているとまずこう思います。「ミトコンドリアってこのへんてこな名前は、いったい、どこの誰が、いつ、なぜ名づけたんだろう？」と。そこから時間軸の探索がはじまります。調べると、ミトコンドリアという名称は今から百年も前に作り出された言葉であることがわかります。でも、

［二］　次の文章を読んで、後の問い（問一〜六）に答えよ。ただし、解答は指定された解答用紙に記入すること。

ナチュラリストとはどういう人なのでしょう。あらためて考えてみたいと思います。

まず、最初に言えることは、①都会的なセンスを持った人こそがナチュラリストになれる、ということです。自然の中に生まれ、自然にはぐくまれて自然児として育てば、必ず自然を愛するナチュラリストになれるというわけではない、と思うのです。では、都会的なセンス、とはなんでしょうか。それは単に都会に生まれ育つ、ということではありません。

自然に触れたときに、目の前のものを相対化することによって初めて得られる「センス・オブ・ワンダー」を持つ人をこそナチュラリストと呼ぶことができます。センス・オブ・ワンダーは、環境問題に最初のケイ(ア)ショウを鳴らした米国の女性海洋生物学者レイチェル・カーソンの言葉でもありますが、日本語に訳せば、自然の精妙さに驚く心、あるいは自然に対する畏敬の念、ということができるでしょう。最初から自然の中にいると、それが当たり前になってなかなかワンダーを感じることができません。

誰もが知っているレオナルド・ダ・ヴィンチ（１４５２〜１５１９）は良い例だと思います。彼については、「ヴィンチ村という田舎に生まれたので、その豊かな自然の中で、彼の自然に対する細やかな観察眼が育まれました」……といったふうに伝記にはだいたい書いてありますが、彼の出自を知るには、それだけでは十分ではありません。

レオナルドは、フィレンツェという当時の大都会で、街を支配するメディチ家を顧客に持つ公証人（いまでいえば行政書士とか公認会計士のような仕事）をするやり手男性ピエロの私生児でした。父親はフィレンツェから山にかなり分け入ったヴィンチ村に土地を持っており、そこに通ううちに村の女にレオナルドを産ませたようです。つまり、正妻ではない女の子どもです。15、16世紀のイタリア社会はそのような子どもを差別的に扱いました。財産を継ぐことはおろか、(イ)キョウグウや教育面でもさまざまなハンディを負うことになりました。レオナルドが、父の仕事を受け継ぐこともなく、正規の高等教育を授かることもなく、工房に弟子入りしたことからもそのことはうかがいしれます。

② 政治に参加しようとして、人は権威主義的リーダーシップに帰依してしまうから。

③ 権力の暴走を制御するためには、団結して政治的発言力を強める必要があるから。

④ 孤立の不安から逃れようとして、人は専制的な権力に頼ろうとしてしまうから。

⑤ 誰も孤立しない社会を実現するためには、頼れる仲間をつくる必要があるから。

問七　筆者の考えに**合致しないもの**を、次の①〜⑤の中から一つ選び、解答用紙A に答えよ。解答番号は 9 。

① 人々が頼れる依存先としての中間集団が複数存在し、しかも突出した力を持つ中間集団による支配がなければ、個人の自由は増大すると考えられる。

② 中間集団が国家と個人を媒介し、依存関係を取り持ちながら、社会における争いに歯止めをかける働きをすることに注目すべきである。

③ 中間集団は、相互扶助により仲間のために働く集団であり、その構成員に自由と束縛とをもたらすが、国家権力に抵抗するよりどころともなりうる。

④ 内向き志向の強い中間集団が必然的に腐敗するものである以上、仲間割れすることのない中間集団の形成が、争いを避ける社会を作るための条件となる。

⑤ 市場システムや国家の枠内にありつつも、それらへの依存の程度を抑えて個人の自由を守るために、依存先としての中間集団を充実させる必要がある。

問五　傍線部②「十九世紀前半の米国にフランスから赴いたトクヴィル」とあるが、こうしたトクヴィルについての説明として最も適当なものを、次の①～⑤の中から一つ選び、解答用紙A に答えよ。解答番号は 7 。

①トクヴィルは、米国の地域自治において住民が地域課題に自発的に取り組む姿に感銘を受け、いかなる場合でも国家の介入を許すべきではないと主張した。

②トクヴィルは、米国における地域自治の制度に将来の民主主義のあり方を見出し、地域共同体の緩やかなつながりによる新しい国家体制を構想した。

③トクヴィルは、米国の州や末端の地方自治体が独立した権限を持つことに注目し、そうした強い力を持つ中間集団が個人の自由を抑圧する危険を指摘した。

④トクヴィルは、米国の各地で実践されていた地域自治の限界を見抜き、地域では解決できない課題における国家の役割の重要性を示唆した。

⑤トクヴィルは、米国で組織されていた地域集団による自治のあり方に着目し、それが社会における個人の自由につながる可能性について言及した。

問六　傍線部③「横のつながりに欠けた原子化した個人を生み出さないようにすることは、権力の暴走を制御する可能性につながる」とあるが、それはなぜだと考えられるか。その説明として最も適当なものを、次の①～⑤の中から一つ選び、解答用紙A に答えよ。解答番号は 8 。

①公共の問題に無関心であるとき、大衆は独裁者を熱狂的に支持してしまうから。

③ 自律的な方向感覚により国家などの権力組織に近づいていく
④ 強固な組織化を通して権力の支配から自由を勝ち取ることのできる
⑤ 国家をはじめとする権力組織との距離を自律的に操ることのできる

問四　傍線部①「ヨーロッパの炭鉱の事例」とあるが、それについての説明として**誤っているもの**を、次の①～⑤の中から一つ選び、**解答用紙A** に答えよ。解答番号は 6 。

① 経営者が炭鉱夫たちの訴えを無視できなかったのは、当時の産業社会全体が石炭に全面的に頼っているという事情があったためである。
② 炭鉱夫たちは、強い結束力によって頻繁にストライキを実施し、組合を介して経営側と交渉することで、自分たちの要望を通そうとした。
③ 合法的な手続きによって経営側と交渉を行ったからこそ、炭鉱夫たちは強い政治的発言力を持ち、労働条件の改善を実現することができた。
④ 採掘の作業の大部分が地下で行われるため、炭鉱夫たちはある程度の自由を有しており、そのことが経営側との交渉を有利に進める要因の一つとなった。
⑤ 組合が経営側を動かすことができたのは、経営側が現場の人々の力を必要としており、その意味で炭鉱夫たちに依存していたからである。

国家権力の行使に直面したとき、それは人々の自由を守る［D］になりうるし、そうなるようにしていくべきだというのが私の考えだ。

トクヴィルは、中間集団を介して自由を身近なところに引き寄せた人々には、輝きや栄光はなくても、繁栄と平穏さがあると書いた。中間集団を厚くするとは、言い換えると、人々が頼れる依存先を充実させて、益々《ますます》拡大する市場や国家への依存の程度を抑えながら、人間同士の関係を「平穏な暮らし」に向けて組み直すことに他ならない。

（佐藤仁『争わない社会』による）

問一　傍線部(ア)～(エ)のカタカナを漢字に改め、**解答用紙B** に答えよ（楷書で正確に書くこと）。

問二　空欄［A］～［D］に入れるのに最も適当なものを、次の①～⑥の中からそれぞれ一つずつ選び、**解答用紙A** に答えよ。ただし、同じ言葉を繰り返し用いてはならない。解答番号は、Aは［1］、Bは［2］、Cは［3］、Dは［4］。

①　紐帯《ちゅうたい》　②　コンパス　③　導火線　④　メス　⑤　防波堤　⑥　急先鋒

問三　空欄［X］に入れるのに最も適当なものを、次の①～⑤の中から一つ選び、**解答用紙A** に答えよ。解答番号は［5］。

①　国家を含むあらゆる権力組織を徹底的に解体していく

②　権力との依存関係を断ち切った自律性を獲得することのできる

確認する **B** としての意味があるのである。

中間集団とは、国家権力にとって便利な手先ともなる一方、権力への抵抗や抑止の **C** としても機能する側面をもつ。そして、高度に発達した分業体制が、強み＝専門性を通じてのみ人間の依存関係を深化させる方向性をもつのに対して、中間集団は人間の弱みをも抱きかかえるような機能をもちうる。こうした多面的な可能性をもった中間集団を、単なる人の集合体と見なすのではなく、国家と個人とを媒介し、依存関係を取り持ちながら、争いの激化に歯止めをかける装置として再評価すべきである。

仲間の世界はドロドロした人間関係を含む面倒な世界にもなりうる。仲間外れ、仲間割れといった言葉があるように、内向き志向が特定の構成員を苦しめることもあるだろう。しかし、こうした中間集団が複数存在し、それでいてどれか一つの集団による突出した支配を許さないようにすることができれば、中間集団は個人の自由を増大させる存在になりうる。国家を直接に抑え込もうとするのではなく、中間集団の層を厚く育てるほうが「争わない社会」に近づく堅実なステップではないだろうか。

先述のトクヴィルは、民主主義の理想がかなった社会における人々の振る舞いを次のように書き残している。

> 一人ではみな無力なので、誰もがひとしく仲間なしではいられないと感じるであろう。そして、自分が仲間に協力しなければ、その援《たす》けを得られないのは明らかだから、個人の利益が全体の利益に結びつくことはたやすく分かろう。
>
> 国民全体としては輝きと栄光に欠け、おそらく強力でもないであろう。だが、市民の大多数は一層の繁栄に恵まれ、民衆は平穏に暮らすであろう。

国家の枠の内にありながら、それに従属せず、市場システムの内側にありながら、それに支配されない。本来の中間集団は、トクヴィルの言うように相互扶助の原則に基づいて構成員たる仲間のために働く集団であり、人々を自由にもすれば束縛もする。しかし大きなんでいる姿に感銘を受けた。米国の州や末端の地方自治体は、独立した権限を多くもちつつ連邦の方針に対抗する力も備えているという点で中間集団と呼ぶにふさわしい位置にある。英国から新大陸に移住してきた人々にとって米国の土地が豊富であったことは、そうした自治を可能にする物的条件にもなった。

トクヴィルは米国のニューイングランド地域で実践されていたタウンシップによる自治を見てこう書いた。「自由な人民の力が住まうのは地域共同体の中なのである。地域自治の制度が自由にとってもつ意味は、学問に対する小学校のそれに当たる。この制度によって自由は人民の手の届くところにおかれる」。国家権力に個人の自由が絡めとられないようにしながら、同時に、地域では解決できない課題に国家の適切な介入を促すことができる社会はいかにあるべきか。トクヴィルはタウンシップに見られる草の根集団に、将来の民主主義の可能性を見た。それは、個々人が身近なところに依存先の根を下ろすことができる、誰も孤立しない社会への道であった。

大衆が争いに巻き込まれるかどうかは、それを構成する個々人の[A]の強弱に左右される。政治学者、丸山眞男《まるやままさお》は「原子化（アトム化）」という言葉を使って人々の孤立がもたらす危険性を指摘した。彼は、「大衆がなぜ独裁者を熱狂的に支持してしまうのか」という問いに、こう答える。

> 原子化した個人は、ふつう公共の問題に対して無関心であるが、往々ほかならぬこの無関心が突如としてファナティックな政治参加に転化することがある。孤独と不安を逃れようと(エ)アセるまさにそのゆえに、このタイプは権威主義的リーダーシップに全面的に帰依する傾向をもつのである。

③横のつながりに欠けた原子化した個人を生み出さないようにすることは、権力の暴走を制御する可能性につながる。それは、何かに「全面的に帰依」しなくて済むような、頼れる仲間をいろいろな場所につくることに他ならない。結社の意味は、単に団結して政治的発言力を強めるところにあるのではない。各々の集団を人々の依存先として育み、その仲間たちとの協働作業の中で社会の向かう方向を

権力に対峙《たいじ》するための合法的な手続きがあるからといって、直ちに中間集団が国家をはじめとする大きな存在に抗《あらが》う力を手にするわけではない。組織化はもちろん有用だが、組織の声が交渉力に転換されるためには、「石炭流通の首根っこをつかんでいる」という実態こそが重要であった。社会を構成する利害関係者の間の依存関係は、時には互いの存在を引き立て、時には影響力のある他者に要望を押し通すためのテコになるのである。

①ヨーロッパの炭鉱の事例から分かることは、中間集団の「すること」に力を与える依存関係の重要性である。利害や階級に基づく依存関係は、一見、(ウ)コり固まっていて変わりようがないかに見える。しかし権力の座にある有力者も、現場にいる人々の力を借りなくては自分たちの意思を実現することができない。上の事例で組合という中間集団が有力者を動かせたのは、彼らもまた現場の人々に依存していたからに他ならない。

依存関係がうまく組み上がると、弱い立場にいる人々にも交渉の余地が生まれ、彼らにとっては手近なところに、それまでなかった自由が引き寄せられる。

中間集団は、このように必要な時に権力に近づき、危ういと感じれば権力を遠ざけることができるような、自律的な方向感覚によって守られている。ただし、そうした自律性は何かに保障されているわけではない。自発的に設立された組織が、簡単に権力の一部に取り込まれてしまう場合もあれば、逆にもともと国家の命令でつくられた組織であっても、独自の道を歩み、自発的な活動を続ける場合もあるかもしれない。

以上を総合して考えると、「争わない社会」に求められているのは、国家や権力組織に対抗できる中間集団ではなく、[X]中間集団を育てることであることが分かる。

人々が自分の意思を表明しながら社会のあり方を変えていくには、国という単位は大き過ぎる。②十九世紀前半の米国にフランスから赴いたトクヴィルは、米国の各地で「タウンシップ」と呼ばれる地域集団が組織され、それぞれの地域課題に住民が自発的に取り組

国語

（六〇分）

[一]　次の文章を読んで、後の問い（問一～七）に答えよ。ただし、解答は指定された解答用紙に記入すること。

政治学者のティモシー・ミッチェルは、十九世紀末のヨーロッパで炭鉱夫らのストライキが労働条件の改善に効力をもった理由を探った。

当時、石炭の採掘という危険性の高い仕事に携わる労働者は、社会の「底辺」層を構成する人々であった。それでも彼らはその強い結束力によって高い頻度でストライキを実施し、組合を介して経営側との交渉を有利に進めていた。こうした交渉力が(ア)ツチカわれた背景をミッチェルは次のように分析した。炭鉱では、作業の大部分が地下で行われるために労働者は地上の監督者から離れた場所にいる。そのため、彼らは自分たちで作業内容を調整したり、ストライキやサボタージュを仕掛けたりする自由度をもつことができた。何よりも、産業社会全体が労働者らの供給する石炭に全面的に頼っているという依存関係が、炭鉱夫に大きな発言権を与えたというのがミッチェルの見立てである。

電力や交通など、産業全体を支える社会インフラの(イ)チュウスウ部分が石炭に依存しているとき、その採掘と流通に影響力をもつ炭鉱夫の訴えには経営者も耳を貸さざるをえない。石炭が特定の場所に偏在していたことが、そこに集まる炭鉱夫たちに強い政治的発言力をもたらしたのであった。

解答編

英　語

I　解答　《猫の崇拝・迫害・溺愛の歴史》

1—②　**2**—④　**3**—③　**4**—①　**5**—⑤　**6**—②　**7**—④　**8**—③

(注)

1. ⑤は，第2段第6文（Families in Egypt …）に「エジプトの家庭では猫の死を嘆いた」とあり，続く第7文（This respect for …）に「猫に対するこの尊敬の気持ちはローマ帝国に引き継がれた」とあるので，本文に述べられている。

7. people who seem to think of their cats as their children

II　解答　《レストランでの会話》

1—①　**2**—②　**3**—⑤　**4**—③　**5**—④

III　解答

1—③　**2**—⑤　**3**—②　**4**—⑤　**5**—②　**6**—①
7—③

(注)

1. (The street) is dangerous to walk along at night(.)

2. (What) do you think our life will be like (in the year 2030?)

3. (How) much did it cost to have the computer (repaired?)

4. (The mountains) in Japan are more beautiful than those (in America.)

5. (Let's) go to the bakery whose name is known to everyone (very well.)

6. (I am) looking forward to attending the event held (next week.)

7. (My grandfather) does nothing but watch television all day(.)

Ⅳ 解答 《木を植えるということは》

1. 未来のために木を植えることを考えているならば，今日よい選択をすることが大切である。

2. （昔は海からやってくる空気中の湿気があったが，）今は気候変動のせいでカリフォルニアの海岸沿いの湿気が少ない〔湿度が低い〕から。

3. （木は）大気中の二酸化炭素を吸収するから。

Ⅴ 解答

1. (1) never　(2) without

2. (1) better　(2) with

Ⅵ 解答

解答例 1. (This picture will) remind her of her school days(.)

解答例 2. (This picture will) make her remember her school days(.)

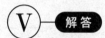

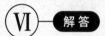

数　学

◀理系型受験▶

1　解答　《数と式，データの分析，図形と計量》

(1)ア．2　イ．4　ウ．2　エ．2　オ．2　カ．7　キ．4　ク．2
ケ．4

(2)コサ．63　シ．2　スセ．59　ソ．1　タチツ．330

(3)テト．13　ナニ．14　ヌ．7　ネ．4　ノ．1　ハ．4　ヒ．3
フ．2

2　解答　《図形と方程式，対数方程式の整数解》

(1)ア．1　イ．1　ウ．0　エ．3　オ．2　カ．3　キ．2　ク．5
ケ．1　コ．2　サ．1　シ．4

(2)ス．3　セソ．12　タ．9　チ．3　ツ．6

3　解答　《三角形の面積比》

(1)　$\overrightarrow{\mathrm{AD}}=\dfrac{1\cdot\overrightarrow{\mathrm{AB}}+4\overrightarrow{\mathrm{AC}}}{4+1}=\dfrac{\overrightarrow{\mathrm{AB}}+4\overrightarrow{\mathrm{AC}}}{5}$　……(答)

(2)　$\overrightarrow{\mathrm{PA}}-4\overrightarrow{\mathrm{PB}}-3\overrightarrow{\mathrm{PC}}=-2k\overrightarrow{\mathrm{AB}}$ より

$$-\overrightarrow{\mathrm{AP}}-4(\overrightarrow{\mathrm{AB}}-\overrightarrow{\mathrm{AP}})-3(\overrightarrow{\mathrm{AC}}-\overrightarrow{\mathrm{AP}})=-2k\overrightarrow{\mathrm{AB}}$$

$$6\overrightarrow{\mathrm{AP}}=(4-2k)\overrightarrow{\mathrm{AB}}+3\overrightarrow{\mathrm{AC}}$$

よって　$\overrightarrow{\mathrm{AP}}=\dfrac{2-k}{3}\overrightarrow{\mathrm{AB}}+\dfrac{1}{2}\overrightarrow{\mathrm{AC}}$　……(答)

(3)　点Pが辺BC上にあるための条件は

$$\frac{2-k}{3}+\frac{1}{2}=1$$

よって　$k=\dfrac{1}{2}$　……(答)

このとき

$$\overrightarrow{\mathrm{AP}}=\frac{1}{2}\overrightarrow{\mathrm{AB}}+\frac{1}{2}\overrightarrow{\mathrm{AC}}$$

となり，Pは辺BCの中点であるから，△ABCと△ABPの面積比は

　$2:1$　……(答)

(4)　$\overrightarrow{\mathrm{AP}}$と$\overrightarrow{\mathrm{AD}}$が平行になるとき，$l$を実数として$\overrightarrow{\mathrm{AP}}=l\overrightarrow{\mathrm{AD}}$と表される。

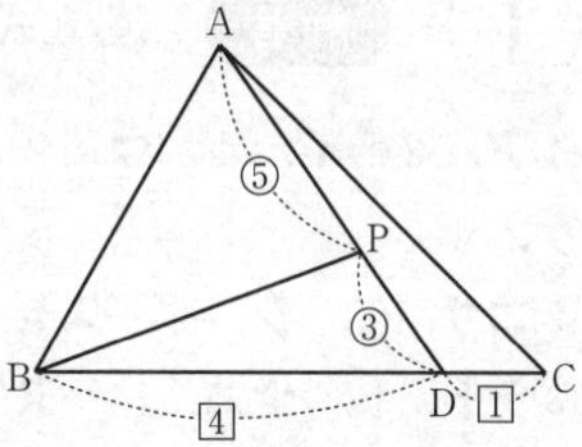

(1)，(2)から

$$\frac{2-k}{3}\overrightarrow{\mathrm{AB}}+\frac{1}{2}\overrightarrow{\mathrm{AC}}=\frac{1}{5}l\overrightarrow{\mathrm{AB}}+\frac{4}{5}l\overrightarrow{\mathrm{AC}}$$

$\overrightarrow{\mathrm{AB}}\neq\vec{0}$，$\overrightarrow{\mathrm{AC}}\neq\vec{0}$，$\overrightarrow{\mathrm{AB}}\not\parallel\overrightarrow{\mathrm{AC}}$であるから

$$\frac{2-k}{3}=\frac{1}{5}l,\quad \frac{1}{2}=\frac{4}{5}l$$

これを解いて

$$l=\frac{5}{8},\quad k=\frac{13}{8}\quad ……(答)$$

また，このとき，$\overrightarrow{\mathrm{AP}}=\dfrac{5}{8}\overrightarrow{\mathrm{AD}}$より

$$\triangle\mathrm{ABP}=\frac{5}{8}\triangle\mathrm{ABD}=\frac{5}{8}\cdot\frac{4}{5}\triangle\mathrm{ABC}=\frac{1}{2}\triangle\mathrm{ABC}$$

よって

$$\triangle\mathrm{ABC}:\triangle\mathrm{ABP}=2:1\quad ……(答)$$

4　解答　《3次関数のグラフと直線で囲まれる部分の面積，曲線と接線等で囲まれる部分の面積》

(A)(1)　$f'(x)=3x^2-2ax=3x\left(x-\dfrac{2}{3}a\right)$

$a>0$であるから，$f(x)$の増減表は右のようになる。

よって，$f(x)$の極値は

x	…	0	…	$\frac{2}{3}a$	…
$f'(x)$	+	0	−	0	+
$f(x)$	↗	0	↘	$-\frac{4}{27}a^3$	↗

$$\left.\begin{array}{l}\text{極大値}\ 0\quad (x=0)\\ \text{極小値}\ -\dfrac{4}{27}a^3\ \left(x=\dfrac{2}{3}a\right)\end{array}\right\}\ \cdots\cdots(\text{答})$$

(2) $f'(0)=0$ であるから，接線の方程式は

$y=f'(0)x$ すなわち $y=0$ ……(答)

(3) 曲線 $y=f(x)$ と直線 $y=g(x)$ が接するのは，x の方程式 $x^3-ax^2=-4x$，すなわち $x(x^2-ax+4)=0$ が重解をもつときである。

$x^2-ax+4=0$ は，$x=0$ を解にもたないので，$x^2-ax+4=0$ が重解をもてばよく，判別式を D とすると

$D=0$

$a^2-16=0$

$a>0$ より　$a=4$ ……(答)

(4) $a=4$ のとき，$f(x)=g(x)$ を解くと

$x(x-2)^2=0$

よって　$x=0,\ 2$

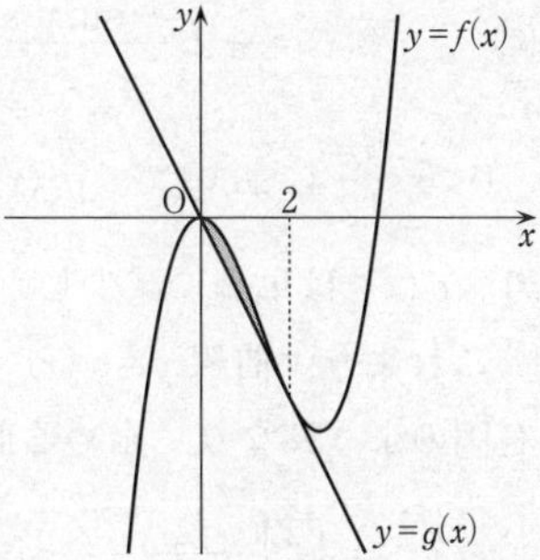

$0\leqq x\leqq 2$ で，$f(x)\geqq g(x)$ であるから，求める面積を S とすると

$$S=\int_0^2 x(x-2)^2dx$$

$$=\int_0^2 (x^3-4x^2+4x)\,dx$$

$$=\left[\frac{x^4}{4}-\frac{4}{3}x^3+2x^2\right]_0^2=4-\frac{32}{3}+8$$

$$=\frac{4}{3}\quad\cdots\cdots(\text{答})$$

(B)(1) $f(x)=\dfrac{\cos x}{\sin x}$ より

$$f'(x)=\frac{-\sin x\cdot\sin x-\cos x\cdot\cos x}{\sin^2 x}=-\frac{1}{\sin^2 x}\quad\cdots\cdots(\text{答})$$

$$g'(x)=-\frac{(\tan^2 x)'}{\tan^4 x}=-\frac{2\tan x\cdot(\tan x)'}{\tan^4 x}=-\frac{2}{\tan^3 x}\cdot\frac{1}{\cos^2 x}$$

$$=-\frac{2\cos x}{\sin^3 x}\quad\cdots\cdots(\text{答})$$

(2)　$g\left(\dfrac{\pi}{4}\right)=1$

$$g'\left(\frac{\pi}{4}\right)=-\frac{2\cdot\frac{1}{\sqrt{2}}}{\left(\frac{1}{\sqrt{2}}\right)^3}=-4$$

$$y-1=-4\left(x-\frac{\pi}{4}\right)$$

すなわち　$y=-4x+1+\pi$　……(答)

(3)　$$\int g(x)\,dx=\int\frac{\cos^2 x}{\sin^2 x}dx=\int\frac{1-\sin^2 x}{\sin^2 x}dx=\int\left(\frac{1}{\sin^2 x}-1\right)dx$$

$$=-\frac{1}{\tan x}-x+C$$　(Cは積分定数)　……(答)

(4)　$$g''(x)=-2\cdot\frac{-\sin x\cdot\sin^3 x-\cos x\cdot 3\sin^2 x\cdot(\sin x)'}{\sin^6 x}=2\cdot\frac{\sin^2 x+3\cos^2 x}{\sin^4 x}$$

$0<x<\dfrac{\pi}{2}$ において，$g'(x)<0$，$g''(x)>0$ より，$g(x)$ は単調に減少し，下に凸である。

これより，曲線 $y=g(x)$ と接線 l の概形は右図のようになり，求める面積を S とすると

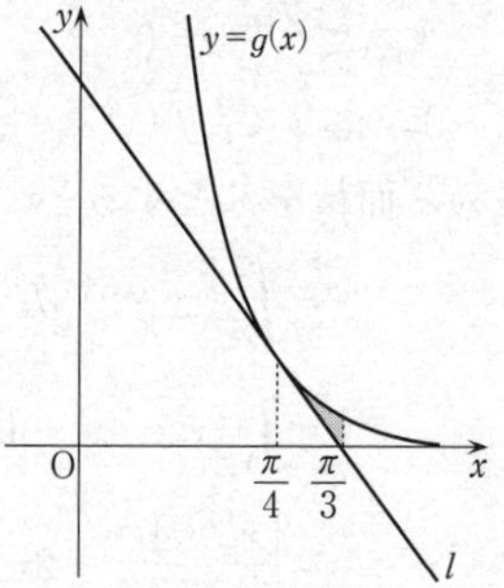

$$S=\int_{\frac{\pi}{4}}^{\frac{\pi}{3}}\left\{\frac{1}{\tan^2 x}-(-4x+1+\pi)\right\}dx$$

$$=\left[-\frac{1}{\tan x}-x+2x^2-(1+\pi)x\right]_{\frac{\pi}{4}}^{\frac{\pi}{3}}$$

$$=-\frac{1}{\sqrt{3}}-\frac{\pi}{3}+2\left(\frac{\pi}{3}\right)^2-(1+\pi)\cdot\frac{\pi}{3}-\left\{-1-\frac{\pi}{4}+2\left(\frac{\pi}{4}\right)^2-(1+\pi)\cdot\frac{\pi}{4}\right\}$$

$$=1-\frac{1}{\sqrt{3}}-\frac{\pi}{6}+\frac{\pi^2}{72}$$　……(答)

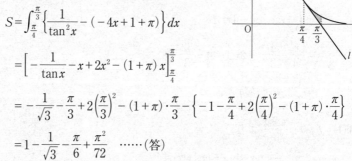

◀文系型受験▶

1　解答　《数と式，データの分析，2 次関数》

(1)**ア.** 2　**イ.** 4　**ウ.** 2　**エ.** 2　**オ.** 2　**カ.** 7　**キ.** 4　**ク.** 2　**ケ.** 4

(2)**コサ.** 63　**シ.** 2　**スセ.** 59　**ソ.** 1　**タチツ.** 330

(3)**テ.** 3　**ト.** 4　**ナ.** 9　**ニ.** 8　**ヌ.** 4　**ネ.** 9　**ノ.** 1　**ハ.** 4　**ヒ.** 2　**フヘ.** 22　**ホ.** 9

2　解答　《場合の数，確率》

(1)**アイウ.** 121　**エオカ.** 270　**キクケ.** 522　**コサシ.** 314

(2)**ス.** 1　**セ.** 3　**ソ.** 1　**タ.** 3　**チ.** 1　**ツ.** 3

3　解答　《内接円の半径》

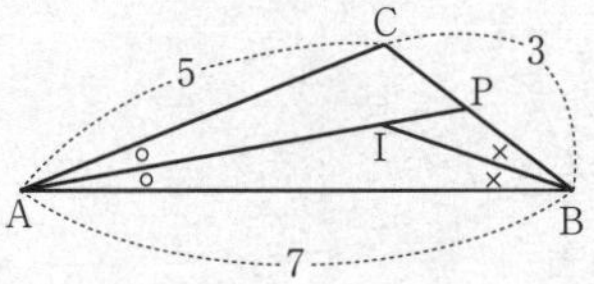

(1)　余弦定理より

$$\cos A=\frac{5^2+7^2-3^2}{2\cdot 5\cdot 7}=\frac{13}{14}\quad\cdots\cdots(答)$$

(2)　AP は ∠A の二等分線であるから

$$\mathrm{BP}:\mathrm{PC}=\mathrm{AB}:\mathrm{CA}=7:5$$

よって　$\mathrm{BP}=\dfrac{7}{7+5}\mathrm{BC}=\dfrac{7}{4}$　……(答)

(3)　BI は ∠B の二等分線であるから

$$\mathrm{IP}:\mathrm{AI}=\mathrm{BP}:\mathrm{AB}=\frac{7}{4}:7=1:4$$

よって　$\dfrac{\mathrm{IP}}{\mathrm{AI}}=\dfrac{1}{4}$　……(答)

(4)　$\sin A=\sqrt{1-\cos^2 A}=\sqrt{1-\left(\dfrac{13}{14}\right)^2}=\dfrac{3\sqrt{3}}{14}$

△ABC の面積を S とすると

$$S=\frac{1}{2}\cdot \mathrm{CA}\cdot \mathrm{AB}\cdot \sin A=\frac{15\sqrt{3}}{4}$$

求める半径を r とすると，$S=\frac{r}{2}(\mathrm{AB}+\mathrm{BC}+\mathrm{CA})$ であるから

$$\frac{15\sqrt{3}}{4}=\frac{r}{2}(7+3+5)$$

よって　$r=\frac{\sqrt{3}}{2}$　……(答)

物理

Ⅰ　解答　《ホイートストンブリッジ回路》

ア—⑤　**イ**—⑥　**ウ**—③　**エ**—②　**オ**—③　**カ**—④　**キ**—⑥　**ク**—①
ケ—①　**コ**—⑥　**サ**—⑧　**シ**—③

Ⅱ　解答　《ヤングの干渉実験》

ス—①　**セ**—④　**ソ**—⑥　**タ**—⑨　**チ**—⑤　**ツ**—⑤　**テ**—⑥　**ト**—①
ナ—⑤　**ニ**—⑦　**ヌ**—④　**ネ**—⑦　**ノ**—③　**ハ**—②　**ヒ**—③

Ⅲ　解答　《電場内における物体の等加速度運動》

(1)　$F_x=0,\ F_y=QE$

(2)　$v_{0x}=\dfrac{4}{5}v_0,\ \ v_{0y}=\dfrac{3}{5}v_0$

(3)　運動方程式より

x 方向：$ma_x(t)=0$

y 方向：$ma_y(t)=QE$

よって

$$a_x(t)=0,\ \ a_y(t)=\frac{QE}{m}\quad\cdots\cdots(\text{答})$$

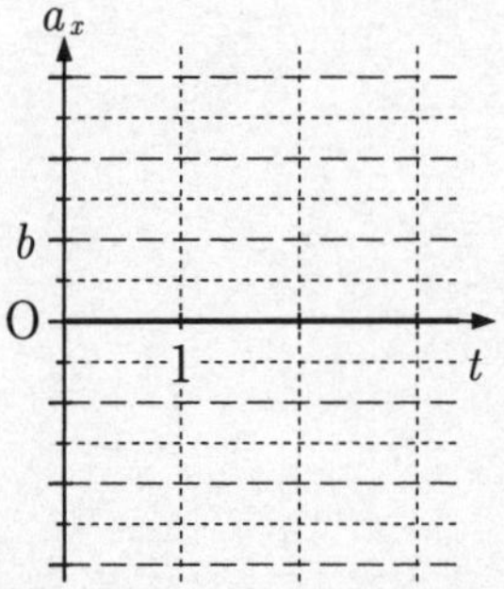

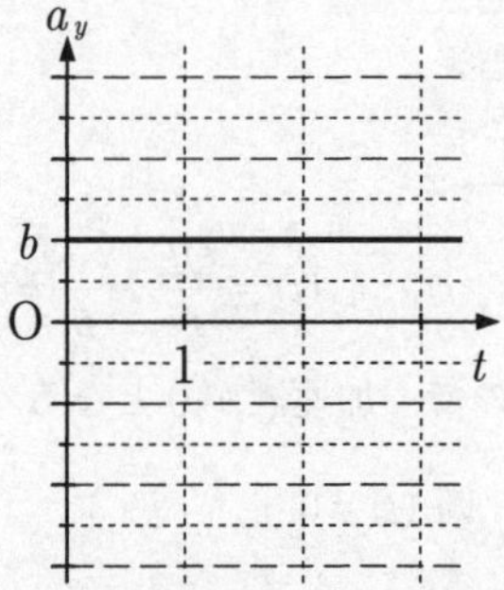

(4)　(3)のグラフより

$$x\text{ 方向}：v_x(t)=0\cdot t+\frac{4}{5}v_0$$

$$y\text{ 方向}：v_y(t)=\frac{QE}{m}t+\frac{3}{5}v_0$$

よって

$$v_x(t)=\frac{4}{5}v_0,\quad v_y(t)=\frac{3}{5}v_0+\frac{QE}{m}t \quad \cdots\cdots(\text{答})$$

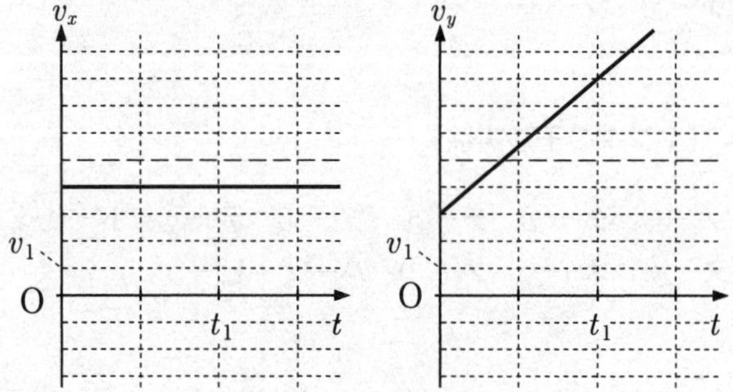

(5)　(4)のグラフより

$$x\text{ 方向}：x(t)=\frac{4}{5}v_0\cdot t+0$$

$$y\text{ 方向}：y(t)=\frac{1}{2}\left\{\frac{3}{5}v_0+\left(\frac{3}{5}v_0+\frac{QE}{m}t\right)\right\}\cdot t+0$$

よって　$x(t)=\frac{4}{5}v_0t,\ \ y(t)=\frac{3}{5}v_0t+\frac{QE}{2m}t^2$　……(答)

(6)　$R_x(t)=-cV_x(t)$，$R_y(t)=-cV_y(t)$

(7)

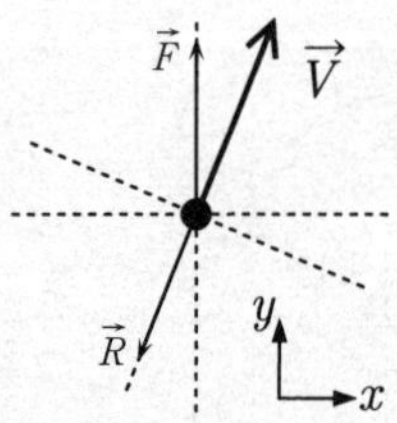

(8)　$A_x(t)=-\dfrac{c}{m}V_x(t)$，$A_y(t)=\dfrac{QE}{m}-\dfrac{c}{m}V_y(t)$

(9)　一定の速度なので，加速度が 0 となる。

$$A_x(t)=-\frac{c}{m}V_{1x}(t)=0$$

$$A_y(t) = \frac{QE}{m} - \frac{c}{m} V_{1y}(t) = 0$$

よって　　$V_{1x} = 0, \ V_{1y} = \dfrac{QE}{c}$　……(答)

化　学

Ⅰ　解答　《小問集合》

(1)―③・④　(2)―①・⑤　(3)―②・④　(4)―①・⑤　(5)―④・⑤
(6)―②・④

Ⅱ　解答　《計算小問集合》

(1)―④　(2)―⑤　(3)―⑤　(4)―⑥　(5)―⑥　(6)―②

Ⅲ　解答　《硫黄の性質と反応性》

(1)　同素体

(2)　エボナイト

(3)　$x=2$，$y=3$，$z=2$

(4)　反応：(A)

酸化される原子：S，酸化数：$+4 \rightarrow +6$

還元される原子：Mn，酸化数：$+7 \rightarrow +2$

Ⅳ　解答　《気体の状態方程式，ドルトンの法則》

(1)　混合気体の体積を V〔L〕とすると，気体の状態方程式より

$$1.013\times10^5\times V=1.00\times8.31\times10^3\times300$$

$$V=24.61\fallingdotseq24.6\text{〔L〕}$$　……(答)

(2)　0.800 mol

(3)　物質Bの分子量を M とすると

$$28.0\times0.800+M\times0.200=31.2$$

$$M=44.0$$　……(答)

V　解答　《低級カルボン酸》

(1)—(イ)・(エ)

(2)—(エ)

(3)—(ア)

(4)　$CH_3COOH + NaHCO_3 \longrightarrow CH_3COONa + H_2O + CO_2$

(5)　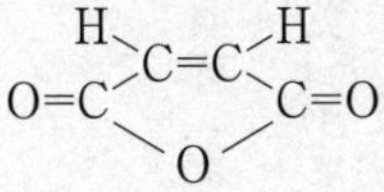

問五　③
問六　③

三

出典　山本貴光『記憶のデザイン』〈第5章　記憶と技術〉（筑摩選書）

解答

問一　(ア)閲覧　(イ)厄介　(ウ)常態
問二　A―③　B―⑤　C―①
問三　③
問四　④
問五　④
問六　②

国語

一

出典　佐藤仁『争わない社会――「開かれた依存関係」をつくる』〈第八章　中間集団――身近な依存先を開く〉（NHK　BOOKS）

解答

問一　(ア)培　(イ)中枢　(ウ)凝　(エ)焦

問二　A―①　B―②　C―⑥　D―⑤

問三　⑤

問四　③

問五　⑤

問六　④

問七　④

二

出典　福岡伸一『ナチュラリスト――生命を愛でる人』〈第4講　ナチュラリストに会いに行く〉（新潮文庫）

解答

問一　(ア)―①　(イ)―③

問二　A、曲折　B、試行

問三　自然に対してその精妙さに驚き畏敬の念を抱いて、目の前にある自然を相対化できる人。（四十字以内）

問四　④

////////////////////// · memo · //////////////////////

//////////////////// · memo · ////////////////////

/////////////////// · memo · ///////////////////

2023年度

問題と解答

■特別奨学生・M方式入試

問題編

▶試験科目・配点

区分	教　科	科　　目	配　点
Ⅰ型受験	数　学	数学Ⅰ・Ⅱ・Ⅲ・A・B（数列，ベクトル）	150点
	選　択	「コミュニケーション英語Ⅰ・Ⅱ，英語表現Ⅰ」，理科（「物理基礎・物理」「化学基礎・化学」から1科目），「国語総合（近代以降の文章），現代文B」より2教科選択	各100点
Ⅱ型受験	外国語	コミュニケーション英語Ⅰ・Ⅱ，英語表現Ⅰ	
	数　学	数学Ⅰ・A	＊
	国　語	国語総合（近代以降の文章），現代文B	

▶備　考

Ⅰ型受験：機械工，機械システム工，電気電子工，建築（Ⅰ型），情報システム，情報デザイン（Ⅰ型），総合情報（Ⅰ型）

Ⅱ型受験：建築（Ⅱ型），情報デザイン（Ⅱ型），総合情報（Ⅱ型）

＊Ⅱ型受験は最も高得点の教科を150点満点に換算し，その他2教科を各100点満点の計350点満点で合否を判定。

英語

（60 分）

［Ｉ］次の英文を読んで、設問に答えよ。

In the forests of North America, where the winters are often long and cold, small ponds can be found along the streams. Sometimes these ponds are natural; sometimes they are man-made; and sometimes they are the constructions of beavers. You can tell a beaver by its dam. To make the dams, the beavers lay sticks and branches on top of each other to form an effective barrier against the water of the stream. Near the dam the beavers build a mud-covered, rounded pile of other sticks and branches. Usually this mound resembles a small island surrounded by the water of the pond. This is (2)the house where a beaver family spends the winter, protected from its enemies and from the cold. The beavers are able to keep dry in the center of the house, which is above water level.

The beavers work hard to make their house. They cut down trees, gather branches and twigs, and put them together with mud. Most of the summer is spent in this kind of work, but in the winter the beavers' work proves worthwhile. Their house protects them even from bears.

(a)

The beaver is related to other rodents, or gnawing animals, such as rats, mice, and squirrels. The beaver, however, is much bigger than its rodent cousins. An (3)adult beaver may weigh more than 50 pounds, and its body may be about three feet long. Its tail will add 10 or 12 more inches to its length. Its hind feet are webbed, which helps it swim rapidly. Its front paws are similar to a pair of strong hands. With them it can carry logs and stones. Its eyes, nose, and ears are small, but it has two huge front teeth. These teeth are always growing, and it must keep them sharp-

ened by constant use.

(b)

The beaver's tail is particularly useful. It is broad and oval, in the shape of a paddle blade. The beaver uses it as an oar or rudder when in the water, and for balance when sitting on the ground. The beaver often uses its tail to strike the ground or water as a warning to other beavers that danger is near. It can remain under water for 10 minutes, using its tail as a sort of propeller.

(c)

The beaver might easily have become extinct in America because of excessive hunting for its fur, but laws were passed to protect the beavers before they were all killed.

(d)

The beaver likes family life, and lives with the same mate all of its life. The whole family lives in the same mound, or lodge. Generally there are several lodges in the same area, and the beaver families help each other in their community life. They share the work of building dams, constructing mounds, and raising the young.

(e)

The lodges are usually built on an island in the water. Beavers feel most secure when surrounded by water. Food for the winter is taken to the lodge before the weather gets too cold. Some of it—the larger pieces—is stored on the bottom of the lake or river, near the entrance to a tunnel leading up to the lodge.

Beavers prefer to work at night. One beaver, in a single night, can fell a tree that is eight inches in diameter. After felling the tree, the beaver gnaws the trunk into pieces that can be carried. (4) It uses these as the base for the dam. The dam is built in a straight line, or in a curve, depending on the location. A dam may be made larger after several years,

in order to flood a larger surface and provide living space for more beavers. Under favorable conditions, a dam may last for 100 years or more. Naturally, other animals use these dams as bridges, forcing the beavers to keep the dams in good repair. The dams (5)(strong / to / the pressure / enough / be / of ice / resist / must) in the spring; and sometimes holes are made by the beavers, after heavy rains, to allow excess water to run off.

Beaver dams help people because they prevent floods and make irrigation easier. It is fortunate that these animals have not been allowed to disappear completely.

出典：Edward B. Fry, "Engineers of the Woods," *Advanced Level Reading Drills* (Jamestown Publishers, 2000), pp.75-76.（一部改変）

注）

rodent げっ歯類（ネズミ、リス、ビーバーなどの、物をかじるのに適した大きな切歯を持つ小動物） **gnaw**（物を繰り返し）かじること **hind** 後部の

webbed 水かきのある **paw** 動物の足 **oar**（ボートの）オール

rudder（船の）かじ

設問

1．次に示す段落が入る最も適切な箇所を１－５の中からひとつ選び、番号で答えよ。

When there are too many beavers in one place, some of them will start a new colony in another place. They usually choose a spot near some fairly deep lake or river, where there are birch, poplar, or willow trees. The bark of the birch, poplar, or willow is eaten as food. Then the wood is used in building.

１．(a)　２．(b)　３．(c)　４．(d)　５．(e)

2．下線部(2)の特徴として最も適切なものを１－５の中からひとつ選び、番号で答えよ。

１．池に浮かぶ小さな島から離れた場所に作られる。

２．天敵や寒さから身を守るためには簡素すぎる構造である。

３．水に浮いている部分も沈んでいる部分も中心部は常に乾燥している。

４．小枝や木切れや泥などが材料として使われている。

５．寒さを防ぐため陸続きの平面的な構造になっている。

3．下線部(3)の特徴として最も適切なものを1－5の中からひとつ選び、番号で答えよ。

1．頭から尾の先端までの長さは3フィートを超えることはない。

2．前足は主に移動に用いられ、丸太や石を運ぶことはない。

3．後ろ足には水かきがあり、素早く泳ぐのに役立っている。

4．二本の前歯は、目、鼻、耳と同じくらいの大きさである。

5．大きな前歯は、絶えず使用しなくても、鋭さを保持できる。

4．下線部(4)が意味することとして最も適切なものを1－5の中からひとつ選び、番号で答えよ。

1．**The beaver uses the pieces of the stone that it can find.**

2．**The beaver uses the pieces of the trunk that it gnaws.**

3．**The beaver uses the pieces of the tree that it can eat.**

4．**The dam uses the pieces of the trunk that the beaver gnaws.**

5．**The dam uses the pieces of the stone that the beaver can find.**

5．下線部(5)を「氷の圧力に耐えられる程十分強くなければならない」という意味になるように、正しく並べ替えた時に、3番目と6番目にくる語の組み合わせとして正しいものを1－5の中からひとつ選び、番号で答えよ。

1．3番目 **enough**　6番目 **to**

2．3番目 **strong**　6番目 **to**

3．3番目 **enough**　6番目 **resist**

4．3番目 **strong**　6番目 **resist**

5．3番目 **resist**　6番目 **enough**

6．ビーバーの生態に関して最も適切なものを1－5の中からひとつ選び、番号で答えよ。

1．自立心が強いので集団で暮らすことを避ける。

2．水に囲まれていると不安やストレスを感じる。

3．冬場の食料を湖底や川底に保管することがある。

4．他の家族には常に敵対心を持って警戒している。

5．夜間より昼間の方が活動の中心となっている。

7．本文の内容と一致するものを1－5の中からひとつ選び、番号で答えよ。

1．ビーバーは季節を問わず家づくりに励むが、人に荒らされると別の場所に移動して元の場所に戻ることはない。

2．ビーバーの尾は、水中でも地上でも役に立ち、仲間に危険を知らせたりするためにも用いられる。

3．乱獲によってビーバーの数が激減しているが、それを防ぐ法律はまだ制定されていないのが実情である。

4．ビーバーが作るダムは他の動物たちが利用することはなく、一度作られたら穴が開くことがないほど強固である。

5．洪水が起こったときに、ビーバーの作ったダムの木々が流れ出し、人間の生活に多大な被害を与えることがある。

8．次の英文の空所に入れる表現として最も適切なものを1－5の中からひとつ選び、番号で答えよ。

A general characteristic of beavers is (　　　　).

1．**their fighting spirit**
2．**their friendliness toward humans**
3．**their lonely existence**
4．**their sense of community**
5．**their careless parenting**

［Ⅱ］次の対話文を読んで、設問に答えよ。

Over the phone

Ken : Hello.

Ron : Hello Ken. Are you busy now? Can I ask you a question?

Ken : I was just watching TV. What do you want to (1)(　　　　)?

Ron : Well. I lost my notes from Prof. Brown's lecture today. Did you write down what our homework assignment is?

Ken : Yeah. We are supposed to read from page 15 to page 24 and then answer the questions on page 25.

Ron : Okay, (2)(　　　　). Have you done it yet?

Ken : No, not yet. I thought that I would start after the baseball game (3)(　　　　) on TV.

Ron : Do you mind if I copy today's notes? I'll need them for the next test.

Ken : No, (4)(　　　　). Do you want to write them out or use a copy

machine?

Ron : I'll use the copy machine because it's a lot quicker and I won't have to worry about (5)(________) any mistakes.

設問

1．下線部(1)に入れる語として最も適切なものを1－5の中からひとつ選び、番号で答えよ。

1．**know**　2．**watch**　3．**start**　4．**answer**　5．**think**

2．下線部(2)に入れる表現として最も適切なものを1－5の中からひとつ選び、番号で答えよ。

1．**I answered it**　2．**I lent it**　3．**I wanted it**
4．**I kept it**　5．**I got it**

3．下線部(3)に入れる語句として最も適切なものを1－5の中からひとつ選び、番号で答えよ。

1．**finishes**　2．**is finishing**　3．**will have finished**
4．**was finished**　5．**had finished**

4．下線部(4)に入れる語句として最も適切なものを1－5の中からひとつ選び、番号で答えよ。

1．**don't mind**　2．**not at all**　3．**mind it**
4．**never mind**　5．**never care**

5．下線部(5)に入れる語として最も適切なものを1－5の中からひとつ選び、番号で答えよ。

1．**thinking**　2．**keeping**　3．**writing**　4．**making**　5．**losing**

［Ⅲ］日本文の意味になるように(　　　)の語句を並べ替えると、不足するものがある。不足する語句として最も適切なものを 1 − 5 の中からひとつ選び、番号で答えよ。文頭に来る語も小文字で示してある。

1．私は何も言わないのは失礼だと思った。

I (to / nothing / impolite / thought / say).

1．**that**　　2．**about**　　3．**it**　　4．**you**　　5．**for**

2．とても寒かったので生徒たちは震えていた。

(was / were / so / it / the students / cold) shivering.

1．**very**　　2．**such**　　3．**which**　　4．**that**　　5．**what**

3．父は腕組みをして私を待っていた。

My father (his arms / folded / me / was / for / waiting).

1．**in**　　2．**on**　　3．**with**　　4．**under**　　5．**up**

4．明日歯医者さんに診てもらうつもりだ。

(to / see / I / a dentist / am) tomorrow.

1．**is**　　2．**think**　　3．**will**　　4．**want**　　5．**going**

5．私は前々からそこへ旅行に行ってみたいと思っていた。

I (go / have / long wanting / a / been / to) trip there.

1．**on**　　2．**to**　　3．**in**　　4．**before**　　5．**again**

6．バスに乗り遅れたので彼女は学校に遅れた。

(for / missing / was / school / because / late / she) the bus.

1．**as**　　2．**of**　　3．**not**　　4．**in**　　5．**to**

7．私は毎日自転車通学をしている。

I (and / school / ride / a bicycle / to) every day.

1．**go**　　2．**by**　　3．**study**　　4．**from**　　5．**on**

［Ⅳ］次の英文の空所に入れるものとして最も適切なものを1－5の中からひとつ選び、番号で答えよ。

1．このガイドブックは海外からの旅行者にはとても便利だ。

This guidebook is very (　　　) for tourists from abroad.

1．**use**　　2．**used**　　3．**using**

4．**useful**　　5．**usefulness**

2．私はタクシーの運転手に左に曲がってもらいたかった。

I wanted the taxi driver (　　　) left.

1．**turn**　　2．**turns**　　3．**turning**　　4．**turned**　　5．**to turn**

3．到着したばかりの飛行機はパリから来たものです。

The plane (　　　) has just arrived is from Paris.

1．**who**　　2．**whom**　　3．**which**　　4．**where**　　5．**what**

4．私は彼女が無事に到着したという知らせを聞いてうれしく思います。

I am (　　　) to hear the news of her safe arrival.

1．**delight**　　2．**delighting**　　3．**delighted**

4．**to delight**　　5．**delightful**

5．そのような風習は英国人独特のものではない。

Such a custom is not peculiar (　　　) the British.

1．**on**　　2．**to**　　3．**of**　　4．**at**　　5．**from**

［V］同じ意味合いになるように、**A**文を**B**文のように書き換えた場合、空所に入るものとして最も適切なものを1－5の中からひとつ選び、番号で答えよ。

1．**(A) It has been raining since yesterday.**

(B) It began to rain yesterday. It is (　　　) raining.

1．**sometimes**　2．**still**　3．**already**　4．**often**　5．**yet**

2．**(A) Unless you take notes on my lecture, you will forget it.**

(B) Take notes on my lecture, (　　　) you will forget it.

1．**and**　2．**if**　3．**before**　4．**or**　5．**so**

3．**(A) That is how I have gotten over the difficulty.**

(B) That is the (　　　) I have gotten over the difficulty.

1．**site**　2．**line**　3．**place**　4．**rule**　5．**way**

4．**(A) I couldn't understand what the teacher said.**

(B) I couldn't make (　　　) what the teacher said.

1．**in**　2．**out**　3．**of**　4．**at**　5．**to**

5．**(A) I walked for twenty minutes and came to the orchard.**

(B) A twenty minutes' walk (　　　) me to the orchard.

1．**made**　2．**kept**　3．**brought**　4．**went**　5．**played**

6．**(A) Your essay leaves much to be desired.**

(B) Your essay is (　　　) from satisfactory.

1．**beyond**　2．**free**　3．**different**　4．**far**　5．**divided**

数学

◀Ｉ 型 受 験▶

(90 分)

［1］次の「ア」から「ヒ」までの $\boxed{}$ にあてはまる 0 から 9 までの数字を, 解答用紙 (ＯＣＲ用紙) に記入せよ。ただし, 根号内の平方因数は根号外にくくり出し, 分数は既約分数で表すこと。

（1） $2x^2-7x+2=0$ のとき,

$$x+\frac{1}{x}=\frac{\boxed{\text{ア}}}{\boxed{\text{イ}}},\quad x^2+\frac{1}{x^2}=\frac{\boxed{\text{ウ}}\boxed{\text{エ}}}{\boxed{\text{オ}}},\quad x^3+\frac{1}{x^3}=\frac{\boxed{\text{カ}}\boxed{\text{キ}}\boxed{\text{ク}}}{\boxed{\text{ケ}}}$$ である。

（2） $f(x)=x^2-4x+1$ とする。

2 次関数 $y=f(x)$ のグラフの頂点の x 座標は $\boxed{\text{コ}}$ である。

$f(x)\leqq 0$ となる x の値の範囲は $\boxed{\text{サ}}-\sqrt{\boxed{\text{シ}}}\leqq x\leqq \boxed{\text{ス}}+\sqrt{\boxed{\text{セ}}}$ である。

$|f(x)|\leqq 2$ となる x の値の範囲は

$\boxed{\text{ソ}}-\sqrt{\boxed{\text{タ}}}\leqq x\leqq \boxed{\text{チ}}$, $\boxed{\text{ツ}}\leqq x\leqq \boxed{\text{テ}}+\sqrt{\boxed{\text{ト}}}$ である。

（3） a, a, b, c, d, e, f, g の文字が書かれた 8 枚のカードを横 1 列に並べるとき,

d, e, f の 3 枚のカードがこの順番で隣り合う確率は $\dfrac{\boxed{\text{ナ}}}{\boxed{\text{ニ}}\boxed{\text{ヌ}}}$,

b と c のカードが隣り合わない確率は $\dfrac{\boxed{\text{ネ}}}{\boxed{\text{ノ}}}$,

g のカードより左にも右にも a のカードがある確率は $\dfrac{\boxed{\text{ハ}}}{\boxed{\text{ヒ}}}$ である。

［2］次の「フ」から「ヲ」までの $\boxed{}$ にあてはまる 0 から 9 までの数字を, 解答用紙 (ＯＣＲ用紙) に記入せよ。ただし, 根号内の平方因数は根号外にくくり出し, 分数は既約分数で表すこと。

（1） $0<\alpha<\dfrac{\pi}{2}$, $\dfrac{\pi}{2}<\beta<\pi$, $\sin\alpha=\dfrac{\sqrt{15}}{5}$, $\sin\beta=\dfrac{\sqrt{10}}{5}$ のとき,

$$\cos\alpha=\frac{\sqrt{\boxed{\text{フ}}\,\boxed{\text{ヘ}}}}{\boxed{\text{ホ}}},\ \cos 2\alpha=-\frac{\boxed{\text{マ}}}{\boxed{\text{ミ}}},\ \cos(\beta-\alpha)=\boxed{\text{ム}},$$

$$\cos(12\alpha-8\beta)=-\frac{\boxed{\text{メ}}\,\boxed{\text{モ}}}{\boxed{\text{ヤ}}\,\boxed{\text{ユ}}}$$ である。

（2） $\log_2 16=\boxed{\text{ヨ}}$, $\log_2 32=\boxed{\text{ラ}}$ である。

n は 2 以上の整数とする。$\log_n 16$ が整数となる n の値は $\boxed{\text{リ}}$ 個あり, $\log_n 32$ が整数となる n の値は $\boxed{\text{ル}}$ 個ある。また, $72\log_n 2$ が整数となる n の値は $\boxed{\text{レ}}\,\boxed{\text{ロ}}$ 個あり, $300\log_n 144$ が整数となる n の値は $\boxed{\text{ワ}}\,\boxed{\text{ヲ}}$ 個ある。

[３] 次の「あ」から「な」までの $\boxed{\quad}$ にあてはまる 0 から 9 までの数字を, 解答用紙 (ＯＣＲ用紙) に記入せよ。ただし, 根号内の平方因数は根号外にくくり出し, 分数は既約分数で表すこと。

(１) 第 3 項が 15, 第 11 項が 47 の等差数列 $\{a_n\}$ の初項は $\boxed{\text{あ}}$ であり, 初項から第 11 項までの和は $\boxed{\text{い}}\boxed{\text{う}}\boxed{\text{え}}$ である。また, 等差数列 $\{b_n\}$ の初項から第 n 項までの和が $3n^2-7n$ であるとき, 初項は $-\boxed{\text{お}}$, 公差は $\boxed{\text{か}}$ である。さらに, 初項 3, 公比 $\dfrac{8}{3}$ の等比数列 $\{c_n\}$ に対し,

$$\frac{1}{c_1}+\frac{1}{c_2}+\frac{1}{c_3}+\cdots+\frac{1}{c_{10}}=\frac{\boxed{\text{き}}}{\boxed{\text{く}}\boxed{\text{け}}}\left\{1-\left(\frac{\boxed{\text{こ}}}{\boxed{\text{さ}}}\right)^{10}\right\}$$

である。

(２) $\triangle$OAB において, 辺 OA の中点を C, 辺 AB を 2 : 1 に内分する点を D, 辺 OB を 3 : 1 に内分する点を E, 線分 BC と線分 DE の交点を F とすると,

$$\overrightarrow{\mathrm{OD}}=\frac{\boxed{\text{し}}}{\boxed{\text{す}}}\overrightarrow{\mathrm{OA}}+\frac{\boxed{\text{せ}}}{\boxed{\text{そ}}}\overrightarrow{\mathrm{OB}},\ \overrightarrow{\mathrm{OF}}=\frac{\boxed{\text{た}}}{\boxed{\text{ち}}}\overrightarrow{\mathrm{OA}}+\frac{\boxed{\text{つ}}}{\boxed{\text{て}}}\overrightarrow{\mathrm{OB}}$$

である。さらに, 直線 OF と辺 AB の交点を G とし, $\triangle$OAB の面積を S, $\triangle$BFG の面積を T とすると, $S=\boxed{\text{と}}\boxed{\text{な}}\,T$ である。

［4］次の「に」から「れ」までの $\boxed{\quad}$ にあてはまる 0 から 9 までの数字を，解答用紙（OCR用紙）に記入せよ。ただし，根号内の平方因数は根号外にくくり出し，分数は既約分数で表すこと。

次の (A) または (B) のいずれか一方を選んで解答せよ。

(A) $f(x)=x^3-3x^2-9x-2$ とする。$f(x)$ は $x=-\boxed{\text{に}}$ で極大値 $\boxed{\text{ぬ}}$ をとり，$x=\boxed{\text{ね}}$ で極小値 $-\boxed{\text{の}}\boxed{\text{は}}$ をとる。曲線 $y=f(x)$ 上の点 $(0, f(0))$ における接線 ℓ の方程式は $y=-\boxed{\text{ひ}}\,x-\boxed{\text{ふ}}$ であり，曲線 $y=f(x)$ と接線 ℓ で囲まれた部分の面積は $\dfrac{\boxed{\text{へ}}\boxed{\text{ほ}}}{\boxed{\text{ま}}}$ である。

(B) $f(x)=e^{2x}-14e^{x}+24$ とする。$f(x)$ は $x=\log\boxed{\text{み}}$ で極小値 $-\boxed{\text{む}}\boxed{\text{め}}$ をとる。曲線 $y=f(x)$ と x 軸の交点の x 座標は $\log\boxed{\text{も}}$, $\log\boxed{\text{や}}\boxed{\text{ゆ}}$ であり，曲線 $y=f(x)$ と x 軸で囲まれた部分の面積は $\boxed{\text{よ}}\boxed{\text{ら}}-\boxed{\text{り}}\boxed{\text{る}}\log\boxed{\text{れ}}$ である。

◀Ⅱ型受験▶

(60分)

[1] 次の「ア」から「ト」までの $\boxed{}$ にあてはまる 0 から 9 までの数字を，解答用紙 (OCR用紙) に記入せよ。ただし，根号内の平方因数は根号外にくくり出し，分数は既約分数で表すこと。

(1) $2x^2-7x+2=0$ のとき，

$$x+\frac{1}{x}=\frac{\boxed{\text{ア}}}{\boxed{\text{イ}}},\quad x^2+\frac{1}{x^2}=\frac{\boxed{\text{ウ}}\boxed{\text{エ}}}{\boxed{\text{オ}}},\quad x^3+\frac{1}{x^3}=\frac{\boxed{\text{カ}}\boxed{\text{キ}}\boxed{\text{ク}}}{\boxed{\text{ケ}}}$$ である。

(2) $f(x)=x^2-4x+1$ とする。

2次関数 $y=f(x)$ のグラフの頂点の x 座標は $\boxed{\text{コ}}$ である。

$f(x)\leqq 0$ となる x の値の範囲は $\boxed{\text{サ}}-\sqrt{\boxed{\text{シ}}}\leqq x\leqq \boxed{\text{ス}}+\sqrt{\boxed{\text{セ}}}$ である。

$|f(x)|\leqq 2$ となる x の値の範囲は

$\boxed{\text{ソ}}-\sqrt{\boxed{\text{タ}}}\leqq x\leqq \boxed{\text{チ}},\ \boxed{\text{ツ}}\leqq x\leqq \boxed{\text{テ}}+\sqrt{\boxed{\text{ト}}}$ である。

［2］次の「ナ」から「ヨ」までの $\boxed{}$ にあてはまる 0 から 9 までの数字を，解答用紙（ＯＣＲ用紙）に記入せよ。ただし，根号内の平方因数は根号外にくくり出し，分数は既約分数で表すこと。

（1）$\mathrm{AB}=4$, $\mathrm{CA}=7$ の $\triangle\mathrm{ABC}$ の面積が $6\sqrt{5}$ のとき，$\sin A=\dfrac{\boxed{\text{ナ}}\sqrt{\boxed{\text{ニ}}}}{\boxed{\text{ヌ}}}$ である。さらに，$\angle\mathrm{A}$ が鈍角であるとき，$\triangle\mathrm{ABC}$ の外接円の半径は $\dfrac{\boxed{\text{ネ}}\boxed{\text{ノ}}\sqrt{\boxed{\text{ハ}}}}{\boxed{\text{ヒ}}\boxed{\text{フ}}}$ であり，$\triangle\mathrm{ABC}$ の内接円の半径は $\dfrac{\boxed{\text{ヘ}}\sqrt{\boxed{\text{ホ}}}}{\boxed{\text{マ}}}$ である。

（2）$\triangle\mathrm{ABC}$ の辺 AB を $2:1$ に内分する点を R，辺 AC を $2:3$ に内分する点を Q，線分 BQ と線分 CR の交点を O，直線 AO と辺 BC の交点を P とする。このとき，$\dfrac{\mathrm{BP}}{\mathrm{PC}}=\dfrac{\boxed{\text{ミ}}}{\boxed{\text{ム}}}$，$\dfrac{\mathrm{PO}}{\mathrm{OA}}=\dfrac{\boxed{\text{メ}}}{\boxed{\text{モ}}}$ である。また，$\triangle\mathrm{OBC}$ の面積を S，$\triangle\mathrm{ABC}$ の面積を T とすると，$\dfrac{S}{T}=\dfrac{\boxed{\text{ヤ}}}{\boxed{\text{ユ}}\boxed{\text{ヨ}}}$ である。

［3］次の「あ」から「し」までの $\boxed{}$ にあてはまる 0 から 9 までの数字を，解答用紙（ＯＣＲ用紙）に記入せよ。ただし，根号内の平方因数は根号外にくくり出し，分数は既約分数で表すこと。

（1）$A=\{3n-1 \mid 1 \leqq 3n-1 \leqq 300,\ n \text{ は自然数}\}$,
$B=\{4n+1 \mid 1 \leqq 4n+1 \leqq 300,\ n \text{ は自然数}\}$ とする。

このとき，B の要素の個数は $\boxed{\text{あ}}\boxed{\text{い}}$ 個あり，$A\cap B$ の要素の個数は $\boxed{\text{う}}\boxed{\text{え}}$ 個ある。また，$A\cap B$ から 2 つの数を選ぶとき，その和が 190 となる選び方は $\boxed{\text{お}}$ 通りある。

（2）a, a, b, c, d, e, f, g の文字が書かれた 8 枚のカードを横 1 列に並べるとき，

d, e, f の 3 枚のカードがこの順番で隣り合う確率は $\dfrac{\boxed{\text{か}}}{\boxed{\text{き}}\boxed{\text{く}}}$,

b と c のカードが隣り合わない確率は $\dfrac{\boxed{\text{け}}}{\boxed{\text{こ}}}$,

g のカードより左にも右にも a のカードがある確率は $\dfrac{\boxed{\text{さ}}}{\boxed{\text{し}}}$ である。

物理

（60分）

［Ｉ］次の問いの $\boxed{\quad}$ の中の答えを，それぞれの解答群の中から1つずつ選べ。解答群の中の番号は，同じものを何度使ってもよい。解答群の答えが数値の場合は，最も近いものを選べ。

図1のように，電球P，可変抵抗器 R_1，R_2，電源E，スイッチ S_1，S_2 が接続された回路がある。S_1，S_2 は開いておく。また，電源Eの起電力（電位差）を $V_0 = 6\mathrm{V}$，電球Pにかかる電圧を V_L とする。図1に示す I_L，I_1，I_2 は回路を流れる電流であり，矢印の向きに流れる場合を正とする。P，R_1，R_2 にかかる電圧は図1の矢印の向きに電位が下がる場合を正とする。電球Pは図2に示すような電流電圧特性をもつ。

はじめに可変抵抗器 R_1，R_2 の電気抵抗をいずれも20 Ωとする。

(1)　スイッチ S_1 を閉じる。R_1 にかかる電圧は $V_1 = \boxed{\text{ア}}$ と表される。また，オームの法則より $\boxed{\text{ア}} = \boxed{\text{イ}}$ となる。$I_1 = I_L$ であるから V_L と I_L は直線の関係になり，$V_0 = 6\mathrm{V}$ なので図2を用いて $I_L = \boxed{\text{ウ}}$ A，電球の消費電力 $P = \boxed{\text{エ}}$ W である。

(2)　さらにスイッチ S_2 を閉じると R_1 と R_2 の合成抵抗は $\boxed{\text{オ}}$ Ωとなる。経路cdfecおよびabdcaにキルヒホッフの第2法則を適用すると，それぞれ $\boxed{\text{カ}}$，$\boxed{\text{キ}}$ が成り立つ。また点cでキルヒホッフの第1法則を適用すると $\boxed{\text{ク}}$ が成り立つ。以上より，$I_L = \boxed{\text{ケ}}\ I_1$ となる。また，電球Pに流れる電流 $I_L = \boxed{\text{コ}}$ A，ef間の電圧 $V_{ef} = \boxed{\text{サ}}$ V である。

次に可変抵抗器 R_1，R_2 の電気抵抗を変更する。

(3)　R_1 の電気抵抗を30 Ωに変えた。スイッチ S_1 と S_2 の両方を閉じたときに，R_1，R_2 の電気抵抗がいずれも20 Ωであった場合の電球Pの消費電力と，R_1 の電気抵抗を30 Ωに変えた場合の電球Pの消費電力が同じとなるためには R_2 の電気抵抗を $\boxed{\text{シ}}$ Ωとすればよい。このとき，$I_L = \boxed{\text{ス}}\ I_1$ となる。

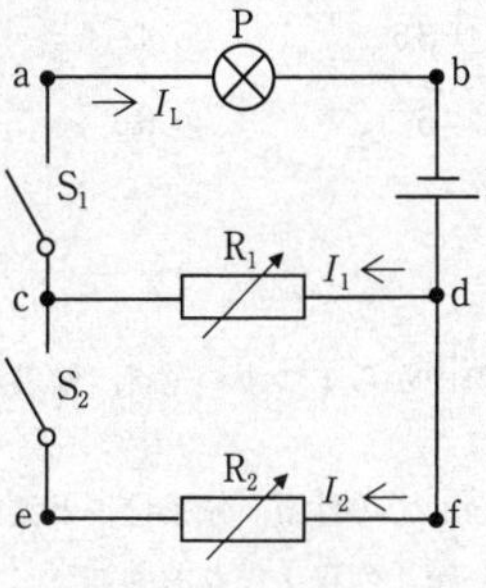

図1

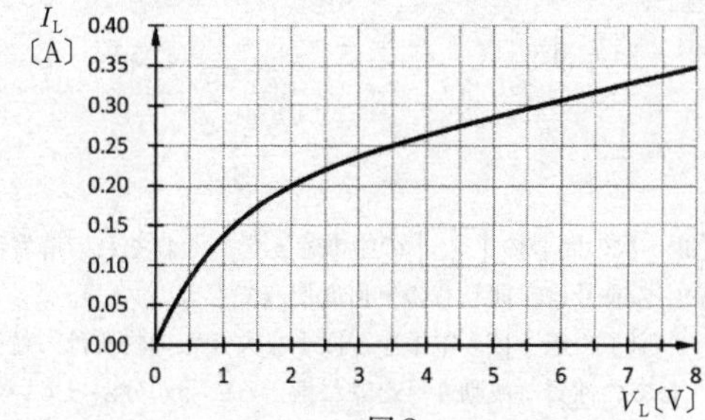

図2

解答群

ア　① V_0　② V_L　③ $\frac{1}{2}V_0$　④ $\frac{1}{2}V_L$　⑤ V_0+V_L
⑥ V_L-V_0　⑦ V_0-V_L　⑧ $\frac{V_0+V_L}{2}$

イ　① $10I_1$　② $20I_1$　③ $\frac{I_1}{10}$　④ $\frac{I_1}{20}$　⑤ $\frac{10}{I_1}$
⑥ $\frac{20}{I_1}$　⑦ I_1　⑧ $2I_1$

ウ, エ, コ
① 0.1　② 0.15　③ 0.2　④ 0.25　⑤ 0.3
⑥ 0.35　⑦ 0.4　⑧ 0.45　⑨ 0.5　⓪ 0.55

オ, シ
① 5　② 10　③ 15　④ 20　⑤ 25
⑥ 30　⑦ 35　⑧ 40　⑨ 45　⓪ 50

カ　① $I_1+I_2=0$　② $I_1-I_2=0$　③ $2I_1+I_2=0$　④ $2I_1-I_2=0$
⑤ $I_1+2I_2=0$　⑥ $I_1-2I_2=0$　⑦ $2I_1+3I_2=0$　⑧ $2I_1-3I_2=0$

キ　① $10I_1+V_L=3$　② $I_1+10V_L=3$　③ $20I_1+V_L=6$　④ $I_1+20V_L=6$
⑤ $20I_1-V_L=6$　⑥ $I_1-20V_L=6$　⑦ $20I_1-V_L=3$　⑧ $5I_1-10V_L=3$

ク　① $I_L+I_1+I_2=0$　② $I_L-I_1+I_2=0$　③ $I_L+I_1-I_2=0$
④ $-2I_L+I_1+I_2=0$　⑤ $I_L-2I_1+I_2=0$　⑥ $I_L+I_1-2I_2=0$
⑦ $-I_L-2I_1+I_2=0$　⑧ $I_L-I_1-I_2=0$

ケ, ス
① 1　② 1.5　③ 2　④ 2.5　⑤ 3
⑥ 3.5　⑦ 4　⑧ 4.5　⑨ 5　⓪ 5.5

[サ]　① 2　② 2.5　③ 3　④ 3.5　⑤ 4
⑥ 4.5　⑦ 5　⑧ 5.5　⑨ 6　⓪ 6.5

［Ⅱ］次の問いの [　　] の中の答えを，それぞれの解答群の中から1つずつ選べ。解答群の中の番号は，同じものを何度使ってもよい。

原子や原子核，電子など微小な大きさの物質は，粒子としての性質（粒子性）と波動としての性質（波動性）を兼ね備えることが分かっている。電子の粒子性と波動性を上手く考え合わせることで水素原子の基礎的な性質を説明できる，ボーアの水素原子モデルを考えよう。以下，hはプランク定数，cは真空中の光速，Gは万有引力定数，kは真空中のクーロンの法則の定数，mは電子の質量，Mは陽子の質量，eは電気素量とする。中性子の質量もMとする。

(1)　電気的に中性な水素原子では，原子核は [ア] で構成され，その周りに [イ] が存在する。

(2)　電子の粒子性による運動量の大きさをp，波動性による波長をλ_eとすると，ド・ブロイの式 $p\lambda_e =$ [ウ] が成立する。ド・ブロイの式は中性子でも陽子でも成立する。

(3)　ボーアの水素原子モデルとは，水素原子を構成する電子のド・ブロイの式に加えて，電子の粒子性と波動性それぞれについて以下の考え方を採用することである。

電子の粒子性：電子は，原子核との間に働くクーロン力を向心力とする等速円運動をすると考える。円軌道の中心には，電子よりも質量が2000倍程度も大きい原子核が位置すると考える。この円運動の半径をr，速さをvとすると，クーロン力の大きさ $F=$ [エ] であり，等速円運動の運動方程式は $F=$ [オ] である。また，電子の運動量の大きさ $p=$ [カ] ，運動エネルギー $K=$ [キ] ，無限遠を基準とする電気力による位置エネルギー $U=$ [ク] である。以上から，電子の力学的エネルギーEをrを使って表すと，$E=$ [ケ] となる。

電子の波動性：電子は，半径rの円軌道上で定常波になっていると考える。この円軌道上にn個（nは自然数）の波長が収まるような定常波の場合，その波長をλ_eとすると，軌道半径 $r=$ [コ] となる。

(4)　電子の粒子性の運動方程式 $F=$ [オ] ，波動性による関係式 $r=$ [コ] ，そしてド・ブロイの式 $p\lambda_e =$ [ウ] の3つをr，v，λ_eを求める連立方程式と考えて解くと，波動性の考えで現れる自然数nを使って円軌道半径$r(n)$が求まる。この$r(n)$を電子の力学的エネルギー $E=$ [ケ] に代入すると，自然数nを使って$E(n)$が求まる。この手順の計算結果は，以下のようになる。

$$r(n) = \boxed{\text{サ}} \times n^2 \quad , \quad E(n) = \frac{\boxed{\text{シ}}}{n^2}$$

これがボーアの水素原子モデルによる電子の軌道半径と力学的エネルギーである。

(5)　水素原子を構成する電子が最も半径の小さな円軌道上を運動する状況で，何らかの方法（例えば光を照射するなど）で電子にエネルギーを与えて，電子を無限遠にまで飛ばすこと（水素原子のイオン化）ができる。この現象を実現するために電子に与えるエネルギーはある値 E_0 以上でないといけない。この最小値 $E_0 = \boxed{\text{ス}}$ である。また，このエネルギー E_0 を光の照射で与える場合，その光の波長 λ_0 はアインシュタインの光量子の式より $\lambda_0 = \dfrac{\boxed{\text{セ}}}{E_0}$ である。

(6) ボーアの水素原子モデルにおける電子の粒子性の考え方で，等速円運動の向心力としてクーロン力は働かず，原子核と電子の間の万有引力が働くと想定してみよう。波動性の考え方とド・ブロイの式は変更しない。この場合の円軌道半径を R とすると，波動性の考えで現れる自然数 n を使って $R(n) = \dfrac{h^2n^2}{4\pi^2 \times \boxed{\text{ソ}}}$ となる。

解答群

[ア]，[イ]

① 電子１つ　② 陽子１つ　③ 中性子１つ　④ 電子２つ　⑤ 陽子２つ
⑥ 中性子２つ　⑦ 電子と陽子１つずつ　⑧ 電子と中性子１つずつ
⑨ 陽子と中性子２つずつ　⓪ 電子と陽子と中性子１つずつ

[ウ]，[セ]

① 1　② c　③ h　④ $\dfrac{1}{c}$　⑤ $\dfrac{1}{h}$
⑥ hc　⑦ $\dfrac{h}{c}$　⑧ $\dfrac{c}{h}$　⑨ $\dfrac{1}{hc}$　⓪ 0

[エ]，[ク]，[ケ]

① $\dfrac{ke}{r}$　② $-\dfrac{ke}{r}$　③ $\dfrac{ke^2}{r}$　④ $-\dfrac{ke^2}{r}$　⑤ $\dfrac{ke^2}{r^2}$
⑥ $-\dfrac{ke^2}{r^2}$　⑦ $\dfrac{ke^2}{2r}$　⑧ $-\dfrac{ke^2}{2r}$　⑨ $\dfrac{ke^2}{2r^2}$　⓪ $-\dfrac{ke^2}{2r^2}$

[オ]，[カ]，[キ]

① mv　② $\dfrac{mv}{2}$　③ mv^2　④ $\dfrac{mv^2}{2}$　⑤ $\dfrac{mv}{r}$
⑥ $\dfrac{mv^2}{r}$　⑦ mrv　⑧ mr^2v　⑨ mrv^2　⓪ mr^2v^2

[コ]　① λ_e　② $n\lambda_e$　③ $\dfrac{\lambda_e}{n}$　④ $\dfrac{n}{\lambda_e}$　⑤ $\dfrac{1}{n\lambda_e}$
⑥ $\sqrt{\dfrac{n\lambda_e}{\pi}}$　⑦ $\sqrt{\dfrac{\lambda_e}{n\pi}}$　⑧ $2\pi n\lambda_e$　⑨ $\dfrac{\lambda_e}{2\pi n}$　⓪ $\dfrac{n\lambda_e}{2\pi}$

[サ]，[シ]，[ス]

① $\dfrac{h^2}{mke^2}$　② $\dfrac{h^2}{4\pi^2mke^2}$　③ $\dfrac{h^2c^2}{mke^2}$　④ $\dfrac{h^2c^2}{4\pi^2mke^2}$　⑤ $\dfrac{mk^2e^4}{h^2}$
⑥ $-\dfrac{mk^2e^4}{h^2}$　⑦ $\dfrac{mk^2e^4}{2h^2}$　⑧ $-\dfrac{mk^2e^4}{2h^2}$　⑨ $\dfrac{2\pi^2mk^2e^4}{h^2}$　⓪ $-\dfrac{2\pi^2mk^2e^4}{h^2}$

$\boxed{\text{ソ}}$　① Ge^2　② mGe^2　③ cGe^2　④ $mcGe^2$　⑤ GMm
⑥ GM^2m　⑦ GMm^2　⑧ GM^2m^2　⑨ $GcMm$　⓪ $GcMme^2$

［Ⅲ］次の問いの $\boxed{}$ の中の答えを，それぞれの解答群の中から１つずつ選べ。解答群の中の番号は，同じものを何度使ってもよい。

図１のように，粗い水平面上に質量 M で密度が均一な直方体の物体Ｐを置く。図２に示すように，直方体の各辺 AB，AC，AA′ の長さはそれぞれ L_1，L_2，L_3 であり，$L_1 > L_2$ とする。$\angle \mathrm{ABC} = \alpha$ とする。上部の辺 AA′ の中点Ｏに糸を付け，AA′ と垂直に水平方向に大きさ F の張力で引く。徐々に F を強くしていくと，張力の大きさが F_0 を超えた直後に，物体Ｐは水平面上をすべることなく傾き始めた。重力加速度の大きさを g とする。直方体が面で水平面と接触している場合と，直方体が辺で水平面と接触している場合で，最大静止摩擦力の大きさは同じ静止摩擦係数 μ で表せるとする。力のモーメントの符号は，図１または図３において反時計回りを正とする。

(1)　まず，水平面上に物体Ｐを置き，糸で引き始める前（$F=0$）の状況を考える。この状況では，物体Ｐに作用する重力の大きさ W は $\boxed{\text{ア}}$ ，垂直抗力の大きさ N は $\boxed{\text{イ}}$ ，静止摩擦力の大きさ R は $\boxed{\text{ウ}}$ である。

(2)　次に糸で引き始めて（$F>0$），物体Ｐが傾き始める前の状況を考える。この状況での静止摩擦力の大きさ R は $\boxed{\text{エ}}$ である。

(3)　次に物体Ｐがすべることなく傾き始めた直後の，静止している状況を考える。この場合の張力の大きさは F_0 である。この状況では，力のモーメントのつり合いと，力のつり合いが成り立つ。辺 BB′ のまわりでの張力のモーメントは $\boxed{\text{オ}}$ ，重力のモーメントは $\boxed{\text{カ}}$ ，垂直抗力と摩擦力のモーメントはともに $\boxed{\text{キ}}$ である。したがって，力のモーメントのつり合い式 $\boxed{\text{オ}} + (\boxed{\text{カ}}) + (\boxed{\text{キ}}) \times 2 = 0$ が成り立つ。この方程式から，$F_0 = \boxed{\text{ク}} \times Mg$ と求まる。物体Ｐがすべることなく傾き始めるためには，この状況での静止摩擦力が最大静止摩擦力より小さくなければならないので，静止摩擦係数 μ は $\mu > \boxed{\text{ケ}}$ を満たす必要がある。

(4)　問い(3)の状況からさらに糸を引き，図３のように物体Ｐが水平面から角度 θ だけ傾いて静止している状況を考える。糸は水平方向に保たれているとする。この状況では，辺 BB′ のまわりでの張力のモーメントは $\boxed{\text{コ}}$ ，重力のモーメントは $\boxed{\text{サ}}$ である。力のモーメントのつり合いと力のつり合いから，張力の大きさ $F = \boxed{\text{シ}} \times Mg$ ，静止摩擦力の大きさ $R = \boxed{\text{ス}} \times Mg$ と求まる。

(5)　問い(4)の状況からさらに糸を引いていき，物体Ｐの水平面からの傾き角 θ が $\boxed{\text{セ}}$ より大きくなると，反時計回りに回転して転倒してしまう。

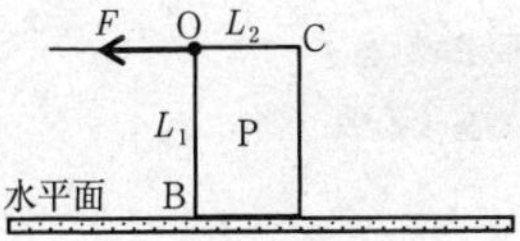

図 1

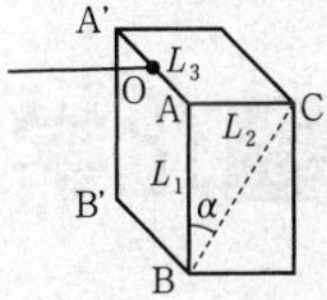

図 2

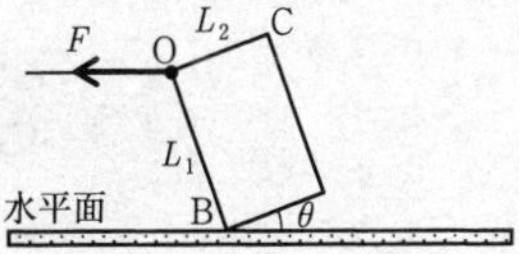

図 3

解答群

ア , イ , ウ

① g　② M　③ Mg　④ $\frac{1}{2}Mg$　⑤ μMg

⑥ gL_1　⑦ ML_1　⑧ MgL_1　⑨ $\frac{1}{2}MgL_1$　⓪ 0

エ　① g　② F　③ Mg　④ μg　⑤ μMg　⑥ μF

オ , カ , キ

① F_0L_1　② $-F_0L_1$　③ $\frac{F_0L_1}{2\cos\alpha}$　④ $-\frac{F_0L_1}{2\cos\alpha}$　⑤ $\frac{MgL_2}{2}$

⑥ $-\frac{MgL_2}{2}$　⑦ $\frac{MgL_1}{2\cos\alpha}$　⑧ $-\frac{MgL_1}{2\cos\alpha}$　⑨ $\frac{\mu MgL_1}{2\cos\alpha}$　⓪ 0

ク , ケ

① 1　② $\frac{L_2}{L_1}$　③ $\frac{L_1}{L_2}$　④ $\frac{L_2}{2L_1}$　⑤ $\frac{L_1}{2L_2}$

⑥ $\frac{1}{2\cos\alpha}$　⑦ $\frac{1}{2\sin\alpha}$　⑧ $2\cos\alpha$　⑨ $2\sin\alpha$　⓪ 0

コ , サ

① $FL_1\sin\theta$　② $-FL_1\sin\theta$　③ $FL_1\cos\theta$　④ $-FL_1\cos\theta$

⑤ $\frac{1}{2}MgL_2\sin\theta$　⑥ $-\frac{1}{2}MgL_2\sin\theta$　⑦ $\frac{MgL_1\sin(\alpha-\theta)}{2\cos\alpha}$

⑧ $-\frac{MgL_1\sin(\alpha-\theta)}{2\cos\alpha}$　⑨ $\frac{MgL_1\cos(\alpha-\theta)}{2\cos\alpha}$　⓪ $-\frac{MgL_1\cos(\alpha-\theta)}{2\cos\alpha}$

シ , ス

① $\frac{\sin\theta}{2\cos\alpha}$　② $\frac{\cos\theta}{2\sin\alpha}$　③ $\frac{\sin(\alpha-\theta)}{2\cos\alpha}$　④ $\frac{\cos(\alpha-\theta)}{2\sin\alpha}$　⑤ $\frac{\sin(\alpha-\theta)}{2\cos\alpha\cos\theta}$

⑥ $\frac{\cos(\alpha-\theta)}{2\sin\alpha\sin\theta}$　⑦ $\frac{\cos(\alpha-\theta)}{2\cos\alpha\cos\theta}$　⑧ $\frac{\sin(\alpha-\theta)}{2\cos\alpha\sin\theta}$　⑨ $\frac{\sin(\alpha-\theta)}{2\sin\alpha\cos\theta}$

セ　① α　② $\frac{\pi}{2}-\alpha$　③ $\frac{\alpha}{2}$　④ $\sin\alpha$　⑤ $\cos\alpha$　⑥ $\tan\alpha$

化学

（60分）

原　子　量

H：1.0　　C：12.0　　N：14.0　　O：16.0
Na：23.0　　I：126.9

［Ｉ］ 問(1)〜(8)に答えよ。また，問(9)〜(12)については，４問のうち２問を選択し答えよ。答は１〜５のなかから選び，１〜５の数字を解答用紙（OCR用紙）のそれぞれの問番号の解答欄に記入せよ。ただし，当てはまる答が２つある場合は数字を２つ記入し，答が１つしかない場合はその数字と０を記せ。なお，解答欄に記入する数字の順序は問わない。

(1) 組成式に２価の陽イオンを含むイオン結合性物質はどれか。

1 硫酸ナトリウム　　2 炭酸カルシウム　　3 水酸化アルミニウム
4 硫化亜鉛　　5 塩化アンモニウム

(2) 水溶液が塩基性を示すものはどれか。

1 $C_6H_5NH_2$　　2 C_6H_5OH　　3 CH_3CHO
4 CH_3COCH_3　　5 CH_3COONa

(3) 共有電子対の数と非共有電子対の数が等しい分子はどれか。

1 CO_2　　2 NH_3　　3 CH_4　　4 H_2S　　5 N_2

(4) ハロゲンの単体について，酸化作用の強さの比較が正しいものはどれか。

1 $F_2 < Cl_2$　　2 $Cl_2 < I_2$　　3 $Cl_2 < F_2$　　4 $Br_2 < I_2$　　5 $Br_2 < Cl_2$

(5) 周期表と元素の性質について，間違っている記述はどれか。

1 同族元素では，第１イオン化エネルギーは下の周期ほど小さい。

2 同一周期に属する原子の第１イオン化エネルギーは，貴ガスが最も小さい。

3　遷移元素は全て金属元素である。

4　同じ電子配置を持つイオンでは，原子番号が大きいほどイオン半径は小さい。

5　貴ガス原子の最外殻電子数はすべて8である。

(6)　次の陽イオンを含む酸性溶液に硫化水素を吹き込んだとき，沈殿が生じるものはどれか。

1　Al^{3+}　　2　Zn^{2+}　　3　Cu^{2+}　　4　Ca^{2+}　　5　Na^{+}

(7)　カルボキシ基をもたない芳香族化合物はどれか。

1　安息香酸　　2　ベンゼンスルホン酸　　3　テレフタル酸

4　サリチル酸メチル　　5　アセチルサリチル酸

(8)　アミノ酸の性質として，正しい記述はどれか。

1　塩基としての性質のみを示す。

2　酸としての性質のみを示す。

3　水中で双性イオンになることができる。

4　アミノ酸の水溶液に酸を加えるとアミノ酸は陰イオンになる。

5　アミノ酸の水溶液に水酸化物イオンを加えるとアミノ酸は陰イオンになる。

(9)　金属結晶の構造について，正しい記述はどれか。

1　六方最密構造の配位数は12である。

2　体心立方格子の配位数は6である。

3　面心立方格子の単位格子に含まれる原子の数は2である。

4　面心立方格子の充填率は74%である。

5　体心立方格子と六方最密構造は充填率が同じである。

(10)　結合の極性が，H-Oより大きいものはどれか。なお，電気陰性度の値はHが2.2, Cが2.6, Nが3.0, Oが3.4, Fが4.0とする。

1　H-N　　2　H-F　　3　C-O　　4　N-O　　5　F-F

(11)　ポリアミドに分類される合成繊維はどれか。

1　アクリル繊維　　2　アラミド繊維　　3　ポリエステル

4　ナイロン66　　5　炭素繊維

(12)　球状タンパク質に分類されるものはどれか。

1　ケラチン　　2　コラーゲン　　3　アルブミン

4　グロブリン　　5　フィブロイン

［Ⅱ］ 問(1)～(10)に答えよ。解答は１～７のなかから最も近い値を選び，１～７の数字を解答用紙（OCR用紙）の解答欄に記入せよ。必要があれば，アボガドロ定数として 6.0×10^{23}/mol を使え。

(1) アンモニア 51 g の物質量は何 mol か。

１ 1.7　２ 2.0　３ 3.0　４ 3.4　５ 3.7　６ 4.0　７ 5.1

(2) 問(1)と同じ物質量のアンモニアに含まれる水素原子の数は何個か。

１ 1.8×10^{23}　２ 3.6×10^{23}　３ 5.4×10^{23}　４ 1.8×10^{24}　５ 3.6×10^{24}
６ 5.4×10^{24}　７ 1.8×10^{25}

(3) 水 100 g に対する硝酸カリウムの溶解度は，20 ℃で 32，80 ℃で 170 である。80 ℃の硝酸カリウムの飽和水溶液 300 g を 20 ℃に冷却した際に析出する硝酸カリウムの結晶は何 g か。

１ 96　２ 117　３ 138　４ 153　５ 176　６ 189　７ 210

(4) 質量が不明の 80 ℃の硝酸カリウムの飽和水溶液を，20 ℃に冷却したところ，硝酸カリウムの結晶が 30 g 析出した。元の 80 ℃の硝酸カリウムの飽和水溶液の質量は何 g か。なお，水 100g に対する硝酸カリウムの溶解度は問(3)と同じとする。

１ 40　２ 42　３ 49　４ 52　５ 59　６ 69　７ 89

(5) メタノール（液体）を完全燃焼したところ，3.6 g の水（液体）が生じ，発生した熱量は 72.6 kJ であった。メタノールの燃焼熱は何 kJ/mol か。

１ 51.2　２ 72.6　３ 145　４ 363　５ 512　６ 726　７ 1450

(6) 二酸化炭素（気体）と水（液体）の生成熱はそれぞれ，394 kJ/mol，286 kJ/mol である。メタノール（液体）の生成熱は何 kJ/mol か。問(5)の答を用いて求めてよい。

１ 46　２ 108　３ 213　４ 240　５ 343　６ 394　７ 486

(7) 試験管中の水にアセトアルデヒドを溶かし，ヨウ素を加え，0.50 mol/L の水酸化ナトリウム水溶液を 0.10 mL 滴下したところ，次式のヨードホルム反応が生じた。

$$CH_3CHO + 4NaOH + 3I_2 \rightarrow CHI_3 + HCOONa + 3NaI + 3H_2O$$

水酸化ナトリウムがすべて反応に消費されたとすると，消費されたヨウ素 I_2 は何 mol か。ただし，アセトアルデヒドとヨウ素は十分に多いものとする。

１ 4.0×10^{-6}　２ 7.5×10^{-6}　３ 3.8×10^{-5}　４ 5.0×10^{-5}
５ 6.7×10^{-5}　６ 7.6×10^{-5}　７ 1.1×10^{-4}

(8)　問(7)で生じたヨードホルム CHI_3 の質量は何 mg か。

1　4.9　　2　5.2　　3　7.0　　4　10.0　　5　12.7　　6　13.1　　7　19.7

(9)　濃度 2.5×10^{-3} mol/L の水酸化カルシウム水溶液が 100 mL ある。この水溶液中の水酸化物イオンの物質量は何 mol か。なお，水酸化カルシウムは水中で完全に電離しているものとする。

1　1.3×10^{-4}　　2　2.5×10^{-4}　　3　5.0×10^{-4}　　4　1.3×10^{-3}
5　2.5×10^{-3}　　6　5.0×10^{-3}　　7　1.3×10^{-2}

(10)　問(9)の水酸化カルシウム水溶液の，25 ℃ における pH を求めよ。なお，25 ℃における水のイオン積は 1.0×10^{-14} mol^2/L^2 とし，$\log_{10}2 = 0.3$，$\log_{10}5 = 0.7$ を用いてよい。

1　2.3　　2　2.6　　3　7.0　　4　10.4　　5　10.7　　6　11.3　　7　11.7

問四　次のA～Dの空欄に入れるのに最も適当な漢字を、後の1～0の中からそれぞれ一つずつ選び、番号で答えよ。Dの二箇所の空欄には同じ漢字が入る。ただし、同じものを二度以上用いてはならない。

A　□出鬼没

B　疑□暗鬼

C　朝□暮改

D　有□無□

1　象　　2　心　　3　礼　　4　進　　5　像

6　信　　7　造　　8　神　　9　令　　0　真

問二　次のA〜Dの意味にあたる言葉を、後の1〜8の中からそれぞれ一つずつ選び、番号で答えよ。ただし、同じものを二度以上用いてはならない。

A　一時の間に合わせ

B　おもしろい気のきいた言葉

C　あきらめの気持ち

D　無用のもの

1　諧謔《かいぎゃく》　2　傾倒　3　狡猾《こうかつ》　4　姑息《こそく》　5　蹂躙《じゅうりん》　6　追従　7　諦念《ていねん》　8　反故《ほご》

問三　次のA〜Cと近い意味をもつ言葉を、後の1〜6の中からそれぞれ一つずつ選び、番号で答えよ。ただし、同じものを二度以上用いてはならない。

A　歯牙《しが》にもかけない

B　肝胆相照らす

C　流れに棹《さお》さす

1　時流に乗る　2　風潮に逆らう　3　無視する

4　目の中に入れても痛くない　5　醜態をさらす　6　意気投合する

3　地図の書き手が小説の作者ほど重視されないのは、地図が小説よりも書き手から独立したものだと見なされているからである。

4　文学の歴史の中で批評家に作者と匹敵するほどの重要な位置が与えられるようになったのは、テクスト論のおかげである。

5　テクスト論の立場に立つ論者たちが「作者の死」を主張してきたのは、文学テクストにおける読者の重要性を強調するためである。

［三］　次の問い（問一～四）に答えよ。

問一　次のA～Dのカタカナ語の意味として最も適当なものを、後の1～8の中からそれぞれ一つずつ選び、番号で答えよ。ただし、同じものを二度以上用いてはならない。

A　エモーショナル

B　ニヒリスティック

C　パラドキシカル

D　ラジカル

1　逆説的　　2　常識的　　3　急進的　　4　保守的

5　充足的　　6　虚無的　　7　理性的　　8　情緒的

問五　傍線部④「地図の使用者たち」とあるが、筆者は「地図の使用者たち」についてどのように捉えているか。その説明として最も適当なものを、次の1～5の中から一つ選び、番号で答えよ。

1　本来は地図の存立を支える重要な存在であるにもかかわらず、地図に表象されている情報を客観的に読み取り、利用するだけの存在としか考えられていない。

2　「正しさ」や「有用性」において評価される地図を使用することで、その「正しさ」や「有用性」を実証するという意味で、地図にとって重要な存在である。

3　製作者が地図に表現した世界観や人びとの世界との関わり方を正確に読み取るという意味で、文学テクストの読者に匹敵する重要な役割を果たす存在である。

4　実際には地図を多様に解釈し、その意味生成に積極的に関わっているにもかかわらず、地理的情報をただ客観的に読み取るだけの存在だと見なされている。

5　地図に表象されている世界観や社会観を読み取ろうとはせず、自分が必要とする地理的情報だけを見て、それを利用するだけの存在に成り下がっている。

問六　本文の内容に合致するものを、次の1～5の中から一つ選び、番号で答えよ。

1　古地図や異文化・異社会の地図を美術品や工芸品として見るのは邪道以外の何ものでもなく、地図として見るべきである。

2　昔の地図には製作者の名前が付いていることからわかるように、昔は今よりもずっと製作者の重要性が人びとに認識されていた。

1　各時代、各地域の世界観や社会観を地図に投影する存在だと見なされること。
2　世界を客観的に写し取るだけのニュートラルな存在だと見なされること。
3　地図が完成した後には意識されることがなくなる存在だと見なされること。
4　製作した地図の「正しさ」と「有用性」で評価される存在だと見なされること。
5　地図の存立と意味作用を背後から支えている存在だと見なされること。

問四　傍線部③「テクスト論」とあるが、「テクスト論」の考え方の説明として最も適当なものを、次の1～5の中から一つ選び、番号で答えよ。

1　文学テクストは、作者が自らの内部にあるものを表現したものなので、読者が解釈を通してそれを捉えるように試みるべきものである。
2　文学テクストは、作者が制作過程で想像力を駆使して生成した意味を、完成後は読者が多様な解釈を通して発展させるべきものである。
3　文学テクストは、著者が何かを表現するために創造したので、読者が作者の意図や思想をその中に見出すように努めるべきものである。
4　文学テクストは、書かれたとたんに作者だけではなく読者にも属するものになるので、読者が作者の意図を踏まえつつ解釈すべきものである。
5　文学テクストは、完成した後には作者から切り離され、読者が作者の意図には縛られずに様々な解釈の可能性を追求すべきものである。

問一　空欄 A ～ D に入れるのに最も適当なものを、次の1～5の中からそれぞれ一つずつ選び、番号で答えよ。ただし、同じものを二度以上用いてはならない。

1 周辺　　2 自律　　3 専制　　4 特権　　5 媒体

問二　傍線部①「古地図や異文化・異社会の地図を見る時ですら、地図はただ眺められるのではなく、地図として見られ、使われている」とあるが、「古地図や異文化・異社会の地図」が「地図として見られ」るとはどういうことか。その説明として**適当ではないもの**を、次の1～5の中から一つ選び、番号で答えよ。

1 過去の時代や異なる文化・社会圏における世界の全体像を見出すこと。
2 過去の時代や異なる文化・社会圏における世界観や社会観を見出すこと。
3 過去や異文化・異社会の人びとの世界との関わり方を見出すこと。
4 古地図や異文化・異社会の地図に地図の製作者の名前を見出すこと。
5 古地図や異文化・異社会の地図に様々な地理的情報を見出すこと。

問三　傍線部②「地図には、その言説としての在り方によって、製作者や使用者の存在を希薄にしてしまうメカニズムがある」とあるが、「製作者」の「存在を希薄にしてしまう」とは、「製作者」がどのような存在だと見なされることか。その説明として最も適当なものを、次の1～5の中から一つ選び、番号で答えよ。

ト論は文学テクストにそもそも内在していたこの「解釈」という問題を書き手の意図や［D］から解き放ち、テクストに立脚する限りで多様な読みの可能性を開こうとするのであり、そこでは作者に代わって読者が、文学テクストの意味生成に関わる主体として現れるのである。

地図というテクストの場合、ここまで論じてきた作り手と使い手の重要性にもかかわらず、文学テクストよりもはるかに書き手や作り手から自律した表象の場と見なされるのが普通である。小説や詩やノンフィクションとは異なり、地図製作者は「著者」や「作者」とは普通呼ばれない。それは、地図がその書き手や作り手よりも、それが代理＝表象する世界との関係における「正しさ」や「有用性」において評価されるテクストであって、作り手の内部に由来する何かを創造し、表現するテクストとは見なされていないからである。そこでは書き手や製作者がしばしば世界を想像的に制作しているにもかかわらず、当該の社会の中では彼らはあくまで世界を写し取り、表象する、理想的には透明であるべき媒体の位置にあるにすぎないと考えられている。そしてまたそこでは④地図の使用者たちも、文学テクストにおける読者のような積極的な位置を与えられることは普通ない。「読図」という言葉があるけれど、それは地図上の地理的な情報をいわば客観的に読み取り、地表上の諸現象と対応させる営みなのであって、文学テクストが許容するような多様な解釈と意味の生成が期待されているわけではない。

かくして地図においては、その存立と意味作用を支える世界との関わりの主体である製作者も使用者も、彼ら自身の声を発して自らを表現することなく、世界のあり方を伝え、それを受け取り、正確に読み取ることに専心するために沈黙する。その沈黙の中で、地図はそれ自身が世界との照応関係にあるかのように自足して現れて、作り手はその照応に媒体として奉仕し、使い手はそこに表象された世界を事実や真理として受け取り、利用する。こうして地図の両側で、地図が地図であることを支えていた主体は希薄化され、地図を手にするたびに人はその座に自らを置いているにもかかわらず、その場所は盲点のように視界から排除されてしまうのである。

（若林幹夫『地図の想像力』より）

地図に作り手がいることなど、とりたてて言うまでもない自明なことではないか、と思われるかもしれない。使い手についても同様だ。多くの場合、人はなんらかの必要があって地図を見、使用するのであって、地図を見る人がその時地図の使い手であるのは自明のことだ。①古地図や異文化・異社会の地図を見る時ですら、地図はただ眺められるのではなく、地図として見られ、使われている。だが、にもかかわらず②地図には、その言説としての在り方によって、製作者や使用者の存在を希薄にしてしまうメカニズムがある。ここで言いたいのは、そのことだ。

地図の製作者と使用者を文学的なテクストにおける書き手や読み手と比べてみると、このことはよく分かる。

文学テクストにおいては普通、作者がきわめて重要な位置を与えられている。今日の文学理論や批評では、③テクスト論の名の下に、作者に対する文学テクストの［ B ］性を主張する立場もある。だが、そうした立場に立つ論者たちがロラン・バルト以来、繰り返し「作者の死」を述べなくてはならなかったことは、通常の文学理解において作者に与えられる大きな位置と意味を、むしろ照らし出している。文学テクストとは、著者が何かを表現すべく創造し、その名の下に書き上げた作品なのだ。少なくとも、この社会では文学テクストはそのようなものだと理解されており、この点においてそれは、書き手の表現とは見なされない法律の条文や公文書や交通標語などとは異なっている。

文学テクストでは同時にまた、読者にもきわめて重要な位置が与えられてきた。文学テクストは読者によって解釈されなくてはならず、読者はそれによって世界や社会の実相を発見させられたり、心動かされたり、現実の世界におけるなんらかの行動に駆り立てられたりするものだとされている。読者のこの立場を作者よりも優位に置くのがテクスト論である。テクスト論において文学テクストは、書かれたとたんに書き手にとっても他者となり、そこに書かれた文字列が書き手の意思を離れ、読み手の解釈行為の中で多様な意味作用を始めるものとされる。だがテクスト論の立場に立たなくとも、文学テクストの中に書き手の意図や思想や人生を見出すのは、読み手による、時としてかなりの努力を要する解釈によると見なされるのが普通である。そうであるがゆえに、文学の歴史の中では「批評家」と呼ばれる［ C ］的な読者＝解釈者が、時に作者＝書き手と肩を並べかねない重要な位置を与えられてきたのである。テクス

［二］　次の文章を読んで、後の問い（問一〜六）に答えよ。

古地図や異文化・異社会の地図を、私たちは確かに〝普通の地図〟のようには使わない。だがしかし、だからといってそれらがもう地図ではないということにはならない。

たとえば、歴史家や愛好家が過去の時代や異文化・異社会で作られた世界図や地域図や経路図を見る時、そこでは過去の時代や異なる文化・社会圏における地理的世界の全域的な像が見出されていると同時に、そのような形で世界を全域化し、表象する世界観や社会観が見出され、さらにまた、そうした世界観や社会観、地理的情報と共にある過去や異文化・異社会の人びとの世界との関わりのあり方が見出されている。そこでは、地図というメディアを通じて、それらの地図が作られた時の製作者たちの意図を超えて、過去や異文化や異社会を読むという想定外の使用者たちの視線の中で、地図は当初あったものとは異なる意味作用を始めるのだ。

そうであるならば、古地図や異文化・異社会の地図を地図たらしめているのは、それらが地図として描かれ、作られたということだけではない。「美術品や工芸品としてではなく地図として見る」という使用法でそれらの地図に臨む「鑑賞者」や「愛好家」や「研究者」と呼ばれる使用者たちもまた、それらを地図たらしめているのである。

だがしかし、地図を地図たらしめる、こうした作り手や使い手たちの存在は、地図というメディアの言説としての編成においてしばしば [A] 化され、見失われる。

もちろん、少なからぬ地図はそれを作った人びとの名が知られている。「オウグルビーの図」や「カッシニ図」、「伊能図」や「クックの地図」などのように、地図の通称の中にその作り手が名を残すこともある。アトラスの時代のオランダの地図製作者も、彼らに先立って地図情報の収集を進めたポルトガル王子エンリケの名も、さらにまたあのプトレマイオスの名も、地図の歴史に燦然《さんぜん》と輝いている。学校で使った地図帳にも監修者の名前が奥付に書かれていただろうし、出版社や発行人の名前しか書かれていない市販の様々な地図にも無論のこと作り手がおり、さらにその基礎情報は国土地理院を始めとする専門機関の活動に基づくことも分かっている。したがって

1 「科学的証拠」は、一方では信頼されているが、もう一方では疑われているということ。

2 「科学的証拠」は、他の「証拠」と比べると、信頼性がはるかに高いということ。

3 「科学的証拠」は、将来はわからないものの、今の時点では確実だと言えるということ。

4 「科学的証拠」は、過去と比べて、現在のほうが確実性が増しているということ。

5 「科学的証拠」は、今は確実でも、将来には不確実だと見なされてしまうということ。

問七　本文の内容に合致するものを、次の1～5の中から一つ選び、番号で答えよ。

1 不信の対象になっている「科学的証拠」が信頼を回復するためには、それが「誤謬」や「嘘《うそ》」に晒《さら》されていることを認め、それらをコントロールすることが必要である。

2 現代社会では原発事故やパンデミックに象徴されるように、科学技術が様々な「リスク」を生み出していることが、「科学的証拠」が不信に晒されるようになった原因である。

3 「科学的証拠」をめぐって楽観的な見方と悲観的な見方が生まれたことには、二〇世紀になって科学技術の正の側面と負の側面とが明らかになったことが関係している。

4 マスメディアやインターネットには「フェイクニュース」や「科学否定論」が横行しており、それらは科学の通説や「科学的証拠」を全否定するだけの場になっている。

5 二一世紀になって「エビデンス」というカタカナ語が使われるようになったのは、二〇世紀に「科学的証拠」には「誤謬」の可能性があることが明らかになったからである。

3　現代社会の問題について専門家の意見が対立することが多いため、人々は何を信じるかを「科学的根拠」に求めるようになったから。

4　現代社会では科学否定論が目立つようになったため、科学を信じる人々がこれまで以上に「科学的根拠」を求めるようになったから。

5　現代社会では様々な情報が錯綜《さくそう》しているため、それぞれの情報が事実かどうかの立証を「科学的根拠」に求めるようになったから。

問五　傍線部②「『科学的証拠』が万能かと言えば、そんなことはない」とあるが、『科学的証拠』が万能」ではない理由の説明として**適当ではないもの**を、次の**1**〜**5**の中から一つ選び、番号で答えよ。

1　「科学的証拠」は絶対に確実とは言えず、誤謬《ごびゅう》である可能性があるから。

2　今は「科学的証拠」と認められていても、そうでなくなる可能性があるから。

3　間違いとされていた情報が再評価されて、「科学的証拠」になることがあるから。

4　「科学的証拠」を拒絶する科学否定論などの動きが広がっているから。

5　「科学的証拠」と見なされているものが、捏造《ねつぞう》である可能性があるから。

問六　傍線部③「相対的には確かな『証拠』なのである」とあるが、「科学的証拠」が「相対的には確かな『証拠』なのである」とはどういうことか。その説明として最も適当なものを、次の**1**〜**5**の中から一つ選び、番号で答えよ。

X
1　「科学的根拠」をまずは信じ、のちにそれを疑うこと
2　「科学的証拠」を疑わず、かつ同時に、それを信じないこと
3　「科学的証拠」を疑い、それを過信したり、盲信したりしないこと
4　「科学的証拠」を拒否することなく、それを信じること
5　「科学的証拠」を信じすぎず、かつ同時に、それを疑いすぎないこと

Y
1　信じるか疑うかの二律背反
2　信じるか疑うかのバランス
3　信じるか疑うかの二者択一
4　信じるか疑うかのジレンマ
5　信じるか疑うかの二項対立

問四　傍線部①「私たちの生きる社会が『科学的証拠』にますます強く依存するようになった」とあるが、それはなぜか。その説明として最も適当なものを、次の1〜5の中から一つ選び、番号で答えよ。

1　現代社会は様々なリスクをはらんでおり、人々はそれを回避するためにとられる対策の「科学的根拠」を求めるようになったから。
2　現代社会ではフェイクニュースが増えており、人々はニュースの真偽を判定する基準として「科学的根拠」を求めるようになったから。

(ウ)　シンコク

1　罪をコクハクする。
2　障害をコクフクする。
3　発車のジコクが迫る。
4　筆跡がコクジする。
5　シッコクの闇。

(エ)　ジュウトク

1　トクジツな人柄。
2　ジントクのある人。
3　犯人をイントクする。
4　トクヒツに値する事柄。
5　借金のトクソク。

(オ)　インボウ

1　タボウな毎日を送る。
2　一切をボウキャクする。
3　国外にトウボウする。
4　ムボウな計画。
5　ボウサイ対策。

問二　空欄［A］～［D］に入れるのに最も適当なものを、次の1～5の中からそれぞれ一つずつ選び、番号で答えよ。ただし、同じものを二度以上用いてはならない。

1　しかし　2　だから　3　つまり　4　なぜなら　5　もちろん

問三　空欄［X］・［Y］に入れるのに最も適当なものを、次の各群の1～5の中からそれぞれ一つずつ選び、番号で答えよ。

「科学的証拠」は、確かに「誤謬」や「嘘」に晒されている。過去の「科学的証拠」が覆されることも稀《まれ》ではないし、実は捏造かもしれない。しかし、だからといって、その全てが信頼できないわけではない。それどころか、他の「証拠」と比べると、「科学的証拠」の方が信頼性は遥かに高いと言って良いだろう。「科学的証拠」は「誤謬」や「嘘」の可能性を、他の「証拠」と比べればかなりうまくコントロールできている。

「科学的証拠」は完全ではないし、時と場合によっては最善でさえないかもしれない。それでも、トータルに見れば、「科学的証拠」ほど信頼できる「証拠」はないだろう。それは、絶対に確実とは言えないにしても、③相対的には確かな「証拠」なのである。

だとするならば、「科学的証拠」を Y で考えるべきではない。むしろ、「科学的証拠」がどこまで信頼でき、どこから疑わしくなるのかを、仔細《しさい》に観察するべきだろう。言い換えれば、科学が「誤謬」や「嘘」をどのようにコントロールしているのか、あるいはしていないのかを、その他の「証拠」と比較しながら捉え直す必要がある。

（松村一志『エビデンスの社会学』より）

問一　傍線部(ア)〜(オ)の漢字と同じ漢字を含むものを、次の各群の1〜5の中からそれぞれ一つずつ選び、番号で答えよ。

(ア)　リンショウ
1　ジンリンにもとる。
2　文壇にクンリンする。
3　キンリンの諸国。
4　ビルがリンリツする。
5　タイリンの花。

(イ)　コウシン
1　容疑者をビコウする。
2　景気がコウタイする。
3　コウショウが決裂する。
4　災害からフッコウする。
5　大臣をコウテツする。

「間違い」（＝虚偽）になったり、逆に、「間違い」だとされていた情報が、「正しい」ものとして再評価されたりする。ある時点での「科学的証拠」は、あくまでもその時点の「証拠」にすぎない。［ C ］、それを過信するのは問題だろう。［ D ］、「科学的証拠」を全面的に拒否することは、それを盲信するよりも遥かに危険である。

［ X ］――私たちに必要なのは、そのような態度だろう。

では、「科学的証拠」について、何をどのように考えれば良いのか？

「科学的証拠」をめぐっては、大きく分けて二つの考え方をとることができる。

一つは、「科学的証拠」を使えば世界を正しく捉えられる、という楽観的な見方である。古代から現代に至るまで、科学はその手法を「進化」させてきた。だから、「科学的証拠」に基づけば、世界をよりよく把握することができる。科学における実証の手続きを信頼するこうした立場は、緩やかに「実証主義」と呼ばれている。

もう一つは、「科学的証拠」を使っても世界を正しく捉えることはできない、という悲観的な見方である。科学はその手法を変化させてきたが、そのことは「悪夢」とも捉えられる。過去の「科学的証拠」の多くが、現在では「非科学」の烙印《らくいん》を押されている。これとちょうど同じように、現在の「科学的証拠」も将来的には「非科学」と見なされてしまうのだとしたら、私たちは「科学的証拠」を信じることができなくなる。科学的手続きの有効性に疑問を投げかけるこうした立場は、「相対主義」と呼ばれている。

二〇世紀の人々は、科学技術の光と影を目の当たりにした。科学技術のかつてない発達により、人々の生活は驚くほど便利になった。だが、その反面、放射能汚染・公害・薬害・環境破壊……というように、その負の側面も次々と明らかになってきた。「科学的証拠」の歴史を「進歩」と捉える実証主義と、それを言わば「悪夢」と捉える相対主義は、まさにそうした科学をめぐる信頼と不信の思想的表現と見ることもできる。二〇世紀後半の人文・社会科学では、両者が激しい対立を繰り広げたが、その背景には、こうした時代状況があった。

けれども、本書の見方は、二つのどちらでもない。むしろ、次のように考えている。

かは、刻々と変化しているのである。

だが、それだけではない。「誤謬」の問題よりも遥《はる》か手前に、もっと根本的な問題がある。それは「嘘《うそ》」の可能性だ。現時点で「科学的証拠」と見なされているものが、本当は「捏造《ねつぞう》」かもしれない——研究不正の問題は、そうした疑いを広く認知させてきた。例えば、アメリカのベル研究所の超電導の研究者ヤン・ヘンドリック・シェーンが起こしたシェーン事件（二〇〇二年）は、史上最大級の捏造事件として知られている。また、韓国・ソウル大学の黄禹錫《ファン・ウソク》教授が引き起こした黄禹錫事件（二〇〇五年）は、ES細胞捏造事件として大きなニュースになった。そして日本でも、理化学研究所で起きたSTAP細胞（刺激惹起《じゃっき》性多能性獲得細胞）の捏造問題が、STAP細胞事件（二〇一四年）として世間を騒がせた。

このように、「科学的証拠」をめぐっては、「誤謬」や「嘘」といった問題が付きまとう。だから、目の前の「科学的証拠」をそのまま鵜呑《うの》みにするのは早計だろう。しかし、だからといって、「科学的証拠」を無視するとしたら、それもまた別の危険を冒すことになる。

このことは、いままさに問題になっていることでもある。

原発事故やパンデミックに象徴されるように、私たちの生きる現代社会は、様々な「リスク」に晒《さら》され、科学的知識やテクノロジー抜きでは語れなくなっている。そうした「リスク」が降りかかるとき、私たちは専門家に意見を求める。——原発は安全なのか？　放射能汚染はどのくらいシン(ウ)コクなのか？　マスクには感染予防の効果があるのか？　ワクチンの副反応はジュウ(エ)トクなのか？……等々。ところが、その意見はしばしば対立し、何を信じれば良いのかわからなくなってしまう。

こうした中で、正反対の二つの動きが生まれている。

一方では、マスメディアやインターネットを通じて、人々がますます実験データなどの「エビデンス」ないし「科学的証拠」を求めるようになっている。しかし他方で、インターネットを中心に、科学の通説を全否定する「フェイクニュース」や「イン(オ)ボウ論」（＝科学否定論）もまた目立っている。［ A ］、「科学的証拠」が求められると同時に、それを拒絶する動きも広がっているのだ。

［ B ］、「科学的証拠」が、いつでも正しいとは限らない。数ヶ月前まで「正しい」（＝真理）とされていた事柄が、いつの間にか

国語

（六〇分）

［一］　次の文章を読んで、後の問い（問一～七）に答えよ。

一口に「証拠」と言っても、その種類は様々である。中でも、私たちが最も重視しているのは、「科学的証拠」だろう。「エビデンス」というカタカナ語の浸透は、そのことを象徴している。

「エビデンス」とは、直訳すれば「証拠」や「根拠」のことだが、単なる「証拠」というよりも、むしろ「科学的証拠」というニュアンスが強い。二一世紀に入って、「エビデンス」という言葉がよく使われるようになったが、この言葉の広がりは、①私たちの生きる社会が「科学的証拠」にますます強く依存するようになったことを示している。医療・経済・教育・政治……といった様々な分野で、「科学的証拠」に基づく決定が求められるようになった。そうした中で、「科学的証拠」によって立証されれば、それは「事実」だという感覚も広がっている。

とはいえ、②「科学的証拠」が万能かと言えば、そんなことはない。というのも、そこには「誤謬《ごびゅう》」の可能性があるからだ。現在の科学において「科学的証拠」と認められていることが、未来の科学でも同じように「科学的証拠」と認められるとは限らない。例えば、最新の(ア)リンショウデータに基づいて治療を行う近年の医療では、「エビデンス」が日々(イ)コウシンされている。だから、もしも自分の担当医が、三〇年前の「エビデンス」をもとに治療に当たっていることがわかれば、不安に思うだろう。何が「エビデンス」と言える

解答編

英語

I　解答　≪ビーバーの生態≫

1－5　2－4　3－3　4－2　5－4　6－3　7－2　8－4

(注)

5．must be strong enough to resist the pressure of ice

II　解答　≪電話での会話≫

1－1　2－5　3－1　4－2　5－4

III　解答　1－3　2－4　3－3　4－5　5－1　6－2　7－1

(注)

1．(I) thought it impolite to say nothing(.)

2．It was so cold that the students were (shivering.)

3．(My father) was waiting for me with his arms folded(.)

4．I am going to see a dentist (tomorrow.)

5．(I) have been long wanting to go on a (trip there.)

6．She was late for school because of missing (the bus.)

7．(I) ride a bicycle and go to school (every day.)

IV　解答　1－4　2－5　3－3　4－3　5－2

V　解答　1－2　2－4　3－5　4－2　5－3　6－4

数学

◀Ⅰ型受験▶

1 解答 ≪数と式，2次不等式，確率≫

(1)ア．7　イ．2　ウエ．41　オ．4　カキク．259　ケ．8
(2)コ．2　サ．2　シ．3　ス．2　セ．3　ソ．2　タ．5　チ．1　ツ．3　テ．2　ト．5
(3)ナ．1　ニヌ．56　ネ．3　ノ．4　ハ．1　ヒ．3

2 解答 ≪三角関数，対数≫

(1)フヘ．10　ホ．5　マ．1　ミ．5　ム．0　メモ．23　ヤユ．25
(2)ヨ．4　ラ．5　リ．3　ル．2　レロ．12　ワヲ．24

3 解答 ≪等差数列・等比数列の和，交点の位置ベクトル≫

(1)あ．7　いうえ．297　お．4　か．6　き．8　くけ．15　こ．3　さ．8
(2)し．1　す．3　せ．2　そ．3　た．1　ち．7　つ．5　て．7　とな．42

4 解答 ≪曲線と接線で囲まれる部分の面積，曲線と x 軸で囲まれる部分の面積≫

(A)に．1　ぬ．3　ね．3　のは．29　ひ．9　ふ．2　へほ．27　ま．4
(B)み．7　むめ．25　も．2　やゆ．12　よら．70　りる．24　れ．6

◀Ⅱ型受験▶

1 解答 ≪数と式，2次不等式≫

(1)ア．7 イ．2 ウエ．41 オ．4 カキク．259 ケ．8

(2)コ．2 サ．2 シ．3 ス．2 セ．3 ソ．2 タ．5 チ．1 ツ．3 テ．2 ト．5

2 解答 ≪図形と計量，平面図形≫

(1)ナ．3 ニ．5 ヌ．7 ネノ．21 ハ．5 ヒフ．10 ヘ．3 ホ．5 マ．5

(2)ミ．1 ム．3 メ．3 モ．8 ヤ．3 ユヨ．11

3 解答 ≪集合，確率≫

(1)あい．75 うえ．25 お．8

(2)か．1 きく．56 け．3 こ．4 さ．1 し．3

物理

I　解答　≪電球を含む直流回路≫

ア―⑦　イ―②　ウ―③　エ―⑦　オ―②　カ―②　キ―③　ク―⑧
ケ―③　コ―④　サ―②　シ―③　ス―⑤

II　解答　≪ボーアの水素原子モデル≫

ア―②　イ―①　ウ―③　エ―⑤　オ―⑥　カ―①　キ―④　ク―④
ケ―⑧　コ―⓪　サ―②　シ―⓪　ス―⑨　セ―⑥　ソ―⑦

III　解答　≪水平面上の直方体の傾く限界≫

ア―③　イ―③　ウ―⓪　エ―②　オ―①　カ―⑥　キ―⓪　ク―④
ケ―④　コ―③　サ―⑧　シ―⑤　ス―⑤　セ―①

化学

I 解答 ≪小問集合≫

(1)―2・4 (2)―1・5 (3)―1・4 (4)―3・5 (5)―2・5
(6)―3・0 (7)―2・4 (8)―3・5 (9)―1・4 (10)―2・0
(11)―2・4 (12)―3・4

II 解答 ≪計算小問集合≫

(1)―3 (2)―6 (3)―4 (4)―5 (5)―6 (6)―4 (7)―3 (8)―1
(9)―3 (10)―7

問五　1

問六　3

二　解答

問一　A―8　B―6　C―1　D―3

問二　A―4　B―1　C―7　D―8

問三　A―3　B―6　C―1

問四　A―8　B―2　C―9　D―1

国語

一

出典　松村一志『エビデンスの社会学―証言の消滅と真理の現在』〈はじめに〉（青土社）

解答

問一　(ア)―2　(イ)―5　(ウ)―3　(エ)―1　(オ)―4

問二　A―3　B―5　C―2　D―1

問三　X―5　Y―3

問四　1

問五　4

問六　2

問七　3

二

出典　若林幹夫『増補 地図の想像力』〈補章　織物とデータベース―地図の成り立ちと社会の行方〉（河出文庫）

解答

問一　A―1　B―2　C―4　D―3

問二　4

問三　2

問四　5

■前期入試A方式

問題編

▶試験科目・配点

区分	教科	科目	配点
Ⅰ型受験	数学	数学Ⅰ・Ⅱ・Ⅲ・A・B（数列，ベクトル）	150点
	選択	「コミュニケーション英語Ⅰ・Ⅱ，英語表現Ⅰ」，理科（「物理基礎・物理」「化学基礎・化学」から1科目），「国語総合（近代以降の文章），現代文B」より2教科選択	各100点
Ⅱ型受験	外国語	コミュニケーション英語Ⅰ・Ⅱ，英語表現Ⅰ	＊
	数学	数学Ⅰ・A	
	理科	化学基礎・化学	
	国語	国語総合（近代以降の文章），現代文B	

▶備　考

Ⅰ型受験：機械工，機械システム工，電気電子工，建築（Ⅰ型），情報システム，情報デザイン（Ⅰ型），総合情報（Ⅰ型）

Ⅱ型受験：建築（Ⅱ型），情報デザイン（Ⅱ型），総合情報（Ⅱ型）

＊Ⅱ型受験は4教科のうち3教科を受験。最も高得点の教科を150点満点に換算し，その他2教科を各100点満点の計350点満点で合否を判定。

【共通テストプラス入試A方式】

- Ⅰ型受験：上表の数学，理科のうち，高得点の1教科1科目（150点満点）と大学入学共通テストの数学，外国語，理科，国語の4教科のうち，高得点の2教科2科目（各100点満点）で選考。
- Ⅱ型受験：上表の外国語，国語のうち，高得点の1教科1科目（150点満点）と大学入学共通テストの数学，外国語，理科，地歴・公民，国語の5教科のうち，高得点の2教科2科目（各100点満点）で選考。

英語

(60分)

［Ｉ］次の英文を読んで、設問に答えよ。

Most people feel lonely sometimes, but it usually only lasts between a few minutes and a few hours. This kind of loneliness is not serious. In fact, it is quite normal. For some people, though, loneliness can last for years. Psychologists are studying this complex phenomenon in an attempt to better understand long-term loneliness. These researchers have already identified three different types of loneliness.

The first kind of loneliness is temporary. This is the most common type. It usually disappears quickly and does not require any special attention. The second kind, (1)situational loneliness, is a natural result of a particular situation—for example, a divorce, the death of a loved one, or moving to a new place. Although this kind of loneliness can cause physical problems, such as headaches and sleeplessness, it usually does not last for more than a year. Situational loneliness is easy to understand and to predict.

The third kind of loneliness is the most severe. Unlike the second type, (2)chronic loneliness usually lasts more than two years and has no specific cause. People who experience habitual loneliness have problems socializing and becoming close to others. Unfortunately, many chronically lonely people think (3)(little or nothing / to improve / is / they / there / do / their condition / can).

Psychologists agree that one important factor in loneliness is a person's social contacts, e.g., friends, family members, coworkers, etc. We depend on various people for (4)different reasons. For instance, our families give us emotional support, our parents and teachers give us guidance, and our friends share similar hobbies and activities. (5)(　　　　), psychol-

ogists have found that the number of social contacts we have is not the only reason for loneliness. It is more important how many social contacts we think or expect we should have. In other words, though lonely people may have many social contacts, they sometimes feel they should have more. They question their own popularity.

Most researchers agree that the loneliest people are between the ages of 18 and 25, so a group of psychologists decided to study a group of college freshmen. They found that more than 50% of the freshmen were situationally lonely at the beginning of the semester as a result of their new circumstances, but had adjusted after a few months. Thirteen percent were still lonely after seven months due to shyness and fear. They felt very uncomfortable meeting new people, even though they understood that their fear was not rational. (6)The situationally lonely freshmen overcame their loneliness by making new friends, but the chronically lonely remained unhappy because they were afraid to do so.

Psychologists are trying to find ways to help habitually lonely people for (7)two reasons. First of all, they are unhappy and unable to socialize. Secondly, researchers have found a connection between chronic loneliness and serious illnesses such as heart disease. While temporary and situational loneliness can be a normal, healthy part of life, chronic loneliness can be a very sad, and sometimes dangerous, condition.

出典：Lorraine C. Smith and Nancy Nici Mare, "Loneliness: How Can We Overcome It?," *Issues for Today* (3rd ed.; Thomson Heinle, 2004), pp.76–77.（一部改変）

設問

1．下線部(1)の原因や結果として本文中に述べられていないものを1－5の中からひとつ選び、番号で答えよ。

1．新しい場所への引っ越し

2．愛する人の死

3．学校や職場でのいじめ

4．離婚

5．頭痛や不眠などの身体的な問題

2．下線部(2)の特徴として最も適切なものを1－5の中からひとつ選び、番号で答えよ。

1．原因が特定できる。

2．1年以上続くことはない。

3．対処法が容易に見つかる。

4．人と密接な人間関係が築けない。

5．特別な注意を向ける必要はない。

3．下線部(3)を「自分たちの状況をよくするためにできることは、ほとんどあるいは全くない」という意味になるように、正しく並べ替えた時に、4番目と7番目にくる語の組み合わせとして正しいものを1－5の中からひとつ選び、番号で答えよ。

1．4番目 **to improve** 7番目 **do**

2．4番目 **little or nothing** 7番目 **is**

3．4番目 **can** 7番目 **to improve**

4．4番目 **they** 7番目 **do**

5．4番目 **they** 7番目 **to improve**

4．下線部(4)の具体的な内容として本文中に述べられていないものを1－5の中からひとつ選び、番号で答えよ。

1．家族から感情面で支えてもらう。

2．両親に助言してもらう。

3．教師の指導を受ける。

4．医師のカウンセリングを受ける。

5．友達と趣味や活動を共有する。

5．下線部(5)に入れるのに最も適切なものを1－5の中からひとつ選び、番号で答えよ。

1．**Consequently** 2．**However** 3．**In contrast**

4．**Therefore** 5．**For example**

6．下線部(6)が意味することとして最も適切なものを1－5の中からひとつ選び、番号で答えよ。

1．**Thanks to their loneliness, the situationally lonely freshmen succeeded in making new friends,**

2．**The situationally lonely freshmen made new friends though they remained lonely all the time,**

3．**Making new friends enabled the situationally lonely freshmen to successfully control their loneliness,**

4. **Feeling lonely made it impossible for the situationally lonely freshmen to make new friends,**

5. **In order to make new friends, the situationally lonely freshmen tried hard to control their loneliness,**

7. 下線部(7)が意味することとして最も適切なものを1－5の中からひとつ選び、番号で答えよ。

1. 慢性的に孤独を感じている人は、悲観的だが自ら解決策を探し求めようとすること。
2. 慢性的に孤独を感じている人は、慢性的な孤独と重病との関連を探ること。
3. 慢性的に孤独を感じている人は、健康的であり普通の生活が営めること。
4. 慢性的に孤独を感じている人は、人付き合いがうまく不安になることもないこと。
5. 慢性的に孤独を感じている人は、悲しみが多く重病を患う可能性があること。

8. 本文の内容と一致するものを1－5の中からひとつ選び、番号で答えよ。

1. 状況から生まれる孤独は理解しやすいが、長く続くので予測しにくい。
2. 慢性的に孤独を感じる人は誰でも、自らの状況を改善はできると信じている。
3. 心理学者によれば、慢性的な孤独と心臓病のような重い病気には関連性はない。
4. 調査によれば、新入生の半数以上が孤独を感じたが、数ヶ月後には環境に順応した。
5. ほんの数分間から数時間しか続かない孤独であっても、それは正常なことではない。

［Ⅱ］次の対話文を読んで、設問に答えよ。

At a bookstore

Taro : Excuse me. Could you tell me where the fiction department is?

Clerk : Yes, sir. It's by the children's books. Can I (1)(________) you find something?

Taro : Actually, I'm looking for a book called *Last Orders*. Do you have it in stock?

Clerk : I'll check on the computer for you. Do you know who the author is?

Taro : I think it's by Jonathan Swift but (2)(________).

Clerk : (3)(________) Yes, sir, we've got a copy but it's by Graham Swift, not Jonathan Swift. Jonathan Swift wrote *Gulliver's Travels.*

Taro : How much is it?

Clerk : It's sixty dollars.

Taro : Is that (4)(________)?

Clerk : Yes, it is. I'm afraid we've sold out of the paperback.

Taro : That's O.K. It's for a present. Could you wrap it for me?

Clerk : Yes, of course. Just a moment, please. (5)(________)

Taro : No, that's all. Can I pay by credit card?

Clerk : Certainly. That's sixty dollars. Thank you.

設問

1．下線部(1)に入れる語として最も適切なものを1－5の中からひとつ選び、番号で答えよ。

1．**write** 2．**take** 3．**help** 4．**lend** 5．**get**

2．下線部(2)に入れる表現として最も適切なものを1－5の中からひとつ選び、番号で答えよ。

1．**I'm proud** 2．**I'm not sure** 3．**I'm certain**
4．**I don't mind** 5．**I saw it**

3．下線部(3)に入れる表現として最も適切なものを1－5の中からひとつ選び、番号で答えよ。

1. **You're just looking.**　2. **No, thank you.**　3. **I beg your pardon.**

4. **My pleasure.**　5. **Let me see.**

4. 下線部(4)に入れる語句として最も適切なものを1－5の中からひとつ選び、番号で答えよ。

1. **the hardcover**　2. **the paperback**　3. **the reprint**

4. **the softback**　5. **the used book**

5. 下線部(5)に入れる表現として最も適切なものを1－5の中からひとつ選び、番号で答えよ。

1. **Is everything O.K.?**　2. **What's the matter?**

3. **Will there be anything else?**　4. **Is that the end?**

5. **Is anything the matter with you?**

[Ⅲ] 日本文の意味になるように(　　　)の語句を並べ替えると、不足するものがある。不足する語句として最も適切なものを1－5の中からひとつ選び、番号で答えよ。文頭に来る語も小文字で示してある。

1. 私は学校へ行くのに約15分かかると思う。

I (to / me / about fifteen minutes / go / takes / think) to school.

1. **for**　2. **by**　3. **on**　4. **it**　5. **that**

2. 私は自分のパソコンにその便利なソフトをインストールしてもらった。

I've (on / installed / software / the / useful / my PC).

1. **got**　2. **been**　3. **to**　4. **put**　5. **well**

3. あの背の高い人は、私がピアノを習っている先生です。

That (piano / a teacher / take / from / tall man / is / I) lessons.

1. **who**　2. **which**　3. **whom**　4. **that**　5. **what**

4. 休暇は思ったよりずっと早く過ぎました。

The holidays went by (expected / had / I / more / quickly / than).

1. **better**　2. **much**　3. **very**　4. **so**　5. **sooner**

5. その本を読んで、昔の生活がどんなものだったかよくわかった。

(a / me / about / the book / gave / good) what life was like in the past.

1. **place**　2. **memory**　3. **dream**　4. **idea**　5. **sight**

6. 母は電気を無駄にしないよう明かりを消した。

My mother (as / to / off / not / waste / turned / the light) electricity.

1. **as**　2. **that**　3. **so**　4. **out**　5. **without**

7. 彼女は音楽にまったく興味がない。

(in / not / music / she / interested / is) all.

1. **at**　2. **on**　3. **of**　4. **an**　5. **the**

［Ⅳ］次の英文を読んで、設問に答えよ。

People lie for different reasons. Sometimes they do it to make themselves look better. Sometimes they lie to get out of trouble. Often, people will tell "white lies," that is, lies which avoid hurting other people's feelings.

Overall, most people don't lie very much, says Timothy Levine. He's a psychologist at the University of Alabama at Birmingham. Levine studies deception. And he's done a lot of research on when and how much people lie. Most people value honesty and want to be truthful, his research has shown. In one of Levine's studies, almost three quarters of people rarely lied. And of all the lies reported in the study, 90 percent were "(1)white lies."

However, Levine's research also shows that while most people don't lie often, a few lie a lot. The top one percent of liars, according to Levine's research, tell more than 15 lies per day. Some people who always lie lack confidence in themselves. Others may lie about their accomplishments because they're too proud of themselves. Still others lie (2)to take advantage of people, for example, to cheat them or to steal from them.

Some lies are well-intended. You know those small lies you might tell to make someone feel good? Scientists call them "prosocial lies." Maybe you tell your parents that you loved the sweater they gave you for your birthday even though you were really hoping for video games. That's a

prosocial lie. There's little risk to you in telling it, and (3)it makes your parents feel good.

出典："Lying won't stretch your nose, but it will steal some brainpower"
(https://www.snexplores.org).（一部改変）

注) **prosocial** (行動が)積極的な

設問

1．下線部(1)の内容を日本語で説明しなさい。

2．下線部(2)の内容を具体的に日本語で述べなさい。

3．下線部(3)を、**it**の内容を明示して、日本語に訳しなさい。

［Ⅴ］日本文の意味を表すように英文の空所に適切な一語を入れよ。

1．今度の日曜日にひまなら、魚釣りに行こうよ。

Let's go (1) if you are (2) next Sunday.

2．先週京都に行ったというのは本当なの？

Is it (1) that you (2) to Kyoto last week?

［Ⅵ］次の日本文を解答欄の（　　　）にあうように英訳せよ。

私は本を借りるために図書館へ行った。

I (　　)(　　)(　　)(　　)(　　)(　　) books.

出典追記：Lying won't stretch your nose, but it will steal some brainpower, Science News Explores on April 21, 2022 by Avery Elizabeth Hurt, Society for Science & the Public

数学

◀Ⅰ型受験▶

(90分)

(注意)［3］［4］は，結果のみでなく途中の式および説明等も書くこと。

［1］次の「ア」から「フ」までの $\square$ にあてはまる 0 から 9 までの数字を，解答用紙A（OCR用紙）に記入せよ。ただし，根号内の平方因数は根号外にくくり出し，分数は既約分数で表すこと。

（1）$x^2 = 7\sqrt{2} + 4\sqrt{3}$, $y^2 = 7\sqrt{2} - 4\sqrt{3}$ とする。

このとき，$x^2y^2 = \boxed{ア}\boxed{イ}$，$\dfrac{y}{x-y} + \dfrac{x}{x+y} = \dfrac{\boxed{ウ}\sqrt{\boxed{エ}}}{\boxed{オ}\boxed{カ}}$ である。

さらに，$xy < 0$ のとき，$(x+y)^4 = \boxed{キ}\boxed{ク}$ である。

（2）点 O を中心とする円に内接する四角形 ABCD において，$\mathrm{AB} = 3$, $\mathrm{BC} = 5$, $\mathrm{CD} = 6$, $\mathrm{CA} = 7$ とする。このとき，$\cos\angle\mathrm{ABC} = -\dfrac{\boxed{ケ}}{\boxed{コ}}$，$\triangle\mathrm{ACD}$ の外接円の半径は $\dfrac{\boxed{サ}\sqrt{\boxed{シ}}}{\boxed{ス}}$，$\triangle\mathrm{OCD}$ の面積は $\sqrt{\boxed{セ}\boxed{ソ}}$，$\mathrm{AD} = \boxed{タ} + \sqrt{\boxed{チ}\boxed{ツ}}$ である。

(3) 赤玉が8個, 白玉が4個, 黄玉が2個入った箱から同時に2個の玉を取り出すとき, 黄玉2個を取り出す確率は $\dfrac{\boxed{テ}}{\boxed{ト}\,\boxed{ナ}}$, 赤玉を1つも取り出さない確率は $\dfrac{\boxed{ニ}\,\boxed{ヌ}}{\boxed{ネ}\,\boxed{ノ}}$, 異なる2色の玉を取り出す確率は $\dfrac{\boxed{ハ}}{\boxed{ヒ}\,\boxed{フ}}$ である。

［2］次の「ヘ」から「ヲ」までの $\boxed{}$ にあてはまる 0 から 9 までの数字を, 解答用紙A（OCR用紙）に記入せよ。ただし, 根号内の平方因数は根号外にくくり出し, 分数は既約分数で表すこと。

(1) $2\log_2 3 + \dfrac{1}{2}\log_2 5 - \log_2 7 = \log_2 \dfrac{\boxed{ヘ}\sqrt{\boxed{ホ}}}{\boxed{マ}}$ である。

$a = \log_5 3$, $b = \log_2 5$, $c = \log_3 8$ とするとき, $\log_9(abc) = \dfrac{\boxed{ミ}}{\boxed{ム}}$ である。

不等式 $2\log_{\frac{1}{2}}(x+1) > \log_{\frac{1}{2}}\left(x + \dfrac{9}{4}\right) - 2$ の解は $-\boxed{メ} < x < \boxed{モ}$ である。

(2) $|\vec{a}| = \sqrt{13}$, $|\vec{b}| = 4\sqrt{2}$, $|\vec{a} - \vec{b}| = \sqrt{53}$ とする。このとき, $\vec{a}\cdot\vec{b} = -\boxed{ヤ}$ である。また, $|\vec{a} + s\vec{b}|$ は $s = \dfrac{\boxed{ユ}}{\boxed{ヨ}}$ のとき最小値 $\dfrac{\boxed{ラ}\sqrt{\boxed{リ}}}{\boxed{ル}}$ をとり, $\vec{a} + t\vec{b}$ が $\vec{a} - \vec{b}$ と垂直になるのは $t = \dfrac{\boxed{レ}\,\boxed{ロ}}{\boxed{ワ}\,\boxed{ヲ}}$ のときである。

［3］$0 \leqq x \leqq \pi$, $y = \sin x + 2\sin x\cos x + \cos x - 3$ とする。

（1）$t = \sin x + \cos x$ とおくとき, y を t で表せ。

（2）t のとりうる値の範囲を求めよ。

（3）y の最大値と最小値を求めよ。

［4］次の (A) または (B) のいずれか一方を選択して解答せよ。解答用紙Bの選択欄 (A), (B) については, 選択した方を○で囲むこと。

(A) $f(x) = x^3 - 7x^2 + 8x + 4$ とする。

（1）$f(x)$ が極値をとる x の値を求めよ。

（2）曲線 $y = f(x)$ と直線 $y = ax + 4$ が3つの交点をもつ定数 a の値の範囲を求めよ。

（3）曲線 $y = f(x)$ と直線 $y = -2x + 4$ で囲まれた部分の面積を求めよ。

(B) $f(x) = \dfrac{1}{x\log x}$ とする。

（1）導関数 $f'(x)$ を求めよ。

（2）a を定数とするとき, x についての方程式 $f(x) = a$ の実数解の個数を調べよ。ただし, $\displaystyle\lim_{x \to +0} x\log x = 0$ であることを利用してもよい。

（3）曲線 $y = f(x)$, 2直線 $x = e^2$, $x = e^3$ および x 軸で囲まれた部分の面積を求めよ。

◀Ⅱ 型 受 験▶

(60 分)

(注意) [3] は，結果のみでなく途中の式および説明等も書くこと。

[1] 次の「ア」から「ノ」までの $\boxed{}$ にあてはまる 0 から 9 までの数字を，解答用紙A (ＯＣＲ用紙) に記入せよ。ただし，根号内の平方因数は根号外にくくり出し，分数は既約分数で表すこと。

(1) $x^2 = 7\sqrt{2} + 4\sqrt{3},\ y^2 = 7\sqrt{2} - 4\sqrt{3}$ とする。

このとき，$x^2y^2 = \boxed{ア}\boxed{イ}$，$\dfrac{y}{x-y} + \dfrac{x}{x+y} = \dfrac{\boxed{ウ}\sqrt{\boxed{エ}}}{\boxed{オ}\boxed{カ}}$ である。

さらに，$xy < 0$ のとき，$(x+y)^4 = \boxed{キ}\boxed{ク}$ である。

(2) 放物線 $C : y = x^2 + 5x + 3$ の頂点の座標は $\left(-\dfrac{\boxed{ケ}}{\boxed{コ}}, -\dfrac{\boxed{サ}\boxed{シ}}{\boxed{ス}}\right)$ であり，放物線 C と直線 $\ell : y = x + k$ がただ 1 つの共有点をもつ定数 k の値は $k = -\boxed{セ}$ である。また，放物線 C と直線 ℓ が 2 つの共有点 A, B をもち，線分 AB の長さが 8 となる定数 k の値は $k = \boxed{ソ}$ である。

(3) 点 O を中心とする円に内接する四角形 ABCD において，AB = 3, BC = 5, CD = 6, CA = 7 とする。このとき，$\cos\angle\mathrm{ABC} = -\dfrac{\boxed{タ}}{\boxed{チ}}$，△ACD の外接円の

半径は $\dfrac{\boxed{\text{ツ}}\sqrt{\boxed{\text{テ}}}}{\boxed{\text{ト}}}$, $\triangle$OCD の面積は $\sqrt{\boxed{\text{ナ}}\,\boxed{\text{ニ}}}$, $\mathrm{AD}=\boxed{\text{ヌ}}+\sqrt{\boxed{\text{ネ}}\,\boxed{\text{ノ}}}$

である。

［2］次の「ハ」から「レ」までの $\boxed{}$ にあてはまる 0 から 9 までの数字を，解答用紙A（ＯＣＲ用紙）に記入せよ。ただし，根号内の平方因数は根号外にくくり出し，分数は既約分数で表すこと。

（1）長方形 ABCD を縦に 2 等分，横に 3 等分し，6 個の小長方形に分割する。長方形 ABCD は動かさないとして，6 個の小長方形それぞれに青，黄，赤の 3 色のどれかで色を付けるとき，色の付け方は全部で $\boxed{\text{ハ}}\,\boxed{\text{ヒ}}\,\boxed{\text{フ}}$ 通りある。そのうち，青，黄，赤の色の付いた小長方形がそれぞれ 2 個になる色の付け方は $\boxed{\text{ヘ}}\,\boxed{\text{ホ}}$ 通り，同じ色の付いた小長方形が辺を共有していない色の付け方は $\boxed{\text{マ}}\,\boxed{\text{ミ}}$ 通りある。

（2）赤玉が 8 個，白玉が 4 個，黄玉が 2 個入った箱から同時に 2 個の玉を取り出すとき，黄玉 2 個を取り出す確率は $\dfrac{\boxed{\text{ム}}}{\boxed{\text{メ}}\,\boxed{\text{モ}}}$，赤玉を 1 つも取り出さない確率は $\dfrac{\boxed{\text{ヤ}}\,\boxed{\text{ユ}}}{\boxed{\text{ヨ}}\,\boxed{\text{ラ}}}$，異なる 2 色の玉を取り出す確率は $\dfrac{\boxed{\text{リ}}}{\boxed{\text{ル}}\,\boxed{\text{レ}}}$ である。

［3］$S = a^2 + 5ab + 6b^2 + 3a + 7b + 1$ とする。

（1）$a = 0$ のとき, $S = 0$ を満たす整数 b を求めよ。

（2）$S + 1$ を因数分解せよ。

（3）$S = 0$ を満たす整数の組 (a, b) を求めよ。

物理

(60分)

[Ⅰ] 次の問いの [　] の中の答えを，それぞれの解答群の中から1つずつ選べ。解答群の中の番号は，同じものを何度使ってもよい。

真空中で，図のように x 軸，y 軸をとり，紙面に垂直で裏から表への向き（記号⊙）に z 軸をとる。$x<d$ $(d>0)$ の領域 D_1 には，z 軸の負の向き（記号⊗）に磁束密度の大きさ B の一様な磁場（磁界）がある。また，$x \geqq d$ の領域 D_2 には，y 軸の負の向きに強さ E の一様な電場（電界）がある。

質量 m，電気量 q $(q>0)$ を持つ粒子を原点Oに置き，x 軸の正の向きに速さ v_0 $(v_0>0)$ で発射する。

(1) 粒子を発射した直後に粒子に働く力の大きさは $F=$ [ア] であり，力の向きは [イ] である。

(2) 発射された粒子は領域 D_1 の中で円運動を始める。円運動の半径を r とすると，粒子の運動方程式より $m\times$ [ウ] $=F$ が成り立つ。よって $r=$ [エ] となる。

(3) 領域 D_1 の中で円運動を始めた粒子が領域 D_2 に到達するためには，[オ] であることが必要かつ十分である。よって粒子が領域 D_2 に到達するために速さ v_0 が満たすべき条件は，$v_0 \geqq$ [カ] である。

領域 D_1 の中で運動した粒子が，時刻0に速度 $\vec{v_1}$ で $x=d$ 上の点に到達し領域 D_2 の中で運動を始めたとする。時刻0での粒子の位置の y 座標を y_1 とし，速度 $\vec{v_1}$ と x 軸の間の角を θ とすると，$y_1=r-\sqrt{r^2-d^2}$，$\sin\theta=\dfrac{d}{r}$ と表される。

(4) 領域 D_2 の中で粒子に働く力の大きさは [キ] である。よって粒子には大きさ [ク] の加速度が [ケ] に生じるため，粒子は放物運動を行う。

(5) 時刻 T において粒子の位置の y 座標が最大値 Y に到達したとする。時刻0から時刻 T までの間に粒子に働く力がした仕事 $W=-$ [コ] は，この間の運動エネルギーの変化量と等しい。よって $Y=y_1+$ [サ] が得られる。さらに，問い(2)の結果を用いると，Y は次式のように表される。

$$Y=y_1+\text{[シ]}$$

上式および $y_1=r-\sqrt{r^2-d^2}$ に注意して，v_0 を [カ] から次第に大きくしていくと，Y は [ス] から次第に [セ] の方へ変化していく。

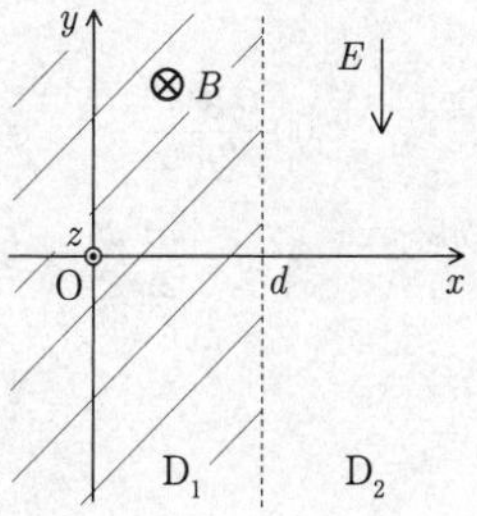

解答群

ア , エ

① qB　② qv_0B　③ mv_0B　④ $\dfrac{qB}{v_0}$　⑤ $\dfrac{qB}{mv_0}$

⑥ $\dfrac{qB}{2mv_0}$　⑦ $\dfrac{qB}{m{v_0}^2}$　⑧ $\dfrac{mv_0}{qB}$　⑨ $\dfrac{2mv_0}{qB}$　⓪ $\dfrac{m{v_0}^2}{qB}$

イ , ケ

① x 軸の正の向き　② x 軸の負の向き　③ y 軸の正の向き

④ y 軸の負の向き　⑤ z 軸の正の向き　⑥ z 軸の負の向き

ウ

① v_0　② ${v_0}^2$　③ $\dfrac{1}{2}{v_0}^2$　④ $\dfrac{v_0}{r}$　⑤ $\dfrac{{v_0}^2}{r}$

⑥ $\dfrac{v_0}{r^2}$　⑦ $\dfrac{v_0}{2r^2}$　⑧ $\dfrac{{v_0}^2}{r^2}$　⑨ $\dfrac{{v_0}^2}{2r^2}$

オ

① $0 < r \leqq d$　② $r \geqq d$　③ $-d \leqq r \leqq d$

④ $0 < r \leqq 2d$　⑤ $r \geqq 2d$　⑥ $-2d \leqq r \leqq 2d$

⑦ $0 < 2r \leqq d$　⑧ $2r \geqq d$　⑨ $-d \leqq 2r \leqq d$

カ

① $\dfrac{qBd}{m}$　② $\dfrac{qBd}{2m}$　③ $\dfrac{2qBd}{m}$　④ $\dfrac{qB}{md}$　⑤ $\dfrac{qB}{2md}$

⑥ $\dfrac{qBd^2}{m}$　⑦ $\dfrac{qB}{2md^2}$　⑧ $\sqrt{\dfrac{qBd}{m}}$　⑨ $\sqrt{\dfrac{2qBd}{m}}$　⓪ $\sqrt{\dfrac{qB}{md}}$

キ , ク

① E　② q　③ mq　④ qE　⑤ qv_0E

⑥ $\dfrac{E}{m}$　⑦ $\dfrac{q}{m}$　⑧ $\dfrac{qE}{m}$　⑨ $\dfrac{qv_0E}{m}$　⓪ $\dfrac{mE}{q}$

コ

① Ed　② EY　③ $E(Y-y_1)$　④ qEd　⑤ qEY

⑥ $qE(Y-y_1)$　⑦ qv_0Ed　⑧ qv_0EY　⑨ $qv_0E(Y-y_1)$　⓪ 0

サ

① $\dfrac{mv_0\sin\theta}{2E}$　② $\dfrac{mv_0\cos\theta}{2E}$　③ $\dfrac{mv_0\sin^2\theta}{qE}$　④ $\dfrac{mv_0\cos^2\theta}{qE}$

⑤ $\dfrac{m{v_0}^2\sin\theta}{qE}$　⑥ $\dfrac{m{v_0}^2\sin^2\theta}{qE}$　⑦ $\dfrac{m{v_0}^2\cos^2\theta}{qE}$

⑧ $\dfrac{m{v_0}^2\cos\theta}{2qE}$　⑨ $\dfrac{m{v_0}^2\sin^2\theta}{2qE}$　⓪ $\dfrac{m{v_0}^2\cos^2\theta}{2qE}$

[シ], [ス], [セ]

① d　② $\frac{qB^2d}{mE}$　③ $\frac{qB^2d^2}{2mE}$　④ $\frac{q^2B^2d}{2mE}$　⑤ $\frac{Bd^2v_0}{2E}$

⑥ $\frac{qBd^2}{mEv_0}$　⑦ $d+\frac{qB^2d}{mE}$　⑧ $d+\frac{qB^2d^2}{2mE}$　⑨ ∞(無限大)　⓪ 0

［Ⅱ］次の問いの[　　]の中の答えを，それぞれの解答群の中から1つずつ選べ。解答群の中の番号は，同じものを何度使ってもよい。解答群の答えが数値の場合は，最も近いものを選べ。

図1のようにx軸の正の方向に媒質を伝播する速さ$v=20$m/s，振幅A〔m〕の波（正弦波）がある。図1は時刻$t=0.1$秒のときの媒質の変位yのグラフである。

(1)　この波の波長は[ア]m，振動数は[イ]Hz，周期は[ウ]秒である。

(2)　x軸の負の方向に8m/sで移動している人がこの波を観測すると，速さが[エ]m/s，波長が[オ]m，振動数が[カ]Hzの波に見える。また，正の方向に4m/sで移動している人がこの波を観測すると，速さが[キ]m/s，波長が[ク]m，振動数が[ケ]Hzの波に見える。

(3)　静止している人から見たxにおける媒質の変位はtとxを用いて，$y=$[コ]と表される。

次にx軸の正の方向に進行してきた波（入射波）がある位置で反射して逆向きに進んだ。入射波と反射波の合成波が定常波となったとする。図2はある時刻における入射波の波形を実線で，反射波の波形を破線で表している。

(4)　nを任意の整数とすると，図2より定常波の節の位置は$x=$[サ]m，腹の位置は$x=$[シ]mである。また，$x>5$mの最も原点に近い位置で反射したとすると，固定端反射の場合$x=$[ス]mの位置で，自由端反射の場合$x=$[セ]mの位置で反射している。

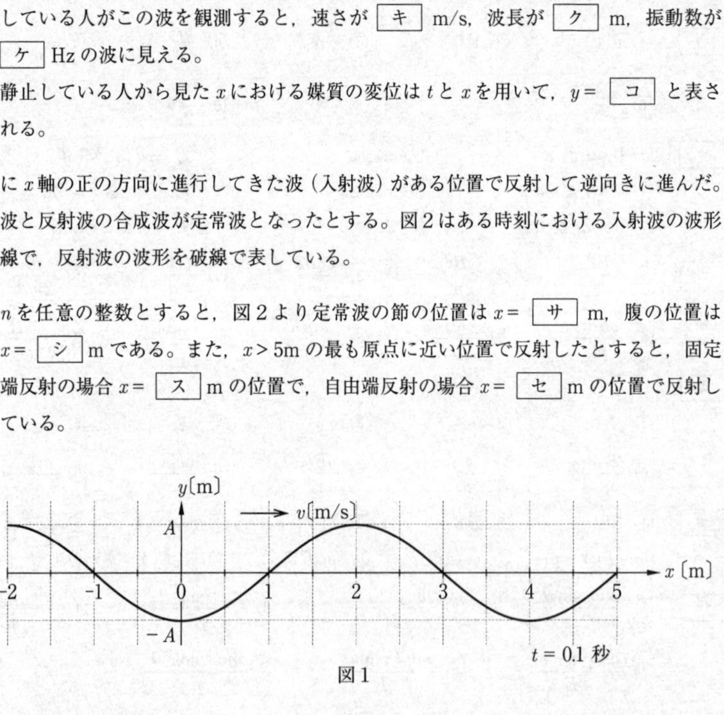

図1

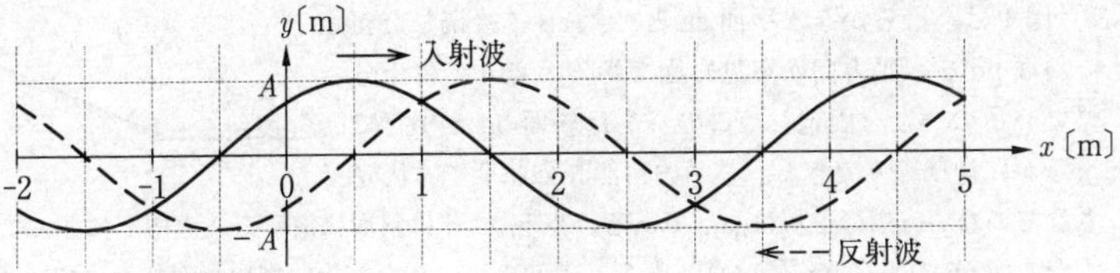

図 2

解答群

ア, イ, オ, カ, ク, ケ

① 1　② 2　③ 3　④ 4　⑤ 5
⑥ 6　⑦ 7　⑧ 8　⑨ 9　⓪ 10

ウ

① 0.1　② 0.2　③ 0.3　④ 0.4　⑤ 0.5
⑥ 0.6　⑦ 0.7　⑧ 0.8　⑨ 0.9　⓪ 1

エ, キ

① 12　② 14　③ 16　④ 18　⑤ 20
⑥ 22　⑦ 24　⑧ 26　⑨ 28　⓪ 30

コ

① $A\sin 2\pi\left(\frac{t}{0.1}+\frac{x}{4}\right)$　② $A\cos 2\pi\left(\frac{t}{0.1}+\frac{x}{4}\right)$　③ $A\sin 2\pi\left(\frac{t}{0.2}+\frac{x}{4}\right)$
④ $A\cos 2\pi\left(\frac{t}{0.2}+\frac{x}{4}\right)$　⑤ $A\sin 2\pi\left(\frac{t}{0.2}+\frac{x}{2}\right)$　⑥ $A\cos 2\pi\left(\frac{t}{0.2}+\frac{x}{2}\right)$
⑦ $A\sin 2\pi\left(\frac{t}{0.1}-\frac{x}{4}\right)$　⑧ $A\cos 2\pi\left(\frac{t}{0.1}-\frac{x}{4}\right)$　⑨ $A\sin 2\pi\left(\frac{t}{0.2}-\frac{x}{4}\right)$
⓪ $A\cos 2\pi\left(\frac{t}{0.2}-\frac{x}{4}\right)$

サ, シ

① $\frac{n}{2}$　② $\frac{n}{2}+1$　③ $n+1$　④ $n+\frac{1}{2}$　⑤ $2n$
⑥ $2n+1$　⑦ $2n+\frac{1}{2}$　⑧ $3n$　⑨ $3n+1$　⓪ $4n$

ス, セ

① 5.5　② 6　③ 6.5　④ 7　⑤ 7.5
⑥ 8　⑦ 8.5　⑧ 9　⑨ 9.5　⓪ 10

［Ⅲ］図1は，滑らかな水平面abと，面abに接続した粗い斜面bdを水平方向から見た図である。点dには十分軽いバネの一端を固定し，このバネは斜面bdと平行で滑らかに伸び縮みできる。バネの自然長の状態で，固定されていない一端の位置は点cである。点b, c, dは斜面に沿った一直線上に並んでいる。また，面abのすぐ近くには点bからaの向きに一様な電場（電界）が加わっている。

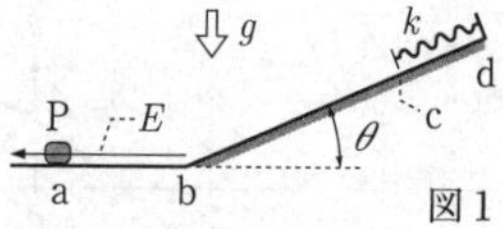

図1

以上の設定で，負に帯電した小物体Pを水平面上の点aに静かに置くと，Pは電気力によって運動し，点bに到達した。ただし，Pには点bに到達する直前までは電気力が働くが，点bに到達直後から斜面上を運動する間は電気力が働かない。そしてPは，点bに到達直後，速度の向きだけ変えて（速さは変わらず）斜面上を昇り始めた。Pは斜面を昇り点cでバネに接触し，その後，バネを押し縮めた状態で静止し続けた。

以下，点ab間の距離をL，点bc間の距離をH，小物体Pの電気量を$-Q$（$Q>0$），Pの質量をm，電場の強さをE，バネのバネ定数をk，重力加速度の大きさをg，斜面と水平面の間の角θを$\sin\theta=5/13$かつ$\cos\theta=12/13$となる角，斜面bdとPの間の動摩擦係数を$\mu'=7/12$とする。以下の問いの答えに角θの三角関数やμ'を使う場合は，これらの値を代入せよ。なお，重力による位置エネルギーと電位の基準点は点bとし，空気抵抗は無視できるとする。

まず，小物体Pが水平面上で点bに到達するまでの間の運動に注目する。

(1)　点aの電位ϕ_aと，点aに静かに置かれた直後のPが持つ力学的エネルギー$\mathcal{E}_a$を，L, Q, m, E, gの中から必要なものを使って答えよ。

(2)　Pが点bに到達する直前の速さV_bを，L, Q, m, E, gの中から必要なものを使って答えよ。

続いて，小物体Pが点bから斜面を昇り，点cでバネに接触し，バネを押し縮めて静止するまでの間の運動に注目する。

(3)　Pが点cに到達するまでの間に，Pに働く重力$\vec{G}$，垂直抗力$\vec{N}$，動摩擦力$\vec{F'}$それぞれの大きさG, N, F'を，点bでの速さV_bとQ, m, gの中から必要なものを使って答えよ。

(4)　図2にはPが黒点で描いてある。図2の同心円状の補助線の半径は，小さい方から$mg/13$，$2mg/13$，$3mg/13\cdots$と，$mg/13$ずつ大きくなっていく。解答用紙の図2に，Pに働く重力$\vec{G}$，垂直抗力$\vec{N}$，動摩擦力$\vec{F'}$を表す矢印を，はっきり分かるように濃く描け。なお，どの矢印がどの力か分かるように，記号$\vec{G}$，$\vec{N}$，$\vec{F'}$も図2に記入すること。

(5)　図3にはPが黒点で描いてある。点cに到達するまでの間にPに働く力の和（合力）$\vec{T}$の向きを表す矢印を解答用紙の図3に描け。また，$\vec{T}$の大きさTを，V_b, Q, m, gの中から必要なものを使って答えよ。

(6)　図4にはPが黒点で描いてある。点cに到達するまでの間のPの加速度$\vec{A}$の向きを表す矢印を解答用紙の図4に描け。また，$\vec{A}$の大きさAを，V_b, Q, m, gの中から必要なものを使って答えよ。

(7)　Pが点cに到達する直前の速さをV_cとする。また，Pが点cに到達する直前に持つ運動エネルギーをK_c，重力による位置エネルギーをU_c，そして点bからcへ運動する間に動摩擦力がPに与えた仕事を W_{bc} とする。K_c, U_c, W_{bc} を，点cでの速さ V_c と H, Q, m, g の中から必要なものを使って答えよ。

(8) Pが点bでもつ力学的エネルギー $\mathcal{E}_b$ と，K_c, U_c, W_{bc} の4つのエネルギーや仕事の間に成立する関係式を，$\mathcal{E}_b$, K_c, U_c, W_{bc} を使って答えよ。

(9) Pが点cに到達してバネを押し縮めるためには，Pの電気量 $-Q$ は不等式 $Q > Q_0$ を満たさなければならない。この下限 Q_0 を，L, H, m, E, g の中から必要なものを使って答えよ。

最後に，小物体Pがバネを押し縮めたまま静止し続ける状態に注目する。以下，Pはバネの長さを h だけ押し縮めて静止したとする。

(10) 図5にはPが黒点で描いてある。この静止状態でPに働く重力 $\vec{G}$, 垂直抗力 $\vec{N}$, 静止摩擦力 $\vec{F}$, バネの力 $\vec{S}$ の向きを表す矢印を解答用紙の図5に描け。なお，どの矢印がどの力か分かるように，記号 $\vec{G}$, $\vec{N}$, $\vec{F}$, $\vec{S}$ も図5に記入すること。

(11) この静止状態が実現するためには，Pと斜面bdの間の静止摩擦係数 μ は不等式 $\mu \geqq \mu_0$ を満たさなければならない。この下限 μ_0 を，h, k, H, Q, m, g の中から必要なものを使って答えよ。

(12) バネが縮んだ長さ h は以下のように与えられる。三箇所の空欄には同じ数値が入る。その数値を答えよ。

$$h = \frac{1}{k}\left(-\square\, mg + \sqrt{(\square)^2 (mg)^2 + 2k(QEL - \square\, mgH)}\right)$$

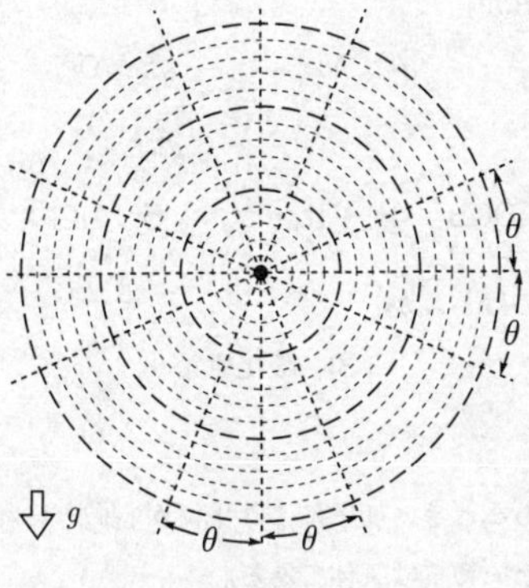

図2

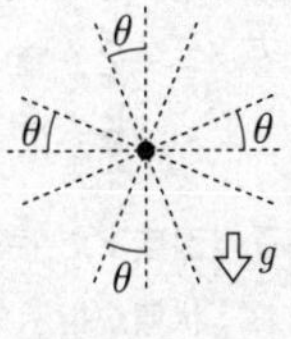

図3，4，5（同じ図）

〔(4)，(5)，(6)，(10)の解答欄〕それぞれ上の各図と同様。

化学

（60分）

原　　子　　量

H：1.0　　C：12.0　　N：14.0　　O：16.0

Na：23.0　　S：32.0　　Cu：64.0

［Ⅰ］　問(1)～(5)に答えよ。また，問(6)，(7)については，2問のうち1問を選択し答えよ。答は1～5のなかから選び，1～5の数字を解答用紙A（OCR用紙）のそれぞれの問番号の解答欄に記入せよ。ただし，当てはまる答が2つある場合は数字を2つ記入し，答が1つしかない場合はその数字と0を記せ。なお，解答欄に記入する数字の順序は問わない。

(1)　アルゴンと同じ電子配置をもつイオンはどれか。

1　Cl^-　　2　F^-　　3　Ca^{2+}　　4　Na^+　　5　O^{2-}

(2)　無極性分子はどれか。

1　NH_3　　2　C_6H_6　　3　CH_3COOH　　4　CH_4　　5　HCl

(3)　式量ではなく分子量を用いるのが適当なものはどれか。

1　二酸化炭素　　2　金　　3　酸化亜鉛

4　硝酸アンモニウム　　5　アセチレン

(4)　以下の可逆反応が一定温度下で平衡状態にあるとき，加圧により平衡が右向きに移動するのはどれか。なお，状態が指示されていない物質は気体である。

1　$H_2 + I_2 \rightleftarrows 2HI$

2　C（黒鉛）$+ H_2O \rightleftarrows CO + H_2$

3　$N_2 + 3H_2 \rightleftarrows 2NH_3$

4　$2NO_2 \rightleftarrows N_2O_4$

5　$4NH_3 + 5O_2 \rightleftarrows 4NO + 6H_2O$

(5)　アルデヒドとケトンに関する記述で正しいものはどれか。

1　アセトアルデヒドは工業的にはエチレンを酸化して作られる。

2　沸点はホルムアルデヒドよりアセトアルデヒドの方が低い。

3　ケトンはフェーリング液を還元する。

4　アンモニア性硝酸銀溶液にアルデヒドを加え加熱すると銀イオンは還元される。

5　ヨードホルム反応はすべての種類のアルデヒドやケトンで起きる。

(6)　Snを成分として含む合金はどれか。

1　ニクロム　2　無鉛はんだ　3　青銅　4　黄銅　5　白銅

(7)　単糖類に分類されるのはどれか。

1　セルロース　2　グルコース　3　スクロース

4　マルトース　5　ガラクトース

[Ⅱ]　問(1)～(6)に答えよ。解答は1～7のなかから最も近い値を選び，1～7の数字を解答用紙A（OCR用紙）の解答欄に記入せよ。必要があれば，気体定数として 8.31×10^3 Pa・L/(K・mol)，0 ℃ = 273 K を使え。また，ここでの気体は理想気体とする。

(1)　27 ℃，2.0×10^5 Pa で体積が 12.0 L の窒素 N_2 がある。この窒素を温度一定のまま，圧力を 3.0×10^5 Pa にしたとき，体積は何Lになるか。

1　7.2　2　8.0　3　10.0　4　12.0　5　14.7　6　16.0　7　24.0

(2)　問(1)の窒素を圧力は 3.0×10^5 Pa のまま，温度を 100 ℃にしたとき，体積は何Lになるか。

1　2.7　2　8.0　3　8.6　4　9.9　5　12.4　6　14.9　7　29.6

(3)　18 g のグルコース $C_6H_{12}O_6$ を 500 mL の水に溶かしてグルコース水溶液を作製した。この溶液の質量モル濃度は何 mol/kg か。なお，水の密度を 1.0 g/cm³ とする。

1　0.01　2　0.02　3　0.05　4　0.10　5　0.19　6　0.20　7　0.50

(4)　問(3)のグルコース水溶液の凝固点は何 ℃か。水のモル凝固点降下を 1.85 K・kg/mol とする。

1　−0.74　2　−0.56　3　−0.37　4　−0.19

5　0.19　6　0.37　7　0.56

(5)　水 100 g に対する硫酸銅（Ⅱ）$CuSO_4$ の溶解度は 60 ℃で 40 である。60 ℃における硫酸銅（Ⅱ）の飽和水溶液 200 g に溶けている $CuSO_4$ の質量は何 g か。

1 42　　2 50　　3 57　　4 66　　5 74　　6 80　　7 90

(6) 硫酸銅（Ⅱ）$CuSO_4$ の水への溶解度は 20 ℃で 20 である。問(5)の飽和水溶液を 20 ℃に冷却すると，硫酸銅（Ⅱ）五水和物 $CuSO_4 \cdot 5H_2O$ の結晶が何 g 析出するか。

1 30　　2 35　　3 40　　4 45　　5 50　　6 55　　7 60

［Ⅲ］ 塩化アンモニウムと水酸化カルシウムを試験管に入れて混合し，図のような実験装置を組み立てた。ガスバーナーで試験管を加熱したところ，気体が発生した。問(1)～(3)に答えよ。解答は解答用紙Bのそれぞれの問の解答欄に答えよ。

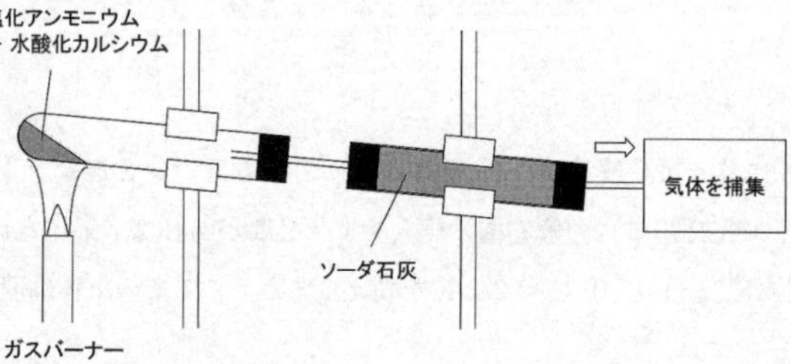

(1) 気体が発生する反応の化学反応式を書け。

(2) 発生した気体を，ソーダ石灰を詰めた管に通した後に捕集した。捕集方法として，上方置換，下方置換，水上置換のどれが適切か，選んで答えよ。

(3) この実験を行うときには，試薬を入れた試験管の口を少し下げておく必要がある。その理由を説明せよ。文字数は問わない。

［Ⅳ］　金属の結晶構造に関する問(1)，(2)に答えよ。解答は解答用紙Bのそれぞれの問の解答欄に答えよ。

(1)　次の文章の①～④に当てはまる言葉または数字を答えよ。

金属結晶の構造は面心立方格子，六方最密構造，（ ① ）などに分類される。面心立方格子と六方最密構造は共に粒子が最も密に詰まった構造であり，1個の粒子は周囲の（ ② ）個の粒子と接している。（ ① ）では1個の粒子は周囲の（ ③ ）個の粒子と接している。このように，結晶中の粒子に接している粒子の数を（ ④ ）という。

(2)　ある金属の結晶構造は面心立方格子で，単位格子の一辺の長さが 3.52×10^{-8} cm である。この金属の原子の半径は何 cm か。有効数字3桁で答えよ。なお，必要であれば $\sqrt{2} = 1.41$ を用いよ。

［Ⅴ］　問(1)～(4)に答えよ。解答は解答用紙Bのそれぞれの問の解答欄に答えよ。

(1)　酢酸とエタノールの混合物に濃硫酸を加えて加熱したところ，脱水反応が起き，有機化合物が生成した。生成した有機化合物の名称を書け。

(2)　無水酢酸とアニリンを反応させたところ，酢酸の他にもう1種類の有機化合物が生成した。この有機化合物の構造式を書け。

(3)　問(1)の脱水反応で生成する有機化合物に，水酸化ナトリウム水溶液を加えて加熱すると，けん化が起きる。この反応の化学反応式を書け。

(4)　問(3)の反応において，水酸化ナトリウム 4.0 g が完全に反応したとすると，生じるカルボン酸の塩の質量は何 g か。

5　音楽や絵画についての人の好みは複雑であり、そのありようを考察することは、多様な解釈を許す芸術の本質を探究する手がかりとなる。

3　多くの要素を用いてできるだけ詳しく理論を説き明かす

4　数少ない要素でできるだけ多くの現象を説明する

5　効率の悪い間接的な説明を避けて具体的な記述を追究する

問五　傍線部①「合理性と社会性だけで人間を理解できないとすれば、伝統的な学問は必ずしも人間の理解に十分な力を発揮できないことになる」とあるが、「合理性と社会性」を重んじる「伝統的な学問」において欠かせないのはどのようなことか。それを説明した三十字以上三十五字以内（句読点や記号も字数に含める）の部分を本文中から抜き出し、その最初の四字を、解答用紙B に答えよ。

問六　筆者の考えに**合致しないもの**を、次の1～5の中から一つ選び、解答用紙A に番号で答えよ。

1　人間は、言語や法や貨幣によって社会秩序を築いてきたが、社会に順応しようとするだけでなく、社会に反する感情を抱き、行動することもある。

2　文学や文学論の役割は、人間の「謎」を浮かび上がらせ、数学的「合理性」に基づく近代科学が虚構にすぎないことを明らかにすることである。

3　現代のほとんどの学問は合理性を前提とし、理性による「論証」や説明を目標とするが、人間の精神世界を扱う人文学は必ずしもそうではない。

4　人間には非合理な側面があり、そうした部分に深く結びついた芸術は、ときに理性の暴走を押し止め、人間の心を穏やかにする力を持っている。

実際、「芸術は人を穏やかにする」と指摘されることがある。技芸は、人々を寛容かつ温和にすると哲学者デイヴィッド・ヒュームも述べている。芸術にはときに魂を救済しうる力があるのではなかろうか。

（猪木武徳『社会思想としてのクラシック音楽』による）

問一　傍線部(ア)・(イ)のカタカナを漢字に改め、**解答用紙B** に答えよ（楷書で正確に書くこと）。

問二　次の文は、もともと本文中のある段落の末尾にあったものである。元に戻すとしたらどこに戻すべきか。挿入箇所の直前の五字（句読点や記号も字数に含める）を、**解答用紙B** に答えよ。

社会体制が「個人」を生み出すという側面を見落としてしまう。

問三　空欄 [A] ～ [C] に入れるのに最も適当なものを、次の1～5の中からそれぞれ一つずつ選び、[解答用紙A] に番号で答えよ。ただし、同じ言葉を繰り返し用いてはならない。

1　さらに　2　にもかかわらず　3　したがって　4　むしろ　5　それとも

問四　空欄 [X] に入れるのに最も適当なものを、次の1～5の中から一つ選び、[解答用紙A] に番号で答えよ。

1　少ない時間でできるだけ多くの理論を作り出す

2　多くの人々が短い時間で理解できる理論を求めていく

人との交わりを拒絶し、ときに憎悪や報復感といった「反社会的」な感情を抱き、行動することがある。党派的になりやすい、利己的な態度になる、法を破ろうとする、独断的で協調しようとしないなどの性向は、人間の「反社会性」の具体的な現れである。①合理性と社会性だけで人間を理解できないとすれば、伝統的な学問は必ずしも人間の理解に十分な力を発揮できないことになる。

確かに人間が知ることを欲し、真理を求めたがるとしても、ではなぜ虚構である神話や小説、そして冗談や機智を好むのか。あるいはなぜ規則や約束事、あるいは形式に縛られた音楽や絵画を創作し、それを鑑賞することに喜びを感じるのかを説明することはできない。

［B］、音楽や絵画を熱烈に愛好するとしても、その愛好の「理由」が人みな同じというわけではない。たとえモーツァルトの崇拝者と意気投合して、オペラ『コジ・ファン・トゥッテ』の素晴らしさを語りあっても、「いや『フィガロの結婚』や『ドン・ジョヴァンニ』には及ばない」と(ア)イッシュウされることがある。好みは慣習や流行によって影響を受けるだけでなく、人によって微妙に異なる。［C］「好みについては論ずるにあたわず」ということになる。しかし『コジ』の第一幕の小三重唱、Soave sia il vento の美しさに文字通りウットリしないものはいないだろう。共通感覚というものはあるのだ。

このような人間の複雑な性向や好みの一致不一致を考える試みは、(イ)アイマイで多様な解釈を許す芸術の本質そのものを探求するためのヒントを与える。人間の「反社会性」の克服と「非合理性」の理解の可能性が、宗教はもちろん、芸術にも、さらに具体的な形で潜んでいるのではなかろうか。数理的合理性を前提とする科学的な学問だけでは、こうした人間精神に関わる難問の解は得られないようだ。

論理的思考と理性による推論は容易に行き過ぎる。その行き過ぎは、時に人を傲慢かつ凶暴にする。理性以外のすべてを失った人間はどうなるのか。理性の暴走を理性が押し止めることはできない。理性以外の力を求めざるを得ない。昔、知人が強い憤りを感じる事柄に遭遇し、精神の激しい動揺を来したとき、夫人にヨハン・パッヘルベルのカノン（ニ長調）を聴かされて、魔法にかかった動物のように平静を取り戻したと話してくれたことがあった。人間を、怒りや冷たさから護《まも》り、心を穏やかにしてくれる力が芸術にはある。

〔三〕 次の文章を読んで、後の問い（問一～六）に答えよ。ただし、解答は指定された解答用紙に記入すること。

現代のほとんどの学問は、問題の設定の仕方であれ探求の方法であれ、合理性（無矛盾性）を前提としている。正確かつ確実なことを「真理」とみなし、それを厳密に記述することをその必須条件とする。

しかし例外もある。人間の精神世界を扱う人文学、例えば歴史学、哲学、思想史、政治学などは、理性による「論証」や説明を必ずしも目標としているわけではない。「論証する」というよりも「探求する」こと自体が学問であるような研究領域がある。いつまでも問い続けながら、時に何かを垣間《かいま》見るという性格の学問である。

特に文学や文学論は、「人間は謎」だという事実をいかに示すか、「謎」そのものをどのような形であぶり出すのかにひとつの大きな役割がある。この作業は数理的な「論証」の枠には馴染《なじ》まない。G・ヴィーコの言葉を使えば、デカルトの言う確実な真なる知識を記述するだけではなく、「真らしい知識」についても、想像力をめぐらして事細かに物語る方法の学知である。

ドストエフスキーやトーマス・マンの小説の粗筋《あらすじ》を要約したところで、そこに新たな発見があるわけではない。［A］細部の観察や予期せぬ感情の動きに、読む者は「そうだったのか」「そういうこともあるのだ」という共感を呼び覚まされるのだ。言い換えれば、一八世紀以降の近代科学が前提とする数学的「合理性」や、「［X］」という理論の効率性の原則に固執する限り、人間と人間感情の謎に迫るのは難しいということになる。

改めて考えると、人間というのはおかしな動物だ。人間社会は、「個人」という意識や概念の発生よりもはるかに古くから存在した。ミツバチやシロアリなどのような群生動物であった人間は、他の生物が生み出しえなかった複雑な言語を用いながら、法や、交換の正義を保証するための貨幣を創り出して社会秩序を築く過程で、徐々に「個人」を発見してきたのだ。「個人」は社会、あるいは社会体制の中から生まれ出た。音楽家でもあり、写譜業を生活の足しにしていた思想家ルソーがモデル化したような、「個人間の契約」によって社会が生まれたという方向だけを見るのは一面的だ。

また厄介なことに、人間はつねに社会を意識して社会に順応しようとする動物であるわけではない。「反社会性」も併せ持っている。

A　科学は、見えない部分で起こっていることを想像し、それが実際に目の前で起こっているかのように見抜く学問であり、科学的経験を積み重ねれば、自然のみならず社会や人間の世界を支配する力を得ることができる。

B　科学を学び、科学の考え方を応用することによって意外な「知」を得ると、知ることが楽しくなり、他者と関わり合うことに意欲的になるばかりか、個々の「知」を互いに尊重するような豊かな関係性が生まれてくる。

C　さまざまなことを学び、思考し、想像するのが科学の本質であり、社会において起こりうることを予測し、過去の経験をふまえて最良の判断をするという私たちの生き方を、科学の「知」にも反映させることが大切である。

D　学校の科目における「理科」は自然物そのものを対象とするが、「科学」は自然物だけにとどまらず、自然現象に対する考え方や社会との関係など、自然と人間との関わりにおいて生じる現象を幅広く対象とする。

E　本当の生きる力となるのは、理解力や思考力などの知的な世界をつかみ取る総合的な力としての「知」であり、そのような知は、科学を学び、自然現象についての学問的知識を蓄積することでしか得られない。

1　A・B　2　A・C　3　A・D　4　A・E　5　B・C
6　B・D　7　B・E　8　C・D　9　C・E　0　D・E

(ウ)　ソウショウ

1　経歴をサショウする。
2　シュンショウの風情。
3　相手とコウショウする。
4　組織をショウアクする。
5　カンショウ的な気分。

問二　傍線部①「科学は、そんな可能性を秘めているのです」とあるが、筆者は科学の力によってどのようなことができると考えているか。それを説明した次の文の空欄［　　］に入る言葉を、「世の中」と「発見」という語を必ず用いて、五十字以内（句読点や記号なども字数に含める）で、解答用紙B に答えよ。

科学の力によって、直接経験していないことを追体験し、［　　］ことができる。

問三　空欄［X］～［Z］に入れるのに最も適当なものを、次の1～5の中からそれぞれ一つずつ選び、解答用紙A に番号で答えよ。ただし、同じ言葉を繰り返し用いてはならない。

1　証拠　　2　直感　　3　仮説　　4　連想　　5　真実

問四　次のA～Eについて、筆者の考えに合致するものの組合せとして最も適当なものを、後の1～0の中から一つ選び、解答用紙A に番号で答えよ。

「科学する」ということは、私たちが自然のうちにできる知的作業であるとともに、「知は力」を証明するために人が意識的に行う営みの一つでもあると言えるのではないでしょうか。だから、いろんな社会的・人間的事柄に対しても、

①なぜその事柄が起こったかの X を持ち、

②それが事実であるか事実ではないかをさまざまな Y によって弁別し、

③その事柄の背景にある、まぎれもない一つの確かな「 Z 」を発見する、

というふうに言い換えることができるでしょう。つまり、科学の精神は何に対しても適用できることになります。「科学する」ということを幅広くさまざまな問題に応用して、私たちの生き方に反映させるということが大事なのではないでしょうか。

（池内了『なぜ科学を学ぶのか』による）

問一　傍線部(ア)〜(ウ)の漢字と同じ漢字を含むものを、次の各群の1〜5の中からそれぞれ一つずつ選び、**解答用紙A** に番号で答えよ。

(ア)　イッショ

1　ショギョウ無常。
2　市井のショミン。
3　ユイショ正しい。
4　適切なショチ。
5　美しいショサ。

(イ)　カクトク

1　ハカクの値段。
2　農作物のシュウカク。
3　ランカクを禁止する。
4　物事のカクシンをつく。
5　技術カクシンの歴史。

までも発見することができると考えられるのです。科学は、見えない部分で何が起こっているかを想像し、あたかもそれが実際に目の前で起こっているかのように見抜く学問なのです。そのような科学の営みを積み重ねていくと、世の中のさまざまな事柄に対しても幅広い見方ができるようになるのではないでしょうか。いろんなことを学び考え想像するのが科学の真髄なのですから、直接自分で経験したことがなくても、科学の力によって頭の中で追体験できるようになるでしょう。それによって、難問に対して新しいヒントが得られるかもしれません。違った観点からものを見ると、違った姿に見えることは確かで、それによってこれまで考えたことがなかったような新鮮なイメージが思い浮かんだりするでしょう。①科学は、そんな可能性を秘めているのです。

実際、思いがけない結びつきが発見できると知ることが楽しくなり、「そんなことが本当にあるの?」と、自分が見つけた意外な発見に、自分自身が感動するに違いありません。それに留まらず、人に話したい、イッ(ア)ショに感動したいという気にもなり、何事にも自信を持って人と対応できるようになります。豊かで、やさしく人と接し合えるようになるということです。そのような人間の集団では、人それぞれが異なった発見をしているだろうし、それを互いに尊重するという気にもなるのではないでしょうか。つまり、科学を学び、科学の考え方を応用するということを通して、「知ることが生きる力に変えられる」ということに繋がるのです。

昔、フランシス・ベーコンという人が「知は力なり」と言ったそうです。元々は、経験によって得られた知識を活かして自然に対すれば、自然を支配する力を得ることができるという意味の言葉のようです。私は、自然を支配するという考え方は好きではないので、この言葉を、さまざまな科学的な経験を積み重ねれば、自然のみならず社会や人間の世界の真実まで認識する力を(イ)カクトクすることができる、という意味に受け取っています。

そして、「知」という言葉には科学的知識も含まれるけれど、英知や理知や機知など物事の道理や知恵一般のことを意味する英語の「インテリジェンス」という言葉がもっとも近い感じがします。インテリジェンスは、理解力、思考力、知性、理性、知識などをソウ(ウ)ショウした、知的な世界をつかみ取る力のことを意味します。そのような知を弁《わきま》えている人間こそ、本当の生きる力を備えていると言ってもいいのではないかと思います。

問七　筆者の考えに合致するものを、次の1～5の中から一つ選び、**解答用紙A**に番号で答えよ。

1　多くの国家は物理的な暴力の行使を正当に独占しようとしているが、それは国家の本質に反するあり方だといえる。

2　アナキズムは、国家や資本主義の廃絶のみを求める運動ではなく、国家や資本主義における自由や平等を求める運動でもある。

3　網野が描いたようなかつての市の姿は完全に失われてしまったが、市場という自由で平等な空間を取り戻すことは不可能ではない。

4　自由・平等・自治を求める動きにおいて、富や権力を独り占めしないというあり方を維持することはきわめて重要である。

5　利潤を追求する資本主義を支えるのは、誰にどんな値段で売るのか、誰からどんな値段で何を買うのかを選ぶ自由である。

［二］　次の文章を読んで、後の問い（問一～四）に答えよ。ただし、解答は指定された解答用紙に記入すること。

学校の科目では「理科」と呼んでいますが、通常私たちが当面する自然現象に関わる問題を「科学」と呼ぶのは、それが社会的な事象や人間の生き方、つまり学校の科目で言えば社会や歴史や国語など他の科目にも関連しているためでしょう。理科が対象とするのは自然物そのものですが、「科学」はそれだけに留まることがなく、「科学的判断」とか「科学的予測」と言われるように、生じている自然現象に対する考え方（判断、予測）や社会との関係までをも問うことになるからです。「理科的判断」とか「理科的予測」と言うのと、ニュアンスが大きく異なることがわかると思います。また、直面する問題の解決のために科学の立場からどう考えるかは人間の生き方への重要なヒントになるように、科学は自然と人間が関係して繰り広げられる現象を全分野から論じるという意味があります。

つまり、科学を学ぶとさまざまな問題に応用でき、科学の力によって物事の仕組みや歴史的繋《つな》がり、そして思いがけない社会的関係

1　都市人口が増大するなかで、商人が農村と都市を仲介して商品を供給する方式が主流となっていった。

2　大商人が農家と直接取引して穀物や家畜などの生産物を買い占めた結果、都市の食料品の価格が高騰した。

3　商品を運ぶ船舶の出発を先延ばしにして市場で商品を品薄にさせ、価格を引き上げようとする商人が現れた。

4　都市の拡大によって生活の近代化が進み、生産者と消費者が直接対面して売り買いする従来の市場が減少した。

5　大商人はときに安価な商品を高く売ることで、市場に対する新規の参入を阻み、独占状態を維持しようとした。

問五　空欄 [X] に入れるのに最も適当なものを、次の1～5の中から一つ選び、[解答用紙A] に番号で答えよ。

1　資本家と近代国家とのつながりによって成立した

2　売り手と買い手との対等な関係によって解体された

3　国家と商業資本との結託のすえに失われていった

4　資本家と国家の思惑が交錯するなかで強められる

5　消費者と生産者が手を結ぶことで揺るがされた

問六　傍線部③「ブローデルが探究した市場と資本主義の関係」とあるが、ブローデルの考えによれば、「資本主義」とはどのようなものか。それについて説明した次の文の空欄 [　] に入れるのに最も適当な五字の言葉を本文中から抜き出し、[解答用紙B] に答えよ。

資本主義とは、まるで [　] のようなものである。

よ。

A　公共的な社会活動や金融業を担った人びとと政治権力との関係を注視すると、そうした人びとが国家において排除された経緯が明らかになる。

B　中世においては、市場は神仏の支配する聖なる空間として特権的な位置を占めており、世俗の支配権力とはまったく関わりのない特別な場であった。

C　中世の自治都市では交易に携わるなど女性の社会的役割が大きかったが、そのことは当時の自治都市の性質を見きわめる上で注目すべき点の一つである。

D　市場や商業的な自治都市は、人びとの手によって築きあげられてきた自由で平和な空間であり、世俗の主従関係を逆転させうる力を持っていた。

E　市場は支配権力や神仏の力と結びつきながら自治の空間として維持されてきたが、そうした空間はやがて国家秩序の下に置かれるようになっていった。

1　A・B　2　A・C　3　A・D　4　A・E　5　B・C
6　B・D　7　B・E　8　C・D　9　C・E　0　D・E

問四　傍線部②「いったいなにが起きたのか」とあるが、それについてブローデルはどのようなことを指摘しているか。その説明として**誤っているもの**を、次の1～5の中から一つ選び、解答用紙A に番号で答えよ。

原則だ。「独占」とは、まさに「分け与える」こと、「もれだす」ことを拒絶する力にほかならない。

アナキズムはたんに国家や資本主義の廃絶を求める運動ではない。自分たちの自由や平等を損なうものはなにか、どんな場所を維持し、なにから身を守ればよいのか、その問題の所在と考えるべき問いの(エ)リンカクがだいぶみえてきた。

（松村圭一郎『くらしのアナキズム』による）

（注1）網野……網野善彦（一九二八～二〇〇四）。日本の歴史学者。

（注2）勧進聖……寺院の堂塔や各地の橋梁《きょうりょう》などの創建の資材調達のために回国する僧（聖《ひじり》）のこと。行基は、東大寺大仏の造営を成就させた著名な勧進聖である。

（注3）ブローデル……フェルナン・ブローデル（一九〇二～一九八五）。フランスの歴史学者。

問一　傍線部(ア)～(エ)のカタカナを漢字に改め、解答用紙B に答えよ（楷書で正確に書くこと）。

問二　次の一文は、もともと本文中のある段落の末尾にあったものである。元に戻すとしたら、どこに戻すべきか。挿入箇所の直前の五字（句読点や記号なども字数に含める）を、解答用紙B に答えよ。

まさに現代の巨大ネット企業が最初は無料か格安にして独占状態をつくり、有料化していく手法と同じだ。

問三　傍線部①「神仏の聖なる空間と商業との結びつきの歴史は古い」とあるが、そうした歴史についての網野の考察に合致するものが、次のA～Eの中に二つある。その組合せとして最も適当なものを、後の1～0の中から一つ選び、解答用紙A に番号で答え意に介さない。だから利潤を確保するために、人びとの暮らしを支える市場を迂回《うかい》し、独占的な取引が目指された。そこで人びとが困窮しようとおかまいなしに。

　市場での自由や平等は、つねにこの資本の力による「独占」という脅威にさらされてきた。アナキズムにとってのポイントもここにある。アナキズムが標的にしてきた国家も「独占」という力学のうえに成り立っているからだ。

　社会学者のマックス・ヴェーバーは、国家を物理的な暴力の行使を正当に独占することに唯一成功している共同体だと定義した。たとえば、日本で都道府県がそれぞれ軍隊をもって中央政府の命令に従わなければ、日本は国家の体をなさなくなる（じっさい戦国時代はそんな状態だった）。

　警察にせよ、軍隊にせよ、「物理的な暴力の行使」をひとつの集団や組織が独占する。それが国家の本質にある。自由・平等・自治というアナキズムの目指す価値は、その独占を志向する力とのたえまない拮抗《きっこう》のなかにあった。

　市場での自由で対等な売り買いは、独占状態では成り立たない。大商人が生産者と直接取引して買い占めてしまえば、消費者は売り手の言い値で買うしかなくなる。生産者も、事前に前払いの現金を与えられたら、その売り手に売るしかない。市場での売り手と買い手との対等の関係も、自分がだれにどんな値段で売るのか、だれからどんな値段でなにを買うのかを選ぶ自由も、そこでは失われてしまう。

　③ブローデルが探究した市場と資本主義の関係、そして網野が描きだした無縁の人びとと金融や権力との関係からは、市場の自由や平等を破壊する資本主義的な動きが、国家と連携しながらも、その市場での商業の内側から生まれ、成長してきたことがわかる。それはちょうど、自治都市における政治が国家の政治と地続きにあり、容易に国家の末端組織にもなりうることとも重なる。

　市場も、都市も、そのままでアナキズム的な空間になるわけではない。市場や都市という自由・平等・自治の空間を維持するには、国家や商業資本と距離をとると同時に、その独占しようとする力が内部から生じないようにする必要もあった。

　さまざまな国家なき社会の政治リーダーに求められていたのは、気前よく分け与えること。つまり富や権力を独り占めしないという現する。市に運ばれる手前で独占商人が品物を安く買い占めたので、都市の食料品価格の高騰にもつながった。

　この価格の高騰は、大商人によって意図的にはかられることもあった。ブローデルは、十八世紀初頭にオスマン・トルコと貿易していたイギリスの会社が、トルコ向けの船舶の出発を何度も先延ばしして、トルコでのイギリス製品の価格とイギリスでの絹価格を引き上げようとしたことを例にあげる。それは自分たちが商品を供給している市場で巧妙に商品を品薄にさせる策略だった。それには時間稼ぎできるだけの資本が必要だった。

　価格をつりあげるもうひとつのやり方は独占を維持することだった。十七世紀のオランダの大商人は、巨大な倉庫群を保有し、そこに大量の小麦などの食料やイギリスの毛織物、フランスのぶどう酒など各国の商品を貯蔵した。少数のかぎられた大商人たちは、生産者から直接、現金の前払いで商品を安価に買い占め、相場の上昇を待ち、品薄にして価格を引き上げた。外国人の新規参入を阻むために、ときに彼らは大きな損失がでてもより高く購入して安価で売り、市場の独占状態を維持しようとした。これにも大きな資本が不可欠だった。

　いったいどのように資本の蓄積や独占が可能になったのか。ブローデルは、いくつかの要因にふれているが、なかでも重要なのが国家との連携だ。資本家と国家とのつながりの起源は、十四世紀初頭のヴェネツィアにまでさかのぼる。それが「大商業会社」として発展したのは、おもに十七世紀のオランダやイギリスでのことだ。

　商業独占から生まれた大商業会社は、国家が付与した特権によって遠隔地交易を独占し、資本を蓄積させた。そこには、近代国家にとって宿命ともいえる財政難をその商業会社からの徴税で解消しようとする国家の思惑もあった。市場の自由と平等、そして自治は、こうして［　X　］のだ。

　ブローデルは、資本主義を「反―市場」の力だととらえた。市場が小規模な「商い」と「安定した日々の仕事」の場だとしたら、資本主義は大きな資本をもとにリスクをとれる者だけが膨大な利潤を手にできる「投機」の場である。市場は人びとの生活にねざした営みだった。でも資本主義という名のギャンブルでは、資本家は利潤があがりさえすれば、品薄で価格が上昇し、生活者が困窮しようと性の名前が多く登場する。網野は、中世の自治都市では女性の社会的役割が大きかったと指摘する。海村でも、女性が海女として生産にたずさわるだけでなく、交易を担い、地位が高かった。網野はこれらを女性の性そのものの無縁性と関連づけて論じている。

市場や商業的な自治都市は、支配権力と無関係の場所ではない。むしろ天皇や幕府、戦国大名、そして神仏の力をうまく利用しながら、特権的な自治の空間が維持されていた。だが、その世俗のなかにつくられた自由で平和な無縁の空間も、やがてその特権を剥奪され、国家のヒエラルキーのなかに統合されていく。網野にいわせれば、それは自由と平和に結びついた女性の非権力的な特質が敗北していく歴史でもあった。

いまや「自治体」といえば、国家機関の末端のように考えてしまう。だが、無縁の公界が国家に包摂される過程をたどると、むしろすでに人びとの手によって築きあげられてきた自由で平和な自治の空間が国家統治に組みこまれ、支配のために利用されてきたことがわかる。自治の共同体は、もともと国家機関の一部ではなく、自由で平和な自立した空間だったのだ。

支配権力の強制力から逃れ、活発な商業活動によって繁栄してきたその活力が、国家の体制に組みこまれる。それは、ブローデル(注3)が「反—市場」である資本主義の力に市場が飲みこまれたと考えた過程とも重なる。

網野が描いたかつての市の姿は、かならずしも過去のものではないし、いまも完全には失われていない。だが、そこが大きな変質を遂げてきたのは確かだ。②いったいなにが起きたのか。ブローデルの議論をたどろう。

一六〇〇年に最大に見積もって二五万人だったロンドンの人口は、一七〇〇年には五〇万人に膨れあがった。この都市の拡大は周囲の農村を豊かにし、生活の近代化を進めた一方、伝統的なオープン・マーケットを解体させる。それまで(イ)レイサイな生産者や仲介業者に担われ、生産者と消費者が直接対面する大衆にひらかれた市では、都市人口をカバーできなくなった。そこで商人が農村と都市をつないで商品を供給する方式が主流になっていく。特定の商品を扱う専門化した市が増え、同時に公認のオープン・マーケットをへないで売買が行われるプライベート・マーケットが(ウ)リュウセイする。

大規模な商人が農家の台所まで穀物や家畜を前金で買いつけに出向く。ブローデルは、それを「村落へ向かって市が溢《あふ》れ出す」と表

国語

（六〇分）

［一］　次の文章を読んで、後の問い（問一～七）に答えよ。ただし、解答は指定された解答用紙に記入すること。

なぜ市場《いちば》は特別な空間だったのか。網野(注1)は、そこが神仏の支配する聖なる場であり、世俗の主従関係から切りはなされた無主の地であったと指摘する。しばしば、市《いち》は寺社の門前にひらかれ、行商人や職人、芸能民や物乞いなど無縁の人びとがつどった。①神仏の聖なる空間と商業との結びつきの歴史は古い。

奈良・平安時代より、橋を架け、道をひらき、港を築き、井戸を掘るといった社会活動は(注2)「勧進聖《かんじんひじり》」たちが担ってきた。行基《ぎょうき》や空也《くうや》などの聖《ひじり》たちは寄付を(ア)ツノって諸国をめぐり歩いた。網野は、こうした勧進聖が道路や橋、港という無縁の場をつくっていることに注目する。無縁の人が修造するのはやはり無縁の場だったのだ。

中世、勧進聖は関所料の徴収などの特権を天皇や幕府から公認された。この聖たちは貴重な宝物や文書を保管する倉庫の管理役を担い、やがて金融業にもかかわるようになる。鎌倉から室町期に至るまで、こうした能力や財力をもつ山伏や禅僧が各地の荘園や公領の代官職を請け負った。財政難に苦しむ荘園や公領の支配者は、その請け負いの見返りとして多額の公用銭を受けとっていた。聖のなかには、その立場を利用してさらに富を蓄積し、政治権力の中枢とつながる者もあらわれた。

無縁の場には、多くの女性たちの姿もあった。十四世紀初頭、豊かな港町として栄えた志摩《しま》の江向《えむかい》の記録には、家の保有者として女

解答編

英語

Ⅰ 解答 ≪孤独感からどうやって脱するか≫

1－3　2－4　3－5　4－4　5－2　6－3　7－5　8－4

(注)

3. there is little or nothing they can do to improve their condition

Ⅱ 解答 ≪書店での会話≫

1－3　2－2　3－5　4－1　5－3

Ⅲ 解答

1－4　2－1　3－3　4－2　5－4　6－3
7－1

(注)

1. (I) think it takes me about fifteen minutes to go (to school.)

2. (I've) got the useful software installed on my PC(.)

3. (That) tall man is a teacher from whom I take piano (lessons.)

4. (The holidays went by) much more quickly than I had expected (.)

5. The book gave me a good idea about (what life was like in the past.)

6. (My mother) turned the light off 〔turned off the light〕 so as not to waste (electricity.)

7. She is not interested in music at (all.)

Ⅳ　解答　≪罪のない嘘≫

1．他者の感情〔気持ち〕を傷つけない（ためにつく）嘘

2．他人をだましたり他人から（物や金〔何か〕を）盗むために（ということ）

3．あなたが本当はビデオゲームを望んでいたとしても，両親に自分は誕生日にもらったセーターがすごく気に入ったと言うことで彼らは気分がよくなる

(注)

you tell your parents that you loved the sweater they gave you for your birthday

「あなたはあなたの両親に，あなたはあなたの誕生日のために彼らがあなたにくれたセーターをすごく気に入ったと言う」と英語では代名詞が繰り返し使われるが，自然な日本語にするため，「あなたは両親に誕生日にくれたセーターがすごく気に入ったと言う」と代名詞を省略してよい。

Ⅴ　解答

1．(1) fishing　(2) free

2．(1) true　(2) went

Ⅵ　解答

(I) went to the〔a〕library to borrow (books.)

数学

◀Ⅰ型受験▶

1 解答 ≪数と式，図形と計量，確率≫

(1)アイ．50　ウ．7　エ．6　オカ．12　キク．32

(2)ケ．1　コ．2　サ．7　シ．3　ス．3　セソ．66　タ．3　チツ．22

(3)テ．1　トナ．91　ニヌ．15　ネノ．91　ハ．8　ヒフ．13

2 解答 ≪対数の計算，ベクトルの内積≫

(1)ヘ．9　ホ．5　マ．7　ミ．1　ム．2　メ．1　モ．4

(2)ヤ．4　ユ．1　ヨ．8　ラ．5　リ．2　ル．2　レロ．17　ワヲ．36

3 解答 ≪三角関数の合成，最大・最小≫

(1)　$t^2=1+2\sin x\cos x$ であるから

$$2\sin x\cos x=t^2-1$$

よって　$y=t^2+t-4$　……(答)

(2)　合成して

$$t=\sqrt{2}\sin\left(x+\frac{\pi}{4}\right)$$

$0\leqq x\leqq\pi$ より，$\frac{\pi}{4}\leqq x+\frac{\pi}{4}\leqq\frac{5}{4}\pi$ であるから

$$-\frac{1}{\sqrt{2}}\leqq\sin\left(x+\frac{\pi}{4}\right)\leqq 1$$

よって　　$-1 \leqq t \leqq \sqrt{2}$　……(答)

(3)　　$y=\left(t+\frac{1}{2}\right)^2-\frac{17}{4}$

よって

$t=\sqrt{2}$ で最大値 $\sqrt{2}-2$

$t=-\frac{1}{2}$ で最小値 $-\frac{17}{4}$　……(答)

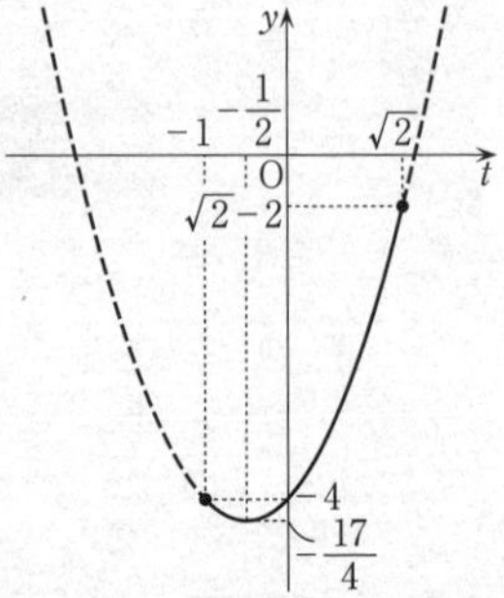

4 解答 ≪3次関数のグラフと直線で囲まれる部分の面積，グラフの概形，面積≫

(A)(1)　　$f'(x)=3x^2-14x+8=(3x-2)(x-4)$

$f'(x)=0$ を解くと $x=\frac{2}{3}$，4 であり，$f(x)$ の増減表は右のようになる。

x	…	$\frac{2}{3}$	…	4	…
$f'(x)$	+	0	−	0	+
$f(x)$	↗	極大	↘	極小	↗

よって，$f(x)$ は $x=\frac{2}{3}$ で極大値，$x=4$ で極小値をとる。　……(答)

(2)　点 $(t,\ f(t))$ における曲線 $y=f(x)$ の接線の方程式は

$$y-(t^3-7t^2+8t+4)=f'(t)(x-t)$$

∴　$y=(3t^2-14t+8)x-2t^3+7t^2+4$　……①

これが点 $(0,\ 4)$ を通るとき

$$4=(3t^2-14t+8)\cdot 0-2t^3+7t^2+4$$

$$2t^2\left(t-\frac{7}{2}\right)=0 \qquad \therefore \quad t=0,\ \frac{7}{2}$$

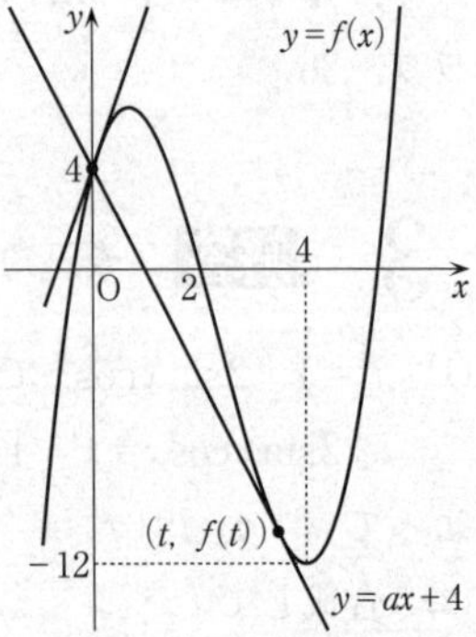

①に代入して

$t=0$ のとき　　$y=8x+4$

$t=\frac{7}{2}$ のとき　　$y=-\frac{17}{4}x+4$

点 $(0,\ 4)$ を通る直線 $y=ax+4$ が曲線 $y=f(x)$ と3つの交点をもつのは，a と2本の接線の傾きを比較して

$-\dfrac{17}{4}<a<8$　……(答)

(3)　$f(x)=-2x+4$ を解くと

$x^3-7x^2+10x=0$

$x(x-2)(x-5)=0$　　$\therefore$　$x=0,\ 2,\ 5$

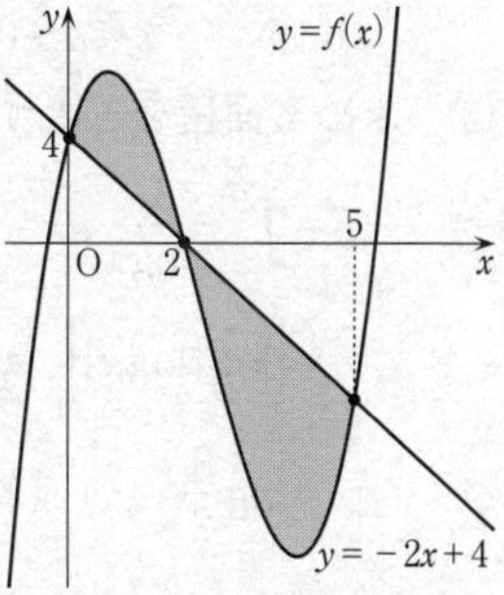

よって，求める面積を S とすると

$$S=\int_0^2\{f(x)-(-2x+4)\}dx+\int_2^5\{(-2x+4)-f(x)\}dx$$

$$=\left[\frac{x^4}{4}-\frac{7}{3}x^3+5x^2\right]_0^2+\left[-\frac{x^4}{4}+\frac{7}{3}x^3-5x^2\right]_2^5$$

$$=\frac{2^4}{4}-\frac{7}{3}\cdot2^3+5\cdot2^2+\left\{\left(-\frac{5^4}{4}+\frac{7}{3}\cdot5^3-5\cdot5^2\right)-\left(-\frac{2^4}{4}+\frac{7}{3}\cdot2^3-5\cdot2^2\right)\right\}$$

$=\dfrac{253}{12}$　……(答)

(B)(1)　$f'(x)=-\dfrac{(x\log x)'}{(x\log x)^2}=-\dfrac{1\cdot\log x+x\cdot\dfrac{1}{x}}{(x\log x)^2}$

$=-\dfrac{1+\log x}{(x\log x)^2}$　……(答)

(2)　$1+\log x=0$ を解くと

$\log x=-1$　　$\therefore$　$x=\dfrac{1}{e}$

よって，$f(x)$ の増減表は右のようになる。

x	0	…	$\frac{1}{e}$	…	1	…
$f'(x)$		+	0	−		−
$f(x)$		↗	$-e$	↘		↘

また

$\displaystyle\lim_{x\to+0}f(x)=-\infty$，$\displaystyle\lim_{x\to1-0}f(x)=-\infty$

$\displaystyle\lim_{x\to1+0}f(x)=\infty$，$\displaystyle\lim_{x\to\infty}f(x)=0$

より，$y=f(x)$ のグラフの概形は右のようになる。

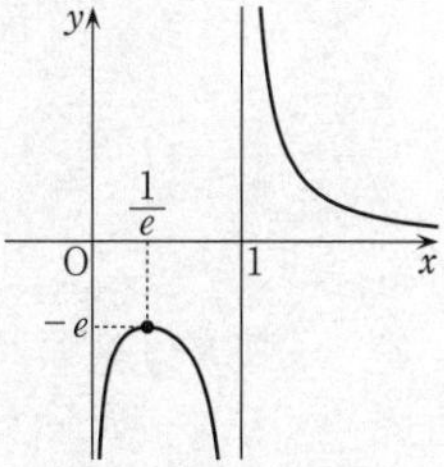

方程式 $f(x)=a$ の実数解の個数は，$y=f(x)$ のグラフと直線 $y=a$ の共有点の個数と一致するので

$$\left.\begin{array}{ll} 2\text{個} & (a<-e) \\ 1\text{個} & (a=-e,\ a>0) \\ 0\text{個} & (-e<a\leqq 0) \end{array}\right\} \quad \cdots\cdots(\text{答})$$

(3)　求める面積を S とすると

$$S=\int_{e^2}^{e^3}\frac{1}{x\log x}dx=\int_{e^2}^{e^3}\frac{(\log x)'}{\log x}dx$$

$$=\Big[\log|\log x|\Big]_{e^2}^{e^3}=\log 3-\log 2$$

$$=\log\frac{3}{2}\quad\cdots\cdots(\text{答})$$

◀Ⅱ型受験▶

1　解答　≪数と式，2次関数，図形と計量≫

(1)アイ．50　ウ．7　エ．6　オカ．12　キク．32

(2)ケ．5　コ．2　サシ．13　ス．4　セ．1　ソ．7

(3)タ．1　チ．2　ツ．7　テ．3　ト．3　ナニ．66　ヌ．3　ネノ．22

2　解答　≪場合の数，確率≫

(1)ハヒフ．729　ヘホ．90　マミ．54

(2)ム．1　メモ．91　ヤユ．15　ヨラ．91　リ．8　ルレ．13

3　解答　≪方程式の整数解≫

(1)　$a=0$ のとき

$$S=6b^2+7b+1$$
$$=(b+1)(6b+1)$$

であるから，$S=0$ を満たす整数 b は

$$b=-1\quad\cdots\cdots(\text{答})$$

(2)

$$S+1=a^2+(5b+3)a+6b^2+7b+2$$
$$=a^2+(5b+3)a+(2b+1)(3b+2)$$
$$=(a+2b+1)(a+3b+2)\quad\cdots\cdots(\text{答})$$

(3)

$$S=0\Longleftrightarrow S+1=1$$
$$\Longleftrightarrow (a+2b+1)(a+3b+2)=1$$

$a+2b+1$，$a+3b+2$ はともに整数であるから

$$\begin{cases}a+2b+1=1\\a+3b+2=1\end{cases}\quad\text{または}\quad\begin{cases}a+2b+1=-1\\a+3b+2=-1\end{cases}$$

これを解いて

$$(a,\ b)=(2,\ -1),\ (0,\ -1)\quad\cdots\cdots(\text{答})$$

物理

Ⅰ　解答　《電磁場中での荷電粒子の運動》

ア―②　イ―③　ウ―⑤　エ―⑧　オ―②　カ―①　キ―④　ク―⑧
ケ―④　コ―⑥　サ―⑨　シ―③　ス―⑧　セ―③

Ⅱ　解答　《正弦波の式と反射》

ア―④　イ―⑤　ウ―②　エ―⑨　オ―④　カ―⑦　キ―③　ク―④
ケ―④　コ―⓪　サ―⑤　シ―⑥　ス―②　セ―④

Ⅲ　解答　《電場中と斜面上での小物体の運動》

(1)　$\phi_a = -EL$,　$\mathcal{E}_a = QEL$

(2)　点aと点bでのエネルギー保存則より

$$\mathcal{E}_a = \frac{1}{2}mV_b{}^2 \qquad V_b = \sqrt{\frac{2QEL}{m}} \quad \cdots\cdots(答)$$

(3)　$G = mg$,　$N = \frac{12}{13}mg$,　$F' = \frac{7}{13}mg$

(4)

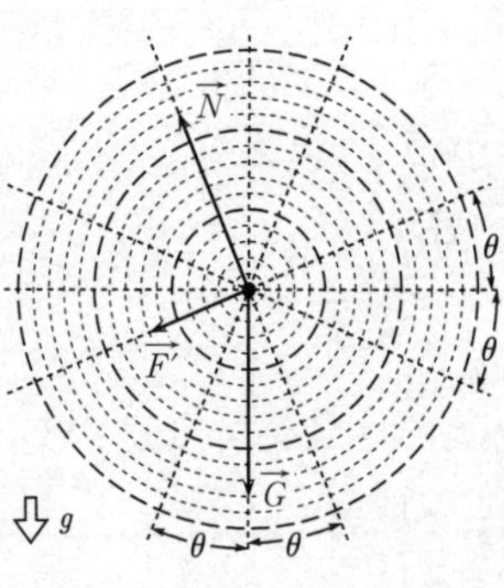

(5)　$\vec{T}$ の斜面に垂直な成分は 0 なので，$\vec{T}$ は斜面に沿って下向きである。また，その大きさ T は，重力の斜面に平行な成分と動摩擦力の和であるので

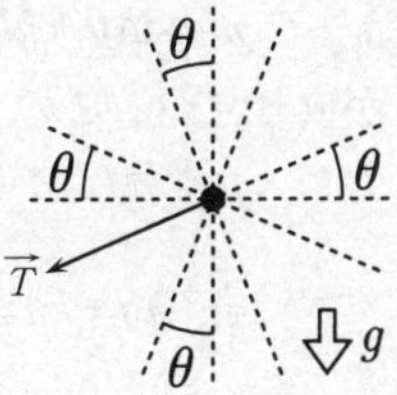

$$T = mg\sin\theta + \mu' mg\cos\theta$$

$$= \frac{5}{13}mg + \frac{7}{13}mg$$

$$= \frac{12}{13}mg \quad \cdots\cdots (答)$$

(6)　運動方程式より，合力 $\vec{T}$ の向きと加速度 $\vec{A}$ の向きは一致する。その大きさ A は

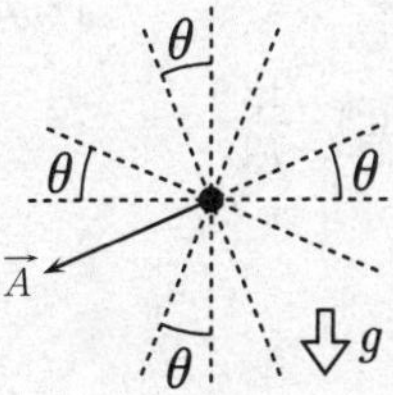

$$mA = \frac{12}{13}mg$$

$$A = \frac{12}{13}g \quad \cdots\cdots (答)$$

(7)　$K_c = \frac{1}{2}mV_c^2$，$U_c = \frac{5}{13}mgH$，$W_{bc} = -\frac{7}{13}mgH$

(8)　$K_c + U_c - \mathcal{E}_b = W_{bc}$

(9)　点 c に到達したとき，運動エネルギーが 0 より大きければよいので，(8)より

$$K_c = W_{bc} - U_c + \mathcal{E}_b$$

$$= -\frac{12}{13}mgH + QEL > 0$$

$$Q > \frac{12mgH}{13EL}$$

$$\therefore \quad Q_0 = \frac{12mgH}{13EL} \quad \cdots\cdots (答)$$

(10)

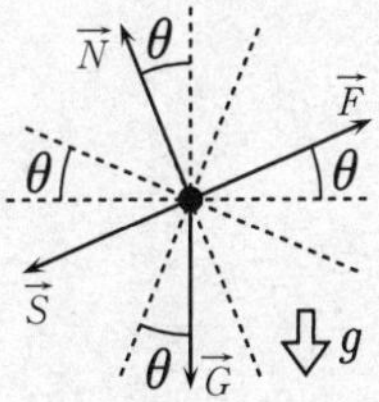

(11)　静止摩擦力の大きさを F とすると，斜面に平行な成分の力のつり合いより

$$mg\sin\theta + kh = F$$

が成り立つ。このとき，$F \leqq \mu N$ が必要なので

$$F \leqq \mu N$$

$$\frac{5}{13}mg + kh \leqq \frac{12}{13}\mu mg$$

$$\mu \geqq \frac{13kh + 5mg}{12mg}$$

$$\therefore \quad \mu_0 = \frac{13kh + 5mg}{12mg} \quad \cdots\cdots(\text{答})$$

(12)　$\dfrac{12}{13}$

化学

I　解答　≪小問集合≫

(1)―1・3　(2)―2・4　(3)―1・5　(4)―3・4　(5)―1・4
(6)―2・3　(7)―2・5

II　解答　≪計算小問集合≫

(1)―2　(2)―4　(3)―6　(4)―3　(5)―3　(6)―5

III　解答　≪アンモニアの実験室的製法≫

(1)　$2NH_4Cl + Ca(OH)_2 \longrightarrow CaCl_2 + 2H_2O + 2NH_3$

(2)　上方置換

(3)　反応によって生成した水が加熱部分に触れて試験管が破損する恐れがあるから。

IV　解答　≪金属の結晶構造≫

(1)　①体心立方格子　②12　③8　④配位数

(2)　この金属の原子の半径〔cm〕は

$$\frac{\sqrt{2}}{4} \times 3.52 \times 10^{-8} = \frac{1.41 \times 3.52}{4} \times 10^{-8}$$

$$= \frac{4.963}{4} \times 10^{-8}$$

$$= 1.240 \times 10^{-8}$$

$$\fallingdotseq 1.24 \times 10^{-8}\text{〔cm〕} \quad \cdots\cdots(\text{答})$$

V 解答 ≪有機化合物の反応≫

(1) 酢酸エチル

(2) 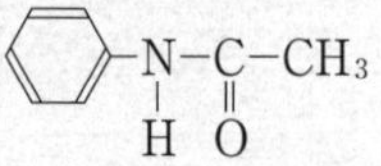

(3) $CH_3COOC_2H_5 + NaOH \longrightarrow CH_3COONa + C_2H_5OH$

(4) 生じる酢酸ナトリウム（式量：82.0）の質量〔g〕は

$$\frac{4.0}{40.0} \times 82.0 = 8.2\text{〔g〕} \quad \cdots\cdots\text{(答)}$$

問四　6

三

出典　猪木武徳『社会思想としてのクラシック音楽』〈第一章　芸術の「送り手」は誰を意識したか〉（新潮選書）

解答

問一　(ア)一蹴　(イ)曖昧

問二　一面的だ。

問三　A－4　B－1　C－3

問四　4

問五　正確かつ

問六　2

国語

一

出典　松村圭一郎『くらしのアナキズム』〈第四章　市場のアナキズム〉（ミシマ社）

解答

問一　(ア)募　(イ)零細　(ウ)隆盛　(エ)輪郭

問二　欠だった。

問三　9

問四　4

問五　3

問六　ギャンブル

問七　4

二

出典　池内了『なぜ科学を学ぶのか』〈第1章　科学するってどんなこと？〉（ちくまプリマー新書）

解答

問一　(ア)―3　(イ)―3　(ウ)―1

問二　世の中のさまざまな事柄に対して幅広い見方を持つことで、物事の仕組みや思いがけない関係を発見する
（五十字以内）

問三　X―3　Y―1　Z―5

//////////////////// · memo · ////////////////////

/////////////////// ・memo・ ///////////////////

教学社 刊行一覧

2025年版 大学赤本シリーズ

374大学556点
全都道府県を網羅

国公立大学（都道府県順）

全国の書店で取り扱っています。店頭にない場合は，お取り寄せができます。

1 北海道大学（文系－前期日程）
2 北海道大学（理系－前期日程） 医
3 北海道大学（後期日程）
4 旭川医科大学（医学部〈医学科〉） 医
5 小樽商科大学
6 帯広畜産大学
7 北海道教育大学
8 室蘭工業大学／北見工業大学
9 釧路公立大学
10 公立千歳科学技術大学
11 公立はこだて未来大学 総推
12 札幌医科大学（医学部） 医
13 弘前大学 医
14 岩手大学
15 岩手県立大学・盛岡短期大学部・宮古短期大学部
16 東北大学（文系－前期日程）
17 東北大学（理系－前期日程） 医
18 東北大学（後期日程）
19 宮城教育大学
20 宮城大学
21 秋田大学 医
22 秋田県立大学
23 国際教養大学 総推
24 山形大学 医
25 福島大学
26 会津大学
27 福島県立医科大学（医・保健科学部） 医
28 茨城大学（文系）
29 茨城大学（理系）
30 筑波大学（推薦入試） 医 総推
31 筑波大学（文系－前期日程）
32 筑波大学（理系－前期日程） 医
33 筑波大学（後期日程）
34 宇都宮大学
35 群馬大学 医
36 群馬県立女子大学
37 高崎経済大学
38 前橋工科大学
39 埼玉大学（文系）
40 埼玉大学（理系）
41 千葉大学（文系－前期日程）
42 千葉大学（理系－前期日程） 医
43 千葉大学（後期日程） 医
44 東京大学（文科） DL
45 東京大学（理科） DL 医
46 お茶の水女子大学
47 電気通信大学
48 東京外国語大学 DL
49 東京海洋大学
50 東京科学大学（旧 東京工業大学）
51 東京科学大学（旧 東京医科歯科大学） 医
52 東京学芸大学
53 東京藝術大学
54 東京農工大学
55 一橋大学（前期日程）
56 一橋大学（後期日程）
57 東京都立大学（文系）
58 東京都立大学（理系）
59 横浜国立大学（文系）
60 横浜国立大学（理系）
61 横浜市立大学（国際教養・国際商・理・データサイエンス・医〈看護〉学部）
62 横浜市立大学（医学部〈医学科〉） 医
63 新潟大学（人文・教育〈文系〉・法・経済科・医〈看護〉・創生学部）
64 新潟大学（教育〈理系〉・理・医〈看護を除く〉・歯・工・農学部） 医
65 新潟県立大学
66 富山大学（文系）
67 富山大学（理系） 医
68 富山県立大学
69 金沢大学（文系）
70 金沢大学（理系） 医
71 福井大学（教育・医〈看護〉・工・国際地域学部）
72 福井大学（医学部〈医学科〉） 医
73 福井県立大学
74 山梨大学（教育・医〈看護〉・工・生命環境学部）
75 山梨大学（医学部〈医学科〉） 医
76 都留文科大学
77 信州大学（文系－前期日程）
78 信州大学（理系－前期日程） 医
79 信州大学（後期日程）
80 公立諏訪東京理科大学 総推
81 岐阜大学（前期日程） 医
82 岐阜大学（後期日程）
83 岐阜薬科大学
84 静岡大学（前期日程）
85 静岡大学（後期日程）
86 浜松医科大学（医学部〈医学科〉） 医
87 静岡県立大学
88 静岡文化芸術大学
89 名古屋大学（文系）
90 名古屋大学（理系） 医
91 愛知教育大学
92 名古屋工業大学
93 愛知県立大学
94 名古屋市立大学（経済・人文社会・芸術工・看護・総合生命理・データサイエンス学部）
95 名古屋市立大学（医学部〈医学科〉） 医
96 名古屋市立大学（薬学部）
97 三重大学（人文・教育・医〈看護〉学部）
98 三重大学（医〈医〉・工・生物資源学部） 医
99 滋賀大学
100 滋賀医科大学（医学部〈医学科〉） 医
101 滋賀県立大学
102 京都大学（文系）
103 京都大学（理系） 医
104 京都教育大学
105 京都工芸繊維大学
106 京都府立大学
107 京都府立医科大学（医学部〈医学科〉） 医
108 大阪大学（文系） DL
109 大阪大学（理系） 医
110 大阪教育大学
111 大阪公立大学（現代システム科学域〈文系〉・文・法・経済・商・看護・生活科〈居住環境・人間福祉〉学部－前期日程）
112 大阪公立大学（現代システム科学域〈理系〉・理・工・農・獣医・医・生活科〈食栄養〉学部－前期日程） 医
113 大阪公立大学（中期日程）
114 大阪公立大学（後期日程）
115 神戸大学（文系－前期日程）
116 神戸大学（理系－前期日程） 医
117 神戸大学（後期日程）
118 神戸市外国語大学 DL
119 兵庫県立大学（国際商経・社会情報科・看護学部）
120 兵庫県立大学（工・理・環境人間学部）
121 奈良教育大学／奈良県立大学
122 奈良女子大学
123 奈良県立医科大学（医学部〈医学科〉） 医
124 和歌山大学
125 和歌山県立医科大学（医・薬学部） 医
126 鳥取大学 医
127 公立鳥取環境大学
128 島根大学 医
129 岡山大学（文系）
130 岡山大学（理系） 医
131 岡山県立大学
132 広島大学（文系－前期日程）
133 広島大学（理系－前期日程） 医
134 広島大学（後期日程）
135 尾道市立大学 総推
136 県立広島大学
137 広島市立大学
138 福山市立大学 総推
139 山口大学（人文・教育〈文系〉・経済・医〈看護〉・国際総合科学部）
140 山口大学（教育〈理系〉・理・医〈看護を除く〉・工・農・共同獣医学部） 医
141 山陽小野田市立山口東京理科大学 総推
142 下関市立大学／山口県立大学
143 周南公立大学 新 総推
144 徳島大学 医
145 香川大学 医
146 愛媛大学 医
147 高知大学 医
148 高知工科大学
149 九州大学（文系－前期日程）
150 九州大学（理系－前期日程） 医
151 九州大学（後期日程）
152 九州工業大学
153 福岡教育大学
154 北九州市立大学
155 九州歯科大学
156 福岡県立大学／福岡女子大学
157 佐賀大学 医
158 長崎大学（多文化社会・教育〈文系〉・経済・医〈保健〉・環境科〈文系〉学部）
159 長崎大学（教育〈理系〉・医〈医〉・歯・薬・情報データ科・工・環境科〈理系〉・水産学部） 医
160 長崎県立大学 総推
161 熊本大学（文・教育・法・医〈看護〉学部・情報融合学環〈文系型〉）
162 熊本大学（理・医〈看護を除く〉・薬・工学部・情報融合学環〈理系型〉） 医
163 熊本県立大学
164 大分大学（教育・経済・医〈看護〉・理工・福祉健康科学部）
165 大分大学（医学部〈医・先進医療科学科〉） 医
166 宮崎大学（教育・医〈看護〉・工・農・地域資源創成学部）
167 宮崎大学（医学部〈医学科〉） 医
168 鹿児島大学（文系）
169 鹿児島大学（理系） 医
170 琉球大学 医

2025年版　大学赤本シリーズ

国公立大学 その他

171 〔国公立大〕医学部医学科 総合型選抜・学校推薦型選抜※ 医 総推
172 看護・医療系大学〈国公立 東日本〉※
173 看護・医療系大学〈国公立 中日本〉※
174 看護・医療系大学〈国公立 西日本〉※
175 海上保安大学校／気象大学校
176 航空保安大学校
177 国立看護大学校
178 防衛大学校 総推
179 防衛医科大学校（医学科） 医
180 防衛医科大学校（看護学科）

※No.171〜174の収載大学は赤本ウェブサイト（http://akahon.net/）でご確認ください。

私立大学①

北海道の大学（50音順）

201 札幌大学
202 札幌学院大学
203 北星学園大学
204 北海学園大学
205 北海道医療大学
206 北海道科学大学
207 北海道武蔵女子大学・短期大学
208 酪農学園大学（獣医学群〈獣医学類〉）

東北の大学（50音順）

209 岩手医科大学（医・歯・薬学部） 医
210 仙台大学 総推
211 東北医科薬科大学（医・薬学部） 医
212 東北学院大学
213 東北工業大学
214 東北福祉大学
215 宮城学院女子大学 総推

関東の大学（50音順）

あ行（関東の大学）

216 青山学院大学（法・国際政治経済学部－個別学部日程）
217 青山学院大学（経済学部－個別学部日程）
218 青山学院大学（経営学部－個別学部日程）
219 青山学院大学（文・教育人間科学部－個別学部日程）
220 青山学院大学（総合文化政策・社会情報・地球社会共生・コミュニティ人間科学部－個別学部日程）
221 青山学院大学（理工学部－個別学部日程）
222 青山学院大学（全学部日程）
223 麻布大学（獣医、生命・環境科学部）
224 亜細亜大学
226 桜美林大学
227 大妻女子大学・短期大学部

か行（関東の大学）

228 学習院大学（法学部－コア試験）
229 学習院大学（経済学部－コア試験）
230 学習院大学（文学部－コア試験）
231 学習院大学（国際社会科学部－コア試験）
232 学習院大学（理学部－コア試験）
233 学習院女子大学
234 神奈川大学（給費生試験）
235 神奈川大学（一般入試）
236 神奈川工科大学
237 鎌倉女子大学・短期大学部
238 川村学園女子大学
239 神田外語大学
240 関東学院大学
241 北里大学（理学部）
242 北里大学（医学部） 医
243 北里大学（薬学部）
244 北里大学（看護・医療衛生学部）
245 北里大学（未来工・獣医・海洋生命科学部）
246 共立女子大学・短期大学
247 杏林大学（医学部） 医
248 杏林大学（保健学部）
249 群馬医療福祉大学・短期大学部
250 群馬パース大学 総推
251 慶應義塾大学（法学部）
252 慶應義塾大学（経済学部）
253 慶應義塾大学（商学部）
254 慶應義塾大学（文学部） 総推
255 慶應義塾大学（総合政策学部）
256 慶應義塾大学（環境情報学部）
257 慶應義塾大学（理工学部）
258 慶應義塾大学（医学部） 医
259 慶應義塾大学（薬学部）
260 慶應義塾大学（看護医療学部）
261 工学院大学
262 國學院大學
263 国際医療福祉大学 医
264 国際基督教大学
265 国士舘大学
266 駒澤大学（一般選抜T方式・S方式）
267 駒澤大学（全学部統一日程選抜）

さ行（関東の大学）

268 埼玉医科大学（医学部） 医
269 相模女子大学・短期大学部
270 産業能率大学
271 自治医科大学（医学部） 医
272 自治医科大学（看護学部）／東京慈恵会医科大学（医学部〈看護学科〉）
273 実践女子大学 総推
274 芝浦工業大学（前期日程）
275 芝浦工業大学（全学統一日程・後期日程）
276 十文字学園女子大学
277 淑徳大学
278 順天堂大学（医学部） 医
279 順天堂大学（スポーツ健康科・医療看護・保健看護・国際教養・保健医療・医療科・健康データサイエンス・薬学部） 総推
280 上智大学（神・文・総合人間科学部）
281 上智大学（法・経済学部）
282 上智大学（外国語・総合グローバル学部）
283 上智大学（理工学部）
284 上智大学（TEAPスコア利用方式）
285 湘南工科大学
286 昭和大学（医学部） 医
287 昭和大学（歯・薬・保健医療学部）
288 昭和女子大学
289 昭和薬科大学
290 女子栄養大学・短期大学部 総推
291 白百合女子大学
292 成蹊大学（法学部－A方式）
293 成蹊大学（経済・経営学部－A方式）
294 成蹊大学（文学部－A方式）
295 成蹊大学（理工学部－A方式）
296 成蹊大学（E方式・G方式・P方式）
297 成城大学（経済・社会イノベーション学部－A方式）
298 成城大学（文芸・法学部－A方式）
299 成城大学（S方式〈全学部統一選抜〉）
300 聖心女子大学
301 清泉女子大学
303 聖マリアンナ医科大学 医
304 聖路加国際大学（看護学部）
305 専修大学（スカラシップ・全国入試）
306 専修大学（前期入試〈学部個別入試〉）
307 専修大学（前期入試〈全学部入試・スカラシップ入試〉）

た行（関東の大学）

308 大正大学
309 大東文化大学
310 高崎健康福祉大学
311 拓殖大学
312 玉川大学
313 多摩美術大学
314 千葉工業大学
315 中央大学（法学部－学部別選抜）
316 中央大学（経済学部－学部別選抜）
317 中央大学（商学部－学部別選抜）
318 中央大学（文学部－学部別選抜）
319 中央大学（総合政策学部－学部別選抜）
320 中央大学（国際経営・国際情報学部－学部別選抜）
321 中央大学（理工学部－学部別選抜）
322 中央大学（5学部共通選抜）
323 中央学院大学
324 津田塾大学
325 帝京大学（薬・経済・法・文・外国語・教育・理工・医療技術・福岡医療技術学部）
326 帝京大学（医学部） 医
327 帝京科学大学 総推
328 帝京平成大学 総推
329 東海大学（医〈医〉学部を除く－一般選抜）
330 東海大学（文系・理系学部統一選抜）
331 東海大学（医学部〈医学科〉） 医
332 東京医科大学（医学部〈医学科〉） 医
333 東京家政大学・短期大学部 総推
334 東京経済大学
335 東京工科大学
336 東京工芸大学
337 東京国際大学
338 東京歯科大学
339 東京慈恵会医科大学（医学部〈医学科〉） 医
340 東京情報大学
341 東京女子大学
342 東京女子医科大学（医学部） 医
343 東京電機大学
344 東京都市大学
345 東京農業大学
346 東京薬科大学（薬学部） 総推
347 東京薬科大学（生命科学部） 総推
348 東京理科大学（理学部〈第一部〉－B方式）
349 東京理科大学（創域理工学部－B方式・S方式）
350 東京理科大学（工学部－B方式）
351 東京理科大学（先進工学部－B方式）
352 東京理科大学（薬学部－B方式）
353 東京理科大学（経営学部－B方式）
354 東京理科大学（C方式、グローバル方式、理学部〈第二部〉－B方式）
355 東邦大学（医学部） 医
356 東邦大学（薬学部）

2025年版　大学赤本シリーズ

私立大学②

357 東邦大学（理・看護・健康科学部）
358 東洋大学（文・経済・経営・法・社会・国際・国際観光学部）
359 東洋大学（情報連携・福祉社会デザイン・健康スポーツ科・理工・総合情報・生命科・食環境科学部）
360 東洋大学（英語〈3日程×3カ年〉）
361 東洋大学（国語〈3日程×3カ年〉）
362 東洋大学（日本史・世界史〈2日程×3カ年〉）
363 東洋英和女学院大学
364 常磐大学・短期大学 総推
365 獨協大学
366 獨協医科大学（医学部） 医

な行（関東の大学）

367 二松学舎大学
368 日本大学（法学部）
369 日本大学（経済学部）
370 日本大学（商学部）
371 日本大学（文理学部〈文系〉）
372 日本大学（文理学部〈理系〉）
373 日本大学（芸術学部〈専門試験併用型〉）
374 日本大学（国際関係学部）
375 日本大学（危機管理・スポーツ科学部）
376 日本大学（理工学部）
377 日本大学（生産工・工学部）
378 日本大学（生物資源科学部）
379 日本大学（医学部） 医
380 日本大学（歯・松戸歯学部）
381 日本大学（薬学部）
382 日本大学（N全学統一方式－医・芸術〈専門試験併用型〉学部を除く）
383 日本医科大学 医
384 日本工業大学
385 日本歯科大学
386 日本社会事業大学 総推
387 日本獣医生命科学大学
388 日本女子大学
389 日本体育大学

は行（関東の大学）

390 白鷗大学（学業特待選抜・一般選抜）
391 フェリス女学院大学
392 文教大学
393 法政大学（法〈Ⅰ日程〉・文〈Ⅱ日程〉・経営〈Ⅱ日程〉学部－A方式）
394 法政大学（法〈Ⅱ日程〉・国際文化・キャリアデザイン学部－A方式）
395 法政大学（文〈Ⅰ日程〉・経営〈Ⅰ日程〉・人間環境・グローバル教養学部－A方式）
396 法政大学（経済〈Ⅰ日程〉・社会〈Ⅰ日程〉・現代福祉学部－A方式）
397 法政大学（経済〈Ⅱ日程〉・社会〈Ⅱ日程〉・スポーツ健康学部－A方式）
398 法政大学（情報科・デザイン工・理工・生命科学部－A方式）
399 法政大学（T日程〈統一日程〉・英語外部試験利用入試）
400 星薬科大学 総推

ま行（関東の大学）

401 武蔵大学
402 武蔵野大学
403 武蔵野美術大学
404 明海大学
405 明治大学（法学部－学部別入試）
406 明治大学（政治経済学部－学部別入試）
407 明治大学（商学部－学部別入試）
408 明治大学（経営学部－学部別入試）
409 明治大学（文学部－学部別入試）
410 明治大学（国際日本学部－学部別入試）
411 明治大学（情報コミュニケーション学部－学部別入試）
412 明治大学（理工学部－学部別入試）
413 明治大学（総合数理学部－学部別入試）
414 明治大学（農学部－学部別入試）
415 明治大学（全学部統一入試）
416 明治学院大学（A日程）
417 明治学院大学（全学部日程）
418 明治薬科大学 総推
419 明星大学
420 目白大学・短期大学部

ら・わ行（関東の大学）

421 立教大学（文系学部－一般入試〈大学独自の英語を課さない日程〉）
422 立教大学（国語〈3日程×3カ年〉）
423 立教大学（日本史・世界史〈2日程×3カ年〉）
424 立教大学（文学部－一般入試〈大学独自の英語を課す日程〉）
425 立教大学（理学部－一般入試）
426 立正大学
427 早稲田大学（法学部）
428 早稲田大学（政治経済学部）
429 早稲田大学（商学部）
430 早稲田大学（社会科学部）
431 早稲田大学（文学部）
432 早稲田大学（文化構想学部）
433 早稲田大学（教育学部〈文科系〉）
434 早稲田大学（教育学部〈理科系〉）
435 早稲田大学（人間科・スポーツ科学部）
436 早稲田大学（国際教養学部）
437 早稲田大学（基幹理工・創造理工・先進理工学部）
438 和洋女子大学 総推

中部の大学（50音順）

439 愛知大学
440 愛知医科大学（医学部） 医
441 愛知学院大学・短期大学部
442 愛知工業大学 総推
443 愛知淑徳大学
444 朝日大学 総推
445 金沢医科大学（医学部） 医
446 金沢工業大学
447 岐阜聖徳学園大学 総推
448 金城学院大学
449 至学館大学 総推
450 静岡理工科大学
451 椙山女学園大学
452 大同大学
453 中京大学
454 中部大学
455 名古屋外国語大学 総推
456 名古屋学院大学 総推
457 名古屋学芸大学 総推
458 名古屋女子大学 総推
459 南山大学（外国語〈英米〉・法・総合政策・国際教養学部）
460 南山大学（人文・外国語〈英米を除く〉・経済・経営・理工学部）
461 新潟国際情報大学
462 日本福祉大学
463 福井工業大学
464 藤田医科大学（医学部） 医
465 藤田医科大学（医療科・保健衛生学部）
466 名城大学（法・経営・経済・外国語・人間・都市情報学部）
467 名城大学（情報工・理工・農・薬学部）
468 山梨学院大学

近畿の大学（50音順）

469 追手門学院大学 総推
470 大阪医科薬科大学（医学部） 医
471 大阪医科薬科大学（薬学部） 総推
472 大阪学院大学 総推
473 大阪経済大学 総推
474 大阪経済法科大学 総推
475 大阪工業大学 総推
476 大阪国際大学・短期大学部 総推
477 大阪産業大学 総推
478 大阪歯科大学（歯学部）
479 大阪商業大学 総推
480 大阪成蹊大学・短期大学 総推
481 大谷大学 総推
482 大手前大学・短期大学 総推
483 関西大学（文系）
484 関西大学（理系）
485 関西大学（英語〈3日程×3カ年〉）
486 関西大学（国語〈3日程×3カ年〉）
487 関西大学（日本史・世界史・文系数学〈3日程×3カ年〉）
488 関西医科大学（医学部） 医
489 関西医療大学 総推
490 関西外国語大学・短期大学部 総推
491 関西学院大学（文・法・商・人間福祉・総合政策学部－学部個別日程）
492 関西学院大学（神・社会・経済・国際・教育学部－学部個別日程）
493 関西学院大学（全学部日程〈文系型〉）
494 関西学院大学（全学部日程〈理系型〉）
495 関西学院大学（共通テスト併用日程〈数学〉・英数日程）
496 関西学院大学（英語〈3日程×3カ年〉） 新
497 関西学院大学（国語〈3日程×3カ年〉） 新
498 関西学院大学（日本史・世界史・文系数学〈3日程×3カ年〉） 新
499 畿央大学 総推
500 京都外国語大学・短期大学 総推
502 京都産業大学（公募推薦入試） 総推
503 京都産業大学（一般選抜入試〈前期日程〉）
504 京都女子大学 総推
505 京都先端科学大学 総推
506 京都橘大学 総推
507 京都ノートルダム女子大学 総推
508 京都薬科大学 総推
509 近畿大学・短期大学部（医学部を除く－推薦入試） 総推
510 近畿大学・短期大学部（医学部を除く－一般入試前期）
511 近畿大学（英語〈医学部を除く3日程×3カ年〉）
512 近畿大学（理系数学〈医学部を除く3日程×3カ年〉）
513 近畿大学（国語〈医学部を除く3日程×3カ年〉）
514 近畿大学（医学部－推薦入試・一般入試前期） 医 総推
515 近畿大学・短期大学部（一般入試後期） 医
516 皇學館大学 総推
517 甲南大学 総推
518 甲南女子大学（学校推薦型選抜） 新 総推
519 神戸学院大学 総推
520 神戸国際大学 総推
521 神戸女学院大学 総推
522 神戸女子大学・短期大学 総推
523 神戸薬科大学 総推
524 四天王寺大学・短期大学部 総推
525 摂南大学（公募制推薦入試） 総推
526 摂南大学（一般選抜前期日程）
527 帝塚山学院大学 総推
528 同志社大学（法、グローバル・コミュニケーション学部－学部個別日程）

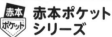

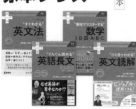

2025 年版　大学赤本シリーズ　No. 452
大同大学

2024 年 7 月 30 日　第 1 刷発行
ISBN978-4-325-26511-5
定価は裏表紙に表示しています

編　集　教学社編集部
発行者　上原 寿明
発行所　教学社
〒606-0031
京都市左京区岩倉南桑原町56
電話　075-721-6500
振替　01020-1-15695
印　刷　太洋社